Ab ins Grüne
Ausflüge rund um Hamburg

Symbole auf den Karten

 Highlight
 Sehenswürdigkeit

 Badestelle
 Aussichtspunkt

Inhalt

Highlights	Seite 4
Vorwort	Seite 7
Informationen zum HVV	Seite 8
Informationen zum Grünen Ring	Seite 11
Register	Seite 214
Impressum	Seite 216

NORDEN

Tour 1	Tierpark Hagenbeck	▶ Seite 14
Tour 2	Himmelmoor	▶ Seite 16
Tour 3	Barmstedt	▶ Seite 18
Tour 4	Bad Bramstedt	▶ Seite 20
Tour 5	Staatsforst Rantzau	▶ Seite 22
Tour 6	Staatsforst Segeberg	▶ Seite 24
Tour 7	Friedhof Ohlsdorf	▶ Seite 26
Tour 8	Alstertal	▶ Seite 28
Tour 9	Bramfelder See	▶ Seite 30
Tour 10	Duvenstedter Brook	▶ Seite 32
Tour 11	Höltigbaum	▶ Seite 36
Tour 12	Ahrensburg	▶ Seite 40
Tour 13	Staatsforst Trittau	▶ Seite 42
Tour 14	Bad Oldesloe	▶ Seite 44
Tour 15	Bad Segeberg	▶ Seite 48

OSTEN

Tour 16	Stormarnsche Schweiz	▶ Seite 54
Tour 17	Boberger Niederung	▶ Seite 58
Tour 18	Elbinsel Kaltehofe	▶ Seite 60
Tour 19	Vier- und Marschlande	▶ Seite 62
Tour 20	Bergedorf	▶ Seite 66
Tour 21	Reinbek	▶ Seite 68
Tour 22	Aumühle	▶ Seite 70
Tour 23	Friedrichsruh	▶ Seite 72
Tour 24	Sachsenwald	▶ Seite 74
Tour 25	Mölln	▶ Seite 76
Tour 26	Möllner Seen	▶ Seite 78
Tour 27	Ratzeburg	▶ Seite 80
Tour 28	Ratzeburg – Mölln	▶ Seite 84
Tour 29	Elbe-Lübeck-Kanal	▶ Seite 86
Tour 30	Lauenburg	▶ Seite 88
Tour 31	Lauenburg – Winsen (Luhe)	▶ Seite 92
Tour 32	Lauenburg – Lüneburg	▶ Seite 96
Tour 33	Hitzacker	▶ Seite 98

SÜDEN

- Tour 34   Schwarze Berge & Kiekeberg ▸ Seite 104
- Tour 35   Fischbeker Heide ▸ Seite 108
- Tour 36   Lüneburg ▸ Seite 110   **Mit Audiotour**
- Tour 37   Amelinghausen ▸ Seite 114
- Tour 38   Bardowick ▸ Seite 116
- Tour 39   Dahlenburg ▸ Seite 118
- Tour 40   Brunsberg ▸ Seite 120
- Tour 41   Kunststätte Bossard ▸ Seite 122
- Tour 42   Wilsede ▸ Seite 124
- Tour 43   Finkenwerder ▸ Seite 128
- Tour 44   Altes Land ▸ Seite 130
- Tour 45   Altes Land – Buxtehude ▸ Seite 132
- Tour 46   Altes Land – Stade ▸ Seite 134
- Tour 47   Stade ▸ Seite 138
- Tour 48   Stade – Agathenburg ▸ Seite 140
- Tour 49   Buxtehude – Moisburg ▸ Seite 142
- Tour 50   Kehdinger Land ▸ Seite 144
- Tour 51   Freiburg ▸ Seite 148

WESTEN

- Tour 52   Elbuferweg 1 ▸ Seite 152
- Tour 53   Loki-Schmidt-Garten ▸ Seite 156
- Tour 54   Jenischpark ▸ Seite 158
- Tour 55   Elbuferweg 2 ▸ Seite 160
- Tour 56   Blankenese ▸ Seite 162   **Mit Audiotour**
- Tour 57   Bus 48 ▸ Seite 164
- Tour 58   Falkensteiner Ufer ▸ Seite 166
- Tour 59   Klövensteen ▸ Seite 170
- Tour 60   Wedel & Fährmannssand ▸ Seite 172
- Tour 61   Haseldorfer Marsch ▸ Seite 176
- Tour 62   Glückstadt ▸ Seite 180
- Tour 63   Uetersen ▸ Seite 184

CITY & HAFEN

- Tour 64   Stadtpark Winterhude ▸ Seite 188
- Tour 65   Planten un Blomen ▸ Seite 190
- Tour 66   Park Fiction ▸ Seite 192
- Tour 67   HafenCity ▸ Seite 194
- Tour 68   Auswandererwelt BallinStadt ▸ Seite 200
- Tour 69   Wilhelmsburger Inselpark ▸ Seite 202
- Tour 70   Wilhelmsburg / IBA ▸ Seite 206
- Tour 71   Harburg ▸ Seite 210   **Mit Audiotour**

Highlights rund

FRIEDHOF OHLSDORF ▸ Seite 26

Hamburgs größte Grünanlage: Ein Tag auf dem Ohlsdorfer Friedhof macht nicht traurig, sondern nachdenklich. Besonders beeindruckend: die Rhododendronblüte im Mai/Juni.

VIER- UND MARSCHLANDE ▸ Seite 62

Eine schöne, abwechslungsreiche Radtour durch das Blumen- und Gemüseanbaugebiet mit gepflegten – oft reetgedeckten – Bauernhäusern am Wegesrand.

MÖLLN & MÖLLNER SEE ▸ Seite 76

Eine romantische Radtour durch die Möllner Seenlandschaft nach einem Stadtrundgang durch die mittelalterliche Eulenspiegel-Stadt.

SCHWARZE BERGE & KIEKEBERG ▸ Seite 104

Zwei wunderschöne und lehrreiche Klassiker: Ein sehr gepflegter Wildpark und ein Freilichtmuseum über das Leben unserer Vorfahren.

LÜNEBURG ▸ Seite 110

Die mittelalterliche Hansestadt, die einst durch Salz reich wurde. Den besten Blick auf die rote Backsteinstadt mit ihrem Rokokorathaus gibt's vom Wasserturm!

um Hamburg

ALTES LAND & STADE ▸ Seite 134

Ob im Frühjahr zur weiß-rosa Kirsch- und Apfelblüte oder im Herbst zur Apfelernte, das Alte Land ist fast zu schön, um wahr zu sein.

LOKI-SCHMIDT-GARTEN ▸ Seite 156

Lektionen in Botanik und Erholung inmitten exotischer Gewächse und einheimischer Nutzpflanzen können Besucher im botanischen Garten erleben – kostenlos.

WEDEL & FÄHRMANNSSAND ▸ Seite 172

Auch bei der letzten Landratte kommt Fernweh auf, wenn die großen Passagier- und Containerschiffe am Schulauer Fährhaus in Wedel begrüßt und verabschiedet werden.

GLÜCKSTADT ▸ Seite 180

Eine Radtour auf dem Elbdeich nach Glückstadt ist eine tolle Sache. Dort kann man dann auch die Spezialität der Stadt, den Glückstädter Matjes, probieren.

WILHELMSBURGER INSELPARK ▸ Seite 202

Die Wilhelmsburger Insel ist mit der Internationalen Gartenschau aufgeblüht. Und seither kann man in ganz Wilhelmsburg viel Neues entdecken.

App ins Grüne!

Wo ist die nächste Haltestelle? Wann kann ich losfahren? Und wie komme ich am besten zum Start meiner (Rad-)Wandertour?

Die HVV-App für iOS und Android liefert Ihnen ruckzuck die richtigen Antworten. Übrigens: Ihre Fahrkarte können Sie auch gleich per Smartphone kaufen und dabei 3 % sparen.* Also – App ins Grüne. Viel Spaß!

Komm gut nach Hause

* 3 % Rabatt beim Fahrkartenkauf über die HVV-App oder m.hvv.de. Gilt für alle Einzel-, Tages-, Gruppen- und Ergänzungskarten. Ausgenommen sind Wochenkarten und die Hamburg CARD.

Vorwort

Wohin am Wochenende?

Ins Grüne – da ist man sich schnell einig. Aber was und wohin denn nun genau? Wandern oder Radfahren? Oder nur raus und spazieren gehen? Natur pur oder darf auch etwas Kultur dabei sein? Und natürlich: Wie kommt man wo hin, wenn man das Auto endlich mal zu Hause lässt?

So viele Fragen. Hier finden Sie die Antworten dazu. Zunächst einmal: In Hamburg und dem Umland bietet der Hamburger Verkehrsverbund (HVV) ein dichtes Netz von Bussen und Bahnen und sogar Fähren, sodass sich ein Ausflug ins Grüne problemlos mit den öffentlichen Verkehrsmitteln unternehmen lässt. Das Gebiet reicht sogar bis Buxtehude, Stade und Lüneburg. Fahren Sie also, so weit die Fahrkarte reicht.

In diesem aktuellen Tourenplaner haben wir für Sie 71 Tipps für Ausflüge in und um Hamburg zusammengestellt, geordnet nach Himmelsrichtungen. Urwüchsige Natur und gepflegte Parks, malerische Städte und Dörfer, Schlösser und Museen inmitten ländlicher Idylle – wählen Sie einfach Ihr Lieblingsziel. Neben Ausflugsklassikern wie dem Alten Land und dem Elbuferweg, die es neu zu entdecken gilt, finden sich auch echte Geheimtipps wie die Fahrt nach Barmstedt oder der Besuch des Naturschutzgebietes Höltigbaum.

Was der Tourenplaner als besonderen Service bietet: Als Ausgangspunkt ist für jede Tour eine Haltestelle des HVV angegeben. Und alle Ausflüge enden wieder an einer Station des öffentlichen Nahverkehrs. Außerdem gibt es Hinweise zu den jeweiligen Sehenswürdigkeiten, Tipps zu Restaurants und Ausflugslokalen sowie die Taktzeiten der Busse, Bahnen und Fähren. Aber nun wollen wir Sie gar nicht länger aufhalten. Suchen Sie sich den schönsten Ausflug raus und auf geht's – ab ins Grüne!

Start der Touren
Angegeben sind immer die Verbindungen ab Hamburg Hauptbahnhof!

Die Autoren
Reiner Elwers, geboren 1954 in Hamburg, studierte Publizistik.
Dagmar Krappe wohnt in Schenefeld bei Hamburg und arbeitet als Reisejournalistin.
Sabine Schrader lebt als Journalistin auf der Elbinsel Wilhelmsburg.
Judith Höppner ist Sprachwissenschaftlerin und arbeitet als freie Lektorin und Redakteurin in Hamburg. Für diese Neuauflage hat sie alle Touren neu recherchiert, neue lohnenswerte Ausflugsziele erkundet und viele neue Tipps entdeckt.

HVV Infos

Ab ins Grüne – der HVV bringt Sie bequem hin

Einfach mal raus in die Natur: Mit Bus, Bahn oder Fähre geht das ganz einfach.

Ein abgestimmter Fahrplan, ein einheitlicher Tarif, eine Fahrkarte: Nicht nur in Hamburg, sondern auch in den sieben Kreisen bzw. Landkreisen rings um Hamburg (Pinneberg, Segeberg, Stormarn, Herzogtum Lauenburg, Lüneburg, Harburg und Stade) können Sie alle Verkehrsmittel im HVV nutzen.

Dazu gehören neben unseren Schnellbahnen (U-, S- und A-Bahn) auch die Züge im Regionalverkehr (RB/RE), die Busse und unsere sieben Hafenfähren.

Große Auswahl, faire Preise

Egal, ob Familienausflug, Stadtbesichtigung oder Wochenendfahrt ins Hamburger Umland – mit unseren Tageskarten fahren Sie immer gut.

Einzelkarten: sie sind gültig für eine Fahrt und eine Person.

Tageskarten: Mit diesen Karten ist eine Person einen Tag zum Pauschalpreis unterwegs – sie lohnen sich oft schon ab 2 Fahrten. Ein weiterer Pluspunkt: Bis zu 3 Kinder (6–14 Jahre) können kostenlos mitfahren.

9-Uhr-Gruppenkarte: Mit der 9-Uhr-Gruppenkarte fahren bis zu 5 Personen beliebigen Alters zum Sparpreis. Diese lohnt sich oft schon zu zweit.

Einzel- und Tageskarten erhalten Sie im Bus, am Automaten, über Ihr Smartphone oder zum selbst Ausdrucken unter hvv.de.

Hamburg CARD: Mit diesem Entdeckerticket hat man freie Fahrt im HVV und bekommt bis zu 50 % Rabatt bei über 150 touristischen Angeboten. Die Hamburg CARD gibt's als Einzel- oder Gruppenkarte für 1 bis 5 Tage im HVV-Großbereich (Hamburg A B) oder für 1 oder 3 Tage im Gesamtbereich (Gesamtbereich A B C D E). Sie ist unter anderem an den Fahrkartenautomaten, unter hvv.de oder über die HVV-App erhältlich.

Infos-Fahrpläne-Service
Wir beraten Sie gern persönlich in einer unserer vielen Servicestellen. Hier eine Auswahl in Hamburg:

HVV-Kundenzentrum
Johanniswall 2

Hauptbahnhof
Wandelhalle, Eingang Kirchenallee oder gegenüber des Elektrofachmarktes SATURN (betrieben vom metronom)

Hauptbahnhof Süd
Eingang Kirchenallee

Jungfernstieg
Eingang Neuer Wall

Bahnhof Dammtor
Hamburger Abendblatt Ticketshop

Bahnhof Altona
Container vor dem Haupteingang des Elektrofachmarktes Media Markt (Bahnsteigebene der Fernzüge) oder Busanlage, LEKKERLAND/tabaccoland

Über unsere **Infoline** (040) 19 449 erhalten Sie Auskünfte über Fahrzeiten, Fahrtrouten und Fahrkarten – täglich, auch am Wochenende.

Weitere Infos finden Sie unter hvv.de

HVV Infos

Richtig abfahren und gut ankommen
Unsere Fahrplanauskunft informiert Sie über die beste Verbindung und lässt Sie pünktlich abfahren und ankommen:

hvv.de: Einen persönlichen Fahrplan können Sie sich im Internet erstellen. Als weiteren Service bieten wir Ihnen dort auch Umgebungs- und Fahrpläne zum Ausdrucken an. Natürlich können Sie hvv.de auch mobil über Ihr Smartphone erreichen.

HVV-App: Die HVV-Fahrplanauskunft gibt es auch als kostenlose App für iOS und Android-Geräte. Die HVV-App bietet Auskünfte sowie Karten und Pläne für das gesamte Bedienungsgebiet.

Ihr Smartphone wird zur Fahrkarte
Wählen Sie beim Fahrkartenkauf über die App zwischen Einzel-, Tages-, Gruppen- und Wochenkarten sowie Ergänzungskarten und der Hamburg CARD. Nutzen Sie ganz einfach die HVV-App. Für die Fahrkarte über die App benötigen Sie einen MeinHVV-Zugang, für den Sie sich mobil während des Kaufprozesses oder an Ihrem heimischen Computer anmelden können. Ihre Fahrkarte über die App zahlen Sie bequem per Lastschrift oder Kreditkarte. Präsentieren Sie bei der Fahrkartenkontrolle Ihre Fahrkarte auf Ihrem Smartphone.

Unterwegs mit dem Fahrrad
Fahrradmitnahme: An vielen Haltestellen gibt es Stellplätze fürs Fahrrad. Aber wenn Sie wollen, können Sie Ihr Fahrrad auch in den Schnellbahnen (U, S, A), den Hafenfähren und auf über 100 Buslinien kostenlos mitnehmen. Am Wochenende und feiertags rund um die Uhr. Nur montags bis freitags von 6 bis 9 und von 16 bis 18 Uhr ist die Fahrradmitnahme nicht gestattet.

HVV-Fahrradkarte: Für die Züge im Regionalverkehr (RB/RE) benötigen Sie eine HVV-Fahrradkarte. Hier gibt es keine zeitliche Einschränkung. Diese Fahrkarte ist für beliebig viele Fahrten an einem Tag gültig und an allen Fahrkartenautomaten auf den Bahnhöfen des Regionalverkehrs erhältlich.

Wir wünschen Ihnen viel Spaß bei Ihrem Ausflug ins Grüne! Ihr HVV

Übrigens:
Kinder unter 6 Jahren fahren im HVV kostenlos!

Extra: Audiotouren

Jetzt gratis herunterladen

Zu den Touren in diesem Ausflugsführer nach und in Lüneburg (▶ S. 110), Blankenese (▶ S. 162) sowie Harburg (▶ S. 210) bieten wir Ihnen Audiotouren zum kostenlosen Download!

Einfach über die HVV-Webseite unter hvv.de/audiotouren die gewünschte Tour anklicken, auf Ihren PC herunterladen und die MP3s auf Ihrem Smartphone oder Ihrem MP3-Player speichern. Alle weiteren Infos sowie Touren-Pläne finden Sie ebenfalls unter hvv.de/audiotouren.

DEN GRÜNEN RING ERLEBEN

Mehr Informationen und Touren unter:
www.hamburg.de/wandern-im-gruenen

Der Grüne Ring

In 100 km um die Stadt!

Wo gibt es das denn? Den größten Parkfriedhof der Welt, eine Wanderdüne, einen See mit Wasserskianlage, einen Park mit schwimmendem Café, Flugzeuge (fast) zum Anfassen, einen Boden- oder Naturlehrpfad und Elbluft zum Schnuppern! Das alles und noch viel mehr kann man auf dem Grünen Ring oder in seiner direkten Umgebung erleben.

Wer auf eigene Faust den Grünen Ring erleben und Hamburg von einer ganz neuen Seite entdecken möchte, findet hier einige Tipps und Hinweise: www.hamburg.de/wandern-im-gruenen

Der Grüne Ring

Die Vielfalt der grünen Hansestadt lässt sich auf dem Grünen Ring besonders gut erkunden. Als 100 Kilometer lange Freizeitroute führt er im Abstand von acht bis zehn Kilometern vom Rathaus entfernt rund um Hamburg und präsentiert verschiedene Landschaftstypen der Stadt. Die wechselnde Abfolge von Parks, Kleingärten, Waldgebieten, Kulturlandschaften der Geest und Marsch, Naturschutzgebieten, Flüssen, Seen und urbanen Räumen macht das Erkunden zu einem besonderen Erlebnis.

Der Grüne Ring verläuft nördlich der Elbe vom Jenischpark im Westen Hamburgs über den Altonaer Volkspark, das Niendorfer Gehege, den Friedhof Ohlsdorf, die Trabrennbahn Farmsen, den Öjendorfer Park und die Boberger Niederung bis zum Wasserpark Dove-Elbe und die Vier und Marschlande im Osten. Südlich der Elbe setzt sich der Ring über den Neuländer See, den Harburger Stadtpark, Meyers Park und weiter über die Süderelbmarsch fort und endet am Rüschpark gegenüber dem Jenischpark auf der anderen Elbseite. Im Norden der Stadt und im Harburger Zentrum ist der Grüne Ring vorwiegend durch Parks, Kleingartenparks und Wald geprägt, im südöstlichen und südwestlichen Teil durch landwirtschaftlich geprägte Kulturlandschaften der Marsch mit Grünland, Blumen- und Gemüseanbau sowie Obstplantagen.

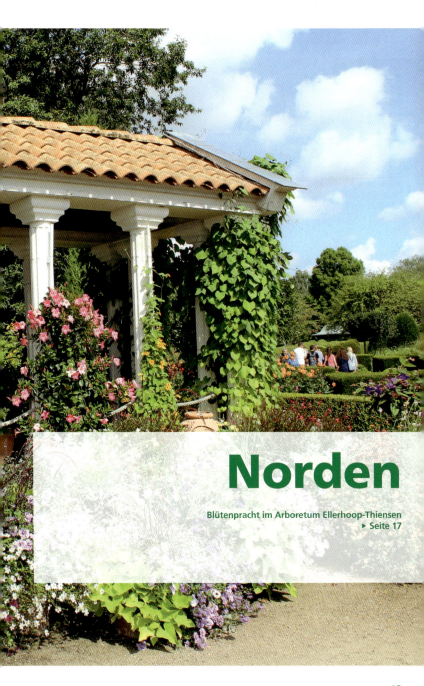

Norden

Blütenpracht im Arboretum Ellerhoop-Thiensen
▸ Seite 17

Tour 1 | Tierpark Hagenbeck

Tiere aus aller Welt

> ▸ **Stadtausflug: Tierpark & Tropen-Aquarium**
> ★ **Elefanten füttern, Raubkatzen bestaunen, ins Eismeer abtauchen & mit Haien unter Wasser wandeln**

Start
Hagenbecks Tierpark
U2 alle 5–10 Min.
MetroBus M22
alle 7–20 Min.

Tierpark Hagenbeck
Lokstedter Grenzstr. 2
(direkt an der U-Bahn-Station)
Tel. (040) 53 00 33-0
www.hagenbeck.de
Tierpark tgl. von 9 Uhr bis zum Einbruch der Dämmerung (mind. bis 16.30 Uhr, max. bis 19 Uhr), Tropen-Aquarium tgl. 9–18 Uhr
Preise:
Tageskarten Erw.
Tierpark 20 €,
Tropen-Aquarium 14 €,
Kombikarte 30 €;
Kinder 4–16 Jahre
Tierpark 15 €,
Tropen-Aquarium 10 €,
Kombikarte 21 €

Bereits seit 1907 gibt es in Stellingen eine Attraktion, die schon Generationen von Ausflüglern anzog: Tierpark Hagenbeck. Hier kann man wilde Tiere nicht in Käfigen, sondern durch unsichtbare Gräben von den Besuchern getrennt in Freigehegen erleben.

Angefangen hatte alles im Jahre 1848 mit sechs Seehunden, die der Fischhändler Gottfried Claes Carl Hagenbeck auf dem Spielbudenplatz in St. Pauli ausstellte. Die Tiere waren Finkenwerder Fischern als Beifang ins Netz gegangen. Beflügelt durch den Zuspruch der Besucher gründete Hagenbeck neben seinem Fischgeschäft eine Handelsmenagerie, heimkehrenden Seeleuten kaufte er exotische Tiere ab. Das Geschäft entwickelte sich so gut, dass sein Sohn und Nachfolger Carl Hagenbeck eigene Tierfänger engagierte, die bald weltweit nach wilden Tieren suchten.

Als es am Spielbudenplatz zu eng wurde, zog Hagenbeck auf ein größeres Gelände am Neuen Pferdemarkt um und eröffnete hier 1874 „Carl Hagenbecks Tierpark". Neben Tieren wurden allerdings auch Menschen fremder Völker den staunenden Besuchern präsentiert. Die Vorstellungen waren ein enormer Erfolg, sodass in den folgenden Jahren die Tier- und Völkerschauen zu Zirkussen ausgebaut wurden. Hagenbeck führte die sogenannte „zahme Dressur" ein, bei der auf die damals üblichen Gewaltmethoden der Dompteure verzichtet wurde. Sorgfältig studierte Hagenbeck dabei auch die Sprunghöhen und Sprungweiten der Raubtiere. Sein Traum war ein Tierpark ganz neuer Art: Nur durch Gräben vom Publikum getrennt, sollten die Tiere in einer ihrer Heimat ähnlichen Landschaft leben. Für diese Idee beantragte und erhielt Hagenbeck sogar ein Patent.

Füttern ausdrücklich erlaubt – aber nur mit gesundem Obst oder Gemüse

Im damals preußischen Dorf **Stellingen** vor den Toren Hamburgs wurde ab 1897 die Idee Hagenbecks umgesetzt. Auf einem 27 Hektar großen Gelände entstand ein moderner Zoo mit Außenanlagen und Volieren, eingebettet in eine Parklandschaft mit Teichen, Brücken, Hügeln und einer artenreichen Bepflanzung. Am 7. Mai 1907 strömten die Besucher erstmals durch das im Jugendstil erbaute Eingangstor mit Tierbronzen und zwei Elefantenköpfen. Seit 2003 befindet sich der Haupteingang an der **Lokstedter Grenzstraße**.

Besonders sehenswert ist das neue Eismeer: Mehr als 100 Tiere aus 15 Arten leben hier auf über 8 000 Quadratmetern. Ein 750 Meter langer Besucherweg führt durch diese beeindruckende Polarlandschaft. Panoramascheiben im Innern der begehbaren Anlage erlauben unterschiedlichste Unterwasser-Einblicke. Faszinierende Beobachtungen von tauchenden Eisbären, Seebären, Walrossen und Pinguinen gehören dazu.

Über einen separaten Eingang ist das einzigartige **Tropen-Aquarium** erreichbar. Entlang eines verschlungenen Dschungelpfads über vier Ebenen können auf der Expedition 14 300 Tiere aus rund 300 Arten bestaunt werden. Sie leben in verfallenen Hütten, alten Schränken und Veranden. Aber auch die Tiere unter Wasser rund um den Äquator lassen sich durch dicke Glasscheiben betrachten. Highlight ist das Große Hai-Atoll mit verschiedenen Haiarten, Stechrochen, einem Riesenzackenbarsch und vielen anderen Fischen.

Tipp Dschungel- und Romantik-Nächte
Besonders beliebt sind die Dschungel- und Romantik-Nächte, die zwischen Mai und August an verschiedenen Samstagen stattfinden. Dabei werden Musik und Shows im nächtlichen Zoo-Ambiente geboten.

Tour 2 | Himmelmoor

Gehölze sammeln

- ▶ Radtour (25 km): Quickborn – Ellerhoop – Barmstedt
- ★ Vom Torfwerk zum Arboretum & weiter über den geschichtsträchtigen Ochsenweg

Start
Quickborn
S21 bis Eidelstedt alle 10–20 Min., weiter mit
A1 bis Quickborn alle 10–40 Min.

Rückfahrt
Barmstedt
A3 bis Elmshorn alle 30–60 Min., weiter mit
RE 6/RE 7/RE 70/RB 61 bis Hbf. alle 30–60 Min.

Gasthof Zur Linde
Landgasthaus mit traditioneller Küche und Biergarten.
Barmstedter Str. 23
25373 Ellerhoop
Tel. (0 41 20) 2 00
Mi–So 11.30–21 Uhr
www.zur-ellerhooper-linde.de

Von Quickborn aus gelangt man auf einem besonders schönen Weg nach Barmstedt: Natur pur im Himmelmoor und Natur künstlich im Arboretum Ellerhoop-Thiensen.

Wir verlassen Quickborn – eine typische Schlafstadt für Hamburg-Pendler – in Richtung Himmelmoor. Durchs Moor hindurchzufahren, ist nicht möglich. Auf der Himmelmoorchaussee erreichen wir ein Torfwerk. Von hier führt der asphaltierte Schulweg bis Renzel. Am Torfwerk kann man von weitem noch die Schienen und Loren der Feldbahn betrachten, die nach wie vor Torf befördert. In Renzel folgen wir der Dorfstraße nach rechts und biegen danach links in die Straße Am Hörn ab. An der Wegkreuzung Am Hörn/Krehlohweg biegen wir rechts in einen Forstweg ein. Dieser führt durch ein Waldgebiet zu einem Park der besonderen Art: dem **Arboretum Ellerhoop-Thiensen**.

Vom Arboretum geht es durch die Ortschaft **Ellerhoop** und weiter in östlicher Richtung. Man stößt auf den **Ochsenweg,** einen ausgeschilderten Radwanderweg, der von Wedel bis Flensburg und weiter bis nach Viborg in Dänemark verläuft. Der Name erinnert an die großen Ochsentriften, die vom 14. bis ins 19. Jahrhundert stattfanden. In jedem Frühjahr wurden die Ochsen von Jütland aus auf die Märkte nach Bramstedt, Itzehoe und Wedel getrieben und dort verkauft.

Wir befahren den Ochsenweg in nördlicher Richtung und biegen nach etwa sechs Kilometern vor Hemdingen nach links ab. Nach weiteren vier Kilometern erreichen wir **Barmstedt,** wo wir von der Hamburger Straße kommend am Ortseingang in den Mühlenweg einbiegen. Später geht er in die Straße Spitzerfurth über, die zur Schlossinsel

Rantzau (▶ Seite 18) führt. Wer jetzt noch nicht zu müde ist, kann die Tour in den Staatsforst Rantzau fortsetzen.

Arboretum Ellerhoop-Thiensen

Das Arboretum dient sowohl der Erholung als auch der Informationsvermittlung. Der Begriff Arboretum leitet sich ab vom lateinischen Wort arbor – der Baum oder Baumbestand. Man versteht darunter eine Sammlung von lebenden Bäumen und Sträuchern, die zumeist in parkähnlicher Anordnung stehen und botanischen, forstlichen oder gartenbaulichen Zwecken dienen. Die Gehölzsammlung des Arboretums Ellerhoop-Thiensen enthält mehr als 2 200 verschiedene Baum- und Straucharten. Daneben sind auf der 7 Hektar großen Parkanlage ein ökologischer Lehrpfad, ein Hochmoorbiotop und ein Heidegarten angelegt worden. Besonders sehenswert ist der Bauerngarten mit alten Nutz- und Heilpflanzen. Mittendrin liegt auch der Münsterhof, ein 1664 errichteter reetgedeckter Bau. Weitere Attraktionen sind der Bernsteingarten sowie die Lotusblüte im August.

Arboretum Ellerhoop-Thiensen
Bezaubernde Blütenpracht und eindrucksvolle Farbspiele.
Tel. (0 41 20) 2 18
Mai–Sep. tgl. 10–19 Uhr,
Okt.–Apr. 10 Uhr bis Einbruch der Dunkelheit,
Dez.–15. Jan. geschlossen
März–Okt.: 9 €, erm. 7,50 €, Kinder frei
Nov./Jan./Feb.: 5 €, erm. 4 €, Kinder frei
www.arboretum-ellerhoop-thiensen.de

Café-Betrieb in der Diele des Münsterhofes
Es gibt auch eine Terrasse mit Blick in das Arboretum.
März–Nov. tgl. 11–18 Uhr

Tour 3 | Barmstedt

Stadt, Wald, See

> ▸ **Stadtausflug: Schlossinsel Rantzau**
> ★ **Kuratmosphäre am Rantzauer See & Kulturdenkmäler auf der Schlossinsel Rantzau**

Start
Barmstedt
RE 6/RE 7/RE 70/RB 61 bis
Elmshorn alle 30–60 Min.,
weiter mit
A3 bis Barmstedt
alle 30–60 Min.

Karte ▸ Seite 17

**Galerie-Café im
Schlossgefängnis**
Rantzau 9
25355 Barmstedt
Tel. (0 41 23) 61 39
März–Okt. Mo–Fr 12–19,
Sa/So 10–19 Uhr, Nov.–Feb.
jeweils nur bis 18 Uhr
www.schlossgefaengnis.de

Barmstedter Badewonne
Seestr. 12
25355 Barmstedt
Tel. (0 41 23) 6 81 70
www.barmstedter-
badewonne.de
Sommer Sa/So 8–13 Uhr,
Winter Do/Fr 9.30–18 Uhr,
Sa/So 10–17 Uhr
Erw. Do/Fr 6,50 €,
Sa/So 5 €, Kinder 3 €

„Waldstadt am Rantzauer See" – so nennt sich Barmstedt selbst. Sehr passend, denn das Städtchen im Norden des Kreises Pinneberg hat eine herrlich waldreiche Umgebung.

Barmstedt liegt am Flüsschen Krückau, das zwischen Wedel und Glückstadt in die Elbe mündet. Die Krückau ist es auch, die zum landschaftlichen Reiz der über 850 Jahre alten Stadt beiträgt. Sowohl die ausgedehnten Laubwälder als auch der im April prächtig blühende **Rhododendronpark** rund um den Rantzauer See haben das Städtchen zu einem immer beliebter werdenden Ziel für Erholungssuchende gemacht. Sportlich Ambitionierte besuchen Barmstedt am besten von Quickborn aus mit dem Fahrrad (▸ Seite 16). Oder man nimmt die AKN-Bahn, die Tagesausflügler bis nach Barmstedt bringt.

Treffpunkt für alle ist der **Rantzauer See**. Ein Spaziergang an der Seepromenade oder eine Bootsfahrt auf dem Rantzauer See lassen Kuratmosphäre aufkommen. Die **Schlossinsel Rantzau** gehört wegen ihrer wechselvollen Geschichte und der eindrucksvollen Gebäude zu den herausragenden Kulturdenkmälern Schleswig-Holsteins. Auf dem ehemaligen Schlossareal des deutschen Reichsgrafen Christian Rantzau steht noch das Herrenhaus aus dem Jahre 1806. Sehenswert sind auch das Gerichtsschreiberhaus von 1826, die alte Wassermühle und mehrere Bürgerhäuser.

Im **Schlossgefängnis Rantzau** erwartet den Besucher ein kleines Café. Im Gebäude des „Königlichen Amtsgerichtes" befindet sich das Museum der Grafschaft Rantzau. Die umfangreichen Bestände des Museums sind vorwiegend volkskundlich-kulturgeschichtlicher Art. Neben einer kleinen Sammlung vorgeschichtlicher Funde hat

Barmstedt — **Tour 3**

Badevergnügen am Rantzauer See – egal ob am Steg, im Strandbad oder in der Schwimmhalle

die stadtgeschichtliche Abteilung zur Entwicklung des Orts- und Siedlungsbildes, zur Geschichte der Kirche und des einst in Barmstedt blühenden Schuhmacherhandwerks besonderes Gewicht.

Am Rantzauer See liegt auch das Strandbad, das je nach Wetterlage öffnet. Am Wochenende bietet auch die Schwimmhalle **Barmstedter Badewonne** Spaß und Erholung. Also: Badebekleidung einstecken!

HolstenTherme Kaltenkirchen

Ein noch aufwendiger gestaltetes Freizeitbad gibt es in Kaltenkirchen: die HolstenTherme. Hier werden Wasserfälle und Geysire, tropischer Regen, Felsenquellen und Unterwassermassagen geboten. Für Mutige gibt es einen Wildwasserkanal und eine 92 Meter lange Riesenrutsche. Der Entspannung dient die umfangreiche Saunawelt, die als Besonderheit über eine Kalahari-Afrika-Sauna und eine altfinnische Erdsauna im Außenbereich verfügt. Die AKN-Linie A1 bringt die Besucher direkt vor die Tür (Haltestelle Holstentherme).

HolstenTherme
Norderstr. 8
24568 Kaltenkirchen
Tel. (0 41 91) 9 12 20
Mo–Do/So 10–22,
Fr/Sa 10–22.30 Uhr
www.holstentherme.de
Tageskarten ab 15 €, Kinder ab 5 Jahren ab 7,50 €
S21 bis Eidelstedt alle 10–20 Min., weiter mit A1 bis Holstentherme alle 10–40 Min.

Tour 4 | Bad Bramstedt

Bad, Land, Fluss

> ▶ **Stadtausflug: Altstadt und Kurviertel**
> ★ **Wandern entlang idyllischer Flüsse & zu historischen Bauten**

Start
Bad Bramstedt
S21 bis Eidelstedt alle 10–20 Min., weiter mit **A1** bis Bad Bramstedt alle 10–40 Min.

Rückfahrt
Bad Bramstedt Kurhaus
A1 bis Eidelstedt alle 10–40 Min., weiter mit **S21** alle 10–20 Min.

**Tourismusbüro
Bad Bramstedt**
Bleek 17–19 (Rathaus)
24576 Bad Bramstedt
Tel. (0 41 92) 5 06 27
www.bad-bramstedt.de
Mo–Fr 10–13 und
Mo/Di/Fr 15–17 Uhr,
Do 15–18 Uhr

Stadtführung
Jeden 1. und 3. Sa sowie jeden 2. und 4. So historische Stadtführung, jeweils 14.30 Uhr
Dauer 1,5 Stunden
3 €, mit AKN-Karte 2 €
Treffpunkt: vor dem Roland (am Schloss)

Der typische Bad-Bramstedt-Tourist hat entweder ein Paddelboot oder Rheuma. Ein Tagesausflug lohnt sich aber auch, wenn man weder das eine noch das andere mitbringt.

Von Hamburg aus ist die erste Station Bad Bramstedt Kurhaus, der Bahnhof der Klinik-Stadt. Wir fahren aber weiter bis Bad Bramstedt.
Um zum alten Stadtkern zu gelangen, geht man den gegenüber des historischen Bahnhofsgebäudes liegenden Schlüskamp hinein – und stößt schon nach kurzem Weg auf den grünen Lauf der Osterau, die hier eine kleine Insel im Fluss, die Osterauinsel, ausbildet. Gleich mehrere Flussläufe laden zum Paddeln ein. In Bad Bramstedt vereinigt sich die **Osterau,** einer der wenigen Wildflüsse Norddeutschlands, mit der Hudau zur Bramau. Die Bramau, der die Stadt ihren Namen verdankt, gilt als idealer Anfängerfluss. Es treffen sich in Bad Bramstedt daher Paddler aller Ligen. Aber natürlich bieten die Flüsse auch uns Fußwanderern naturnahe Erholung, sind doch an ihren Ufern meist gute Wege angelegt.

Vor einer Wanderung lohnt eine Besichtigung des **alten Stadtkerns,** in den man hinter der Osterauinsel gelangt. Zentrum des Stadtkerns ist der Bleek, ein zentraler Platz. **Bleek** heißt im Niederdeutschen so viel wie „Flecken" und bedeutete „unbefestigte Stadt", die Bramstedt bis 1910 war. Das historische – und heutige – Rathaus steht hier am Bleek, gegenüber dem Torhaus am Markt, das als letztes noch stehende Gebäude des ehemaligen Guts Bramstedt auch als **„Schloss"** bezeichnet wird. Davor steht der Roland, das Wahrzeichen der Stadt. Der Roland war ein Symbol der Marktgerechtigkeit im Ochsenhandel. Zu seinen Füßen wurden Kontrakte geschlossen und bei Streitigkeiten rechtliche Entscheidungen gefällt. Bis

Bad Bramstedt

Tour 4

zum Jahre 1693 standen an dem Platz hölzerne Roland-Standbilder. Dann wurde der heutige Roland aus Oberkirchener Sandstein aufgestellt. Die Originalfigur musste sich im Laufe der Jahrhunderte mehrmals von Steinmetzen durchgeführten Schönheitsoperationen unterziehen.

Der Bau, der heute als Schloss bezeichnet wird, ist eigentlich nur noch das Torhaus des ehemaligen **Bramstedter Gutes.** Das heute noch vorhandene Gebäude wurde zwischen 1631 und 1647 errichtet. Die Funktion als Torhaus für das dahinter liegende Schloss ist noch an den großen Toren erkennbar, durch die die Kutschen fahren konnten.

Nördlich des Bleecks, am Kirchenbleeck, steht die **Maria-Magdalenen-Kirche.** Vermutlich wurde der Bau in der ersten Hälfte des 13. Jahrhunderts errichtet, aber immer wieder umgestaltet. Heute stellt das Bauwerk ein Sammelsurium unterschiedlichster Stile und Materialien dar.

Nach der Besichtigung der Altstadt bietet sich ein Spaziergang entlang der Hudau ins **Kurviertel** an. Ein Weg führt vom Stadtzentrum entlang des Flüsschens an der Kneippanlage und am Garten der Sinne vorbei. Wer dann dem Lauf der Hudau folgt, der gelangt automatisch in die Kuranlagen der Rheumaklinik. Die in den Wald eingefügten Bauten der Anlage stellen eine perfekte Verbindung zwischen Architektur und Natur dar. Hier, mitten im Wald, liegt malerisch der Haltepunkt Bad Bramstedt Kurhaus, von dem man bequem die Heimreise antreten kann.

Café im Landweg
Kuchen, Torten und Suppen aus eigener Herstellung, liebevoll gestaltetes Ambiente, kleiner Mittagstisch bis 14 Uhr.
Landweg 6
24576 Bad Bramstedt
Tel. (0 41 92) 9 06 02 97
www.cafe-im-landweg.de
Di–So 8–18 Uhr,
So/Fei 9.30–13 Uhr Frühstücksbuffet

Die Schlossbrücke führt über die Hudau

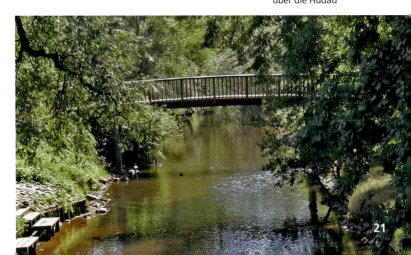

Tour 5 | Staatsforst Rantzau

Zum Butterberg

> ▸ **Radtour (25 km): Bad Bramstedt – Mönkloh – Bokel – Dauenhof**
> ★ **Durch den weitläufigen Rantzauer Staatsforst bis zum Butterberg & weiter ins Naturfreibad am Mühlenteich**

Start
Bad Bramstedt
S21 bis Eidelstedt alle 10–20 Min., weiter mit A1 bis Bad Bramstedt alle 10–40 Min.

Rückfahrt
Bhf. Dauenhof
RB 71 bis Elmshorn alle 60 Min., weiter mit RE 6/RE 7/RE 70/RB 61 bis Hbf. alle 30–60 Min.

Keine Auswirkung einer verfehlten Agrarpolitik, sondern eiszeitlichen Ursprungs ist der Butterberg, den man bei diesem Ausflug besteigen kann. Der 33 Meter hohe Berg erhebt sich im schönen Staatsforst Rantzau, der allein schon einen Besuch wert ist.

Der Staatsforst Rantzau liegt in dem Gebiet, das von den Städten Bad Bramstedt im Nordosten, Barmstedt im Süden und der Gemeinde Hörnerkirchen im Westen eingefasst wird. Das noch weitgehend zusammenhängende große Forstgebiet ist kaum zersiedelt – und damit schon eine Ausnahme.

In der Altstadt **Bad Bramstedts** startet ein Rad- und Wanderweg in westlicher Richtung nach **Hitzhusen**. Der Ort liegt nur knapp 3 Kilometer von der historischen Stadtmitte entfernt, gehört aber nicht mehr zu Bad Bramstedt. Anstatt uns an die

Staatsforst Rantzau — Tour 5

Wanderwegmarkierung zu halten und geradewegs nach Hitzhusen hineinzuradeln, folgen wir weiter der Glückstädter Straße, auf der wir schon in der Altstadt gestartet sind, und gelangen nach **Weddelbrook,** an dessen Ortsausgang zur Linken ein kleiner See namens Mühlenteich liegt, und weiter in südwestlicher Richtung nach Mönkloh. Erst hier endet die Glückstädter Straße und der Staatsforst Rantzau beginnt.

Mönkloh ist der letzte Außenposten vor der Wanderung in die Wildnis. Hier steht die kleinste Kirche Schleswig-Holsteins, die Waldkapelle am Mönchsweg, die erst 2001 geweiht wurde. Wir stellen das Fahrrad ab und folgen dem Weg, der nach Bokel ausgeschildert ist und der uns durch einen dichten Wald führt. Das Waldgebiet zur Rechten nennt sich Haselbusch, ist aber auch nur ein Ausläufer des Staatsforstes Rantzau. Der Weg zum Butterberg zweigt nach links ab. Allerdings versperrt ein Schild „Wildschutzgebiet, betreten verboten" den Weg zum **Butterberg.** Aber das macht nichts, denn so etwas wie einen Ausblick bietet die sanfte Erhebung eh nicht. Egal, ob man nun einen Abstecher zum Butterberg unternommen hat, um sagen zu können, man habe den „Butterberg" bestiegen, oder nicht – man sollte auf jeden Fall wieder auf den Hauptweg zurückkehren. Mit dem Fahrrad geht es weiter nach Bokel – der Ort gehört schon zu der Gemeinde Brande-Hörnerkirchen.

Brande-Hörnerkirchen ist ein Zusammenschluss mehrerer kleiner Dörfer ohne rechte eigene Struktur. Soll heißen, weder die Gesamtgemeinde noch die einzelnen Ursprungsdörfer haben eine eigene Struktur entwickeln oder bewahren können. Am deutlichsten zeigt noch Bokel seinen dörflichen Charakter.

Wenn man **Bokel** in Nord-Süd-Richtung durchquert, gelangt man über die Mühlenstraße an einen Mühlenteich, ursprünglich eine Aufstauung des Krummbaches. Das hier angelegte **Naturfreibad** kann vor allem mit seiner malerischen Lage punkten. Zudem ist es auch zur Hochsaison nicht überlaufen.

Von hier aus geht es auf unspektakulärem Weg zum Endpunkt dieser Tour, dem **Bahnhof Dauenhof** im Gemeindeteil Westerhorn.

Mönklohs Naturdenkmal: eine von sieben Eichen an der Glückstädter Straße

Wolters Gasthof von 1787
Traditionsgasthaus mit regionaler Küche, im Sommer Biergarten.
Glückstädter Str. 3
24576 Weddelbrook
Tel. (0 41 92) 14 12
www.woltersgasthof.de
Mi–Sa ab 17 Uhr,
So/Fei ab 16.30 Uhr

Naturfreibad Bokel
Wer eine Abkühlung benötigt, kann hier ganz malerisch untertauchen.
Mühlenstr.
25364 Bokel
www.bokeler-freibad.de
Mai–Sep. 8–20 Uhr (Öffnungszeiten können je nach Wetterlage verkürzt oder verlängert werden)

Tour 6 | Staatsforst Segeberg

Im Reich der Riesengräber

> ▶ **Radtour (30 km): Bad Bramstedt – Wahlstedt**
> ★ **Vom Gesundbrunnen ohne Trinkwasser zu den Hügelgräbern & zwischendurch noch heimische Wildtiere angucken**

Start
Bad Bramstedt
S21 bis Eidelstedt alle 10–20 Min., weiter mit
A1 bis Bad Bramstedt alle 10–40 Min.

Rückfahrt
Bhf. Wahlstedt
RB 82 bis Bad Oldesloe alle 60 Min., weiter mit
RE 8 bis Hbf. alle 60 Min.

Im Staatsforst Segeberg findet sich die weltweit größte Ansammlung von Riesengräbern. Durch diesen gigantischen vorzeitlichen Friedhof führt die heutige Tour.

Ausgangspunkt der Tour ist der Bahnhof Bad Bramstedt. Vom historischen Bahnhofsgebäude geht es gleich weiter in östlicher Richtung. Man überquert die Gleise auf einem Fußgängerüberweg und gelangt über den Weg „Am Badesteig" in das **Tal der Osterau**. Wir folgen hier dem ausgeschilderten Weg zum etwa 3 Kilometer entfernten „Gesundbrunnen".

Seit seiner Entdeckung 1681 wechselten sich Perioden der Popularität und des Vergessens der Quelle ab. Im Jahre 1999 wurde der **Gesundbrunnen** dank des Engagements einzelner Bramstedter Bürger und Sponsoren wiederhergerichtet. Nur Trinkwasser bietet die Anlage heute nicht mehr.

Weiter geht es durch das Osterautal nach Bimöhlen. Zuvor wird die Autobahn A 7 auf einer Brücke überquert. Gleich nach der Brücke geht es rechts ins Dorf **Bimöhlen**. Dort überqueren wir die Osterau, fahren am Dorfplatz links, folgen den Hinweisschildern „Wildpark Eekholt" und nehmen die Weider Straße, eine Landstraße mit mäßigem Verkehr.

Zwei Kilometer hinter **Weide** ist der **Wildpark** erreicht. In der privat geführten Naturerlebnisstätte am Nordrand des Segeberger Forstes leben auf einer Fläche von 67 Hektar über 700 Tiere aus 100 Arten. Danach geht der Weg nach **Klint** weiter, einige Kilometer östlich gelegen. Hier muss man sich entscheiden, ob man nach Norden über die nur mäßig befahrene Landstraße gen Heidmühlen weiterfährt oder kurz vor der Ortschaft in den ruhigen, ausgeschilderten Radweg abbiegt.

Im Wildpark Eekholt gibt es auch ein Storchenhaus

Staatsforst Segeberg — Tour 6

Auf jeden Fall treffen sich die Wege – denn von **Heidmühlen** aus halten wir uns wieder südostwärts – nahe der Kolonie **Glashütte,** die mitten im Wald liegt. Auf dem restlichen Weg durch den Staatsforst nach Wahlstedt liegen nun rechts des Weges dicht an dicht die **Hügelgräber**.

In **Wahlstedt** kann man am nordwestlichen Ortsausgang in die Bahn steigen (der Bahnhof liegt zwei Kilometer außerhalb des Ortskerns). Wer noch nicht genug hat, der radelt weiter bis Bad Segeberg (▶ Seite 48).

Hügelgräber
Hügel-, Riesen- oder Hünengräber werden von Archäologen „Steinkammergräber" genannt, denn sie bestehen aus einer Grabkammer aus großen Steinblöcken und einer Erdummantelung, die die Gebilde wie kleine Hügel aussehen lässt. Hochgestellte Persönlichkeiten, denen man diverse Grabbeigaben mit auf den letzten Weg gab, wurden so beigesetzt. Die hiesigen **Hügelgräber** stammen aus der Älteren Bronzezeit, 1800 bis 1000 v. Chr. Im Laufe der Jahrhunderte wurden die Gräber entweder geplündert, weil die nachfolgenden Kulturen der Meinung waren, dass es einem im Jenseits schon an nichts mangeln würde, oder sie wurden abgetragen, weil sie dem sich ausbreitenden Ackerbau im Wege waren.

Café Okal
Kleine Gerichte, im Sommer mit Terrasse.
Kronsheider Str. 41
23812 Wahlstedt
Tel. (0 45 54) 28 06
Mo–Fr 11.30–14.30 Uhr

Wildpark Eekholt
Stellbrooker Weg
24598 Heidmühlen
Tel. (0 43 27) 99 23-0
www.wildpark-eekholt.de
März–Okt. 9–18 Uhr,
Nov.–Feb. 10–16 Uhr
Erw. 9,50 €, erm. 9 €,
Kinder 4–16 Jahre 8 €

Tour 7 | Friedhof Ohlsdorf
Grün über Gräbern

> ▸ **Rundwanderung (8 km) durch den Ohlsdorfer Friedhof**
> ★ **Gärtnerische Schönheit in vielseitigen Formen & Farben**

Start
Ohlsdorf
`S1` `S11` `U1`
alle 5–10 Min.

Karte ▸ Seite 29

Friedhof Ohlsdorf
Fuhlsbüttler Str. 756
Tel. (040) 5 93 88-0
www.friedhof-hamburg.de
Apr.–Okt. tgl. 8–21 Uhr,
Nov.–März tgl. 8–18 Uhr
Infohaus am Fußgängereingang Mo–Fr 11–15,
Sa/So 10–15 Uhr

Infos zu Führungen
www.friedhof-hamburg.
de/service

Busverbindungen
durch den Friedhof:
Bus 170 Haupteingang
– Maisredder (südliche Route)
Bus 270 Haupteingang –
Bramfeld, See (nördliche Route)
alle 10–30 Min.

Hamburgs größte Grünanlage ist ein Friedhof: Mit einer Fläche von fast 400 Hektar ist der Ohlsdorfer Friedhof sogar der größte Parkfriedhof der Welt. Die Anlage mit 255 000 Grabstätten bietet den Toten die letzte Ruhe in schöner Umgebung und den Lebenden einen lehrreichen Ausflug.

Der Rundgang beginnt am Haupteingang, der schon vom S-/U-Bahnhof Ohlsdorf aus zu sehen ist. Hier starten auch die beiden Buslinien der Hochbahn, die das weiträumige Areal erschließen. Auch mit dem Fahrrad lässt sich das 17 Kilometer lange Straßennetz des Friedhofs bequem befahren und die gärtnerische Schönheit entdecken. Wir erkunden den Friedhof jedoch zu Fuß. Dazu besorgen wir uns im Verwaltungsgebäude, das 1911 errichtet wurde, einen Übersichtsplan und Vorschläge zu Spaziergängen sowie eine Auflistung von Prominentengräbern. Wer Lust hat, kann sich auch einer der zahlreichen Führungen anschließen, die es zu unterschiedlichsten Themen gibt. Sogar Märchen von Leben und Tod kann man zwischen den Grabstellen lauschen.

Gegenüber des Haupteingangs erhebt sich die Terrassenanlage des **Althamburger Gedächtnisfriedhofs**. Hier ruhen die sterblichen Überreste von einstigen Persönlichkeiten der Stadt. Die Terrassen wurden schon um die vorletzte Jahrhundertwende als gärtnerische Schmuckanlage im neobarocken Stil gestaltet. Davon sind heute nur noch die Sandsteintreppen und die Christusfigur aus strahlend weißem Marmor erhalten.

Hält man sich beim Rundgang in südlicher Richtung, gelangt man schon bald zum **Rosengarten**, einer gärtnerischen Zieranlage, die für einen Friedhof wohl einmalig ist. Der Garten wurde vor über 100 Jahren angelegt. Nach jahrzehntelanger

Vernachlässigung zeigt er sich heute wieder annähernd so schön wie früher.

Der westliche Bereich des Friedhofs, in dem wir uns gerade aufhalten, ist der historische Teil des Ohlsdorfer Friedhofs. Im Jahre 1877 eröffnet und von Wilhelm Cordes gestaltet, diente die damalige Anlage als Beispiel für zahlreiche andere Parkfriedhöfe. Charakteristisch für diesen nunmehr auch Cordes-Teil genannten Bereich sind der sehr artenreiche, häufig waldartige Baumbestand und die großzügigen Grabflächen, die geschickt mit dichten Gehölzpflanzungen – heute meist Rhododendren – umgeben sind.

Engelsskulptur auf dem Grabmal Plesch/Ritz

Der östliche Friedhofsteil wurde ab 1920 nach den streng landschaftsarchitektonischen Plänen von Otto Linne angelegt. Hier befinden sich mehrere Ehrenfriedhöfe und Mahnmale. Etwa 52 000 Kriegsopfer aus 30 Nationen wurden mit ewigem Ruherecht in Ehrenanlagen bestattet. Besonders beeindruckend ist das **Mahnmal für die Bombenopfer** von Gerhard Marcks aus dem Jahre 1952. Es steht im Zentrum von vier Massengräbern, in denen im Sommer 1943 fast 39 000 Tote beigesetzt wurden.

Geschichtlich interessant sind die beiden **Grabmal-Freilichtmuseen** (am Heckengarten und an der Kapellenstraße). Die historischen Grabmäler stammen von den aufgelassenen Steintor- und Dammtorfriedhöfen bzw. von den Grabstätten der „Ämter", wie in Hamburg die Zunftvereinigungen der Handwerker hießen. Auf dem Rückweg Richtung Cordesallee passieren wir in der Nähe des 1898 erbauten **Wasserturms** den von Rhododendren umsäumten **Garten der Frauen**. Eine Gedenkstätte, auf der alte Grabsteine bedeutender Frauen aufgestellt werden. Es ist aber auch ein Ort, an dem sich Frauen bestatten lassen können. Wieder am Haupteingang angekommen, lohnt noch der Besuch des kleinen **Friedhofsmuseums**.

Friedhofsmuseum
Interessante Ausstellung zur Vielfalt der hamburgischen Friedhofs- und Bestattungskultur.
Neben dem Haupteingang
Tel. (040) 50 05 33 87
So/Mo/Do 10–14 Uhr

Tour 8 | Alstertal

Im Grünen Grunde

> ▶ **Wanderung (15 km) durch das obere Alstertal**
> ★ **Immer am Wasser entlang, von Schleuse zu Schleuse**

Start
Ohlsdorf
S1 **S11** **U1**
alle 5–10 Min.

Rückfahrt
Ohlstedt
U1 alle 10–20 Min.

Bootsverleih Töns
Kanus, Ruderboote, Kajaks
und Tretboote in Ohlsdorf
direkt an der Alster.
Ratsmühlendamm 2
Tel. (040) 59 94 98
www.bootsvermietung-
toens.de
Apr.–Ende Sep. je nach
Wetterlage 10–20 Uhr

Alstertalmuseum
Wellingsbüttler Weg 75a
(im Torhaus Wellings-
büttel)
Tel. (040) 5 36 66 79
Sa/So 11–13 und 15–17 Uhr
S1 **S11** Wellingsbüttel

Bootsverleih Marienhof
Kanus und Kajaks.
An der Poppenbüttler
Schleuse
Tel. (040) 6 06 66 77
Apr.–Sep. 10–20 Uhr
(je nach Wetterlage)
S1 **S11** Poppenbüttel

Ein Name wird Programm: Gleich am Bahnhof des Ausgangspunktes dieser Tour weisen uns die Hinweisschilder den Weg. „Im Grünen Grunde" steht über dem Ausgang, den wir wählen. Und daran soll sich die nächsten zwölf Kilometer nichts ändern.

Die Straße Im Grünen Grunde ist noch vergleichsweise wenig grün. Jedenfalls im Vergleich zum **Alsterwanderweg,** dem wir folgen wollen und der am Ufer des sich malerisch durch die Landschaft schlängelnden Flusses verläuft. Oft ist das Tal des oberen Alsterlaufes so urwüchsig, dass man kaum glaubt, sich im Stadtgebiet einer Metropole zu bewegen. Wer allerdings vom Weg abkommt, wird schnell feststellen, wie nah großstädtische Hektik und elegante vorstädtische Villengegenden an den Flusslauf heranragen. Auf jeden Fall orientiert man sich praktischerweise am markierten Verlauf des offiziellen Alsterwanderweges: Die gelben Pfeile auf den Baumstämmen sind leicht zu erkennen. Meistens jedenfalls.

Unser Weg geht flussaufwärts, dorthin, wo die Alster zu einem verwegen mäandernden Flüsschen und schließlich zu einem besseren Bach wird. Vorher jedoch geht es an mehreren Schleusen vorbei. Die erste, gleich zweistufig, passieren wir schon zu Beginn der Tour in Ohlsdorf. Meist verläuft die Wegstrecke auf der rechten Seite des Flusses, doch bieten die zahllosen Brücken immer wieder die Möglichkeit, das Ufer zu wechseln.

Wir kommen am **Teetzpark** vorbei, dem heutigen Rest eines ehemals privaten Parks in einer malerischen Biegung der Alster. Ein Rundweg erschließt den Park und führt um die beiden zentralen, mit der Alster verbundenen Teiche herum. Nach etwa 5 Kilometern erreichen wir **Wellingsbüttel,** wo man das Naturerleben kurz unterbrechen sollte, um das **Herrenhaus Wellingsbüttel** und das ihm vorgelagerte alte Torhaus zu besichtigen. Das repräsentative Herrenhaus stammt in seinen Ursprüngen aus dem Jahre 1750, erhielt sein heutiges Gesicht aber 1889 durch Martin Haller, den als Rathausarchitekten berühmt gewordenen Baumeister. Das Torhaus wurde 1757 erbaut. In ihm ist heute das **Alstertalmuseum** untergebracht. Wer eine Pause benötigt, kann sich im Herrenhaus stärken, bevor er sich in Richtung **Poppenbüttler Schleuse** begibt. Hier wird die Alster noch einmal zu einem kleinen See gestaut. Bald darauf liegt auf der linken Seite des Flusses das Gut Hohenbuchen.

Hinter der **Mellingburger Schleuse** wird der Fluss zum Bach. Der Alsterwanderweg verlässt den Flusslauf und führt ein Stück über besiedeltes Gelände, nämlich über die Straße Kortenland.

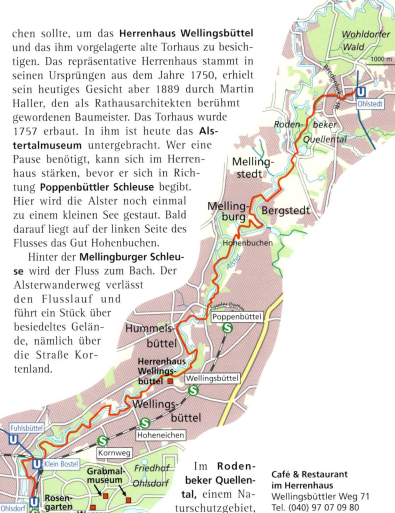

Im **Rodenbeker Quellental**, einem Naturschutzgebiet, erleben wir dafür noch einmal fast urwaldartige Natur. Der Weg führt hindurch zwischen Teichen und Tümpeln, Bächen und toten Flussarmen und dann ganz unvermittelt auf eine Straße mit dem schönen Namen Haselknick, die auf die Bredenbekstraße führt. Diese überquert, stehen wir kurz darauf vor dem Bahnhof Ohlstedt. So schnell hat uns die Zivilisation wieder.

Café & Restaurant im Herrenhaus
Wellingsbüttler Weg 71
Tel. (040) 97 07 09 80
www.cafe-im-herrenhaus.de
Mi–So 10–18 Uhr

Restaurant The Locks
Gehobene Gastronomie im alten Schleusenmeisterhaus mit Reetdach und Sonnenterrasse.
Marienhof 6 (in der Poppenbüttler Schleuse)
Tel. (040) 61 16 60-0
www.the-locks.de
Tgl. 12–22 Uhr

Tour 9 | Bramfelder See

Grüne Idylle an der Seebek

> ▸ **(Rad-)Wanderung (10 km): Seebek – Bramfelder See – Südseite Ohlsdorfer Friedhof**
> ★ **Grüne Wanderwege & ein ruhiger See mitten in der Stadt**

Start
Alter Teichweg
U1 alle 5–10 Min.

Rückfahrt
Ohlsdorf
S1 **S11** **U1**
alle 5–10 Min.

Die kleine Seebek ist wohl kein reißender Fluss, aber sie schlängelt sich sachte durch verträumte Kleingartenanlagen zum Erholungsgebiet Bramfelder See. Direkt dahinter beginnt der Ohlsdorfer Friedhof.

Wir beginnen unsere Tour am U-Bahnhof Alter Teichweg. Vom Ausgang Tondernstraße geht man die Nordschleswiger Straße nach Norden und biegt kurz darauf rechter Hand in den Wanderweg an der **Osterbek**. Dort wo sich der Wanderweg gabelt, führt links die steile Bahnbrücke ein kurzes Stück durch die Kleingartenanalage Grode Wisch. Wir biegen in Richtung Vereinshaus ab und erreichen schließlich die Seebek. Vorbei an der Schiffsbauversuchsanstalt überqueren wir die Bramfelder Chaussee und biegen rechts in den Wanderweg an der **Seebek**.

Seit einigen Jahren beschäftigt sich der Naturschutzbund Hamburg e. V. (NABU) mit der Renaturierung des unscheinbaren Baches, um ihn als Ablauf zwischen Bramfelder See im Norden und Alster im Süden zu stärken. Entlang des versteckten Bachlaufs kreuzen wir die Grenzbachstraße.

Bevor wir die Heinrich-Helbing-Straße ebenfalls überqueren, finden wir westlich vom Wanderweg das **Wendebecken Langenfort**. Wer sonntags hier ist, kann sich unweit des Teiches beim Urban Gardening im FuhlsGarden ertüchtigen.

Zurück auf dem Seebek-Weg geht es entlang des Flüsschens weiter zum **Appelhoffweiher**. Das 1973 erbaute Rückhaltebecken, welches durch eine Aufstauung der Seebek entstand, bietet neben viel Grün auch reichhaltige Möglichkeiten zum Toben. Außer einem liebevoll gestalteten Bauernhof-Spielplatz finden wir eine Beachvolleyballanlage, Tischtennisplatten, einen Bolz-

FuhlsGarden
Urban Gardening (fast) immer sonntags zum Mitgärtnern für alle.
Steilshooper Str. 230
22307 Hamburg
www.fuhlsgarden.de
So 15–17 Uhr

Stadtnahe Idylle am Bramfelder See

platz, sowie gemütliche Picknick- und Grillplätze. Sportbegeisterte Wanderer können auch die kostenlosen Outdoor-Fitnessgeräte für ein kleines Workout unter freiem Himmel nutzen.

Auf dem letzten Stück entlang des kleinen Flusses überqueren wir kurz vor einer Weggabelung die Seebek über eine Brücke und wandern rechts von ihr weiter, kreuzen dann den Leeschenblick und werden geradewegs an den **Bramfelder See** gelotst.

Der idyllische Rundweg um den See lädt zu einem erholsamen Waldspaziergang mit Seeblick ein, bei dem beispielsweise auch Graureiher beobachtet werden können. Obwohl der Bramfelder See aufgrund der Wasserqualität derzeit nicht zum Baden geeignet ist, kann man rundherum herrlich die Füße baumeln lassen, die Feuerstelle oder den Spielplatz nutzen. Eine kleine Stärkung holen wir uns im Restaurant und Café Seehof an der Fabriciusstraße.

Sowohl östlich (Eingang Seehof) als auch westlich (Eingang Eichenlohweg) des Sees finden wir Zugänge zum weltweit größten Parkfriedhof, dem **Ohlsdorfer Friedhof** (▶ Seite 26). Dort kann der geschichtsbewusste Gartenliebhaber im **Garten der Frauen** nahe der Cordesallee Einblick in die Biografien von verstorbenen Hamburger Frauen gewinnen.

Von hier aus führt uns schließlich die Cordesallee zum Ausgang des Friedhofs und in Richtung S-/U-Bahnhof Ohlsdorf, wo unsere Tour endet.

Restaurant & Café Seehof
Fabriciusstr. 288
22177 Hamburg
Tel. (040) 6 42 69 30
www.seehof-hamburg.de
Tgl. 10–18 Uhr

Wasserturm beim Garten der Frauen
Ohlsdorfer Friedhof,
Cordesallee
Tel. (040) 5 60 44 62
www.garten-der-frauen.de
Mai–Sep. So 14–17 Uhr
Teilweise Rundgänge mit Führung um 15 Uhr

Tour 10 | Duvenstedter Brook

Was röhrt denn da?

> ▶ **(Rad-)Rundwanderung (17 km): Ohlstedt – Wohldorfer Wald – Mühlenteich – Duvenstedter Brook – Ohlstedt**
> ★ **Durch Moor und Heide & Informatives zu Flora und Fauna**

Start
Ohlstedt
U1 alle 10–20 Min.

In Hamburg mit dem Fernglas auf die Pirsch gehen, um Kraniche beim Balztanz, Frösche im blauen Balzkleid oder Hirsche bei der Brunft zu beobachten – das kann man im Duvenstedter Brook.

Im äußersten Nordosten Hamburgs liegt das mit rund 780 Hektar zweitgrößte Naturschutzgebiet der Stadt. Die Bezeichnung Brook oder Bruch ist eine niederdeutsche Landschaftsbezeichnung für sumpfiges, von Wasser durchzogenes Gehölz und Gelände. 1958 wurde der Duvenstedter Brook unter Naturschutz gestellt. Ende der 1970er-Jahre begann man mit der Wiederherstellung der abwechslungsreichen Landschaft. Denn durch die landwirtschaftliche Nutzung und Abtorfung der Moore war der ursprüngliche Charakter verlorengegangen.

Im Gegensatz zu vielen anderen Rückzugsgebieten der Natur gehört es im Duvenstedter Brook nicht zum Konzept, den Menschen als störendes Element fernzuhalten. Im Gegenteil: Die Naturschützer haben das Gebiet mit einer Infrastruktur versehen, die es auch dem Laien leicht macht, auf eine heimische Fotosafari zu gehen. Komfortable, überdachte Beobachtungsstationen mit ausführlichen Informationstafeln gehören ebenso dazu wie eigens angelegte Schauteiche.

Unsere Tour beginnt am U-Bahnhof Ohlstedt. Dies ist bereits die erste Station auf einem sieben Kilometer langen historisch-ökologischen Erlebnispfad. Die Geschichte des **Ohlstedter Bahnhofs** begann 1907, als die Kleinbahnstrecke von Alt-Rahlstedt bis nach Ohlstedt verlängert wurde. Doch das Ende der Kleinbahn nahte, als man 1925 das Streckennetz der Walddörferbahn, der Vorläufer der heutigen U-Bahn, bis Ohlstedt aus-

Nahverkehrsmuseum Kleinbahnhof Wohldorf
Modelle, Originalteile und Dokumente zur Geschichte der Wohldorfer Kleinbahn und des Hamburger Nahverkehrs.
Schleusenredder
Tel. (040) 5 54 21 10
www.vvm-museumsbahn.de
So 13–16 Uhr

baute. Die letzte Teilstrecke von Ohlstedt nach Wohldorf, die mitten durch den Wohldorfer Wald führte, wurde aber noch bis 1961 betrieben. An deren Endpunkt, im ehemaligen Bahnhofsgebäude Wohldorf, ist heute ein **Museum** eingerichtet, das die Geschichte der Kleinbahn sowie des öffentlichen Nahverkehrs in Hamburg und Umgebung mit einer Vielfalt an Originalteilen, Modellen, Unterlagen und Fotografien dokumentiert.

Wir aber wandern erst einmal vom U-Bahnhof Ohlstedt nach links in die Alte Dorfstraße und kurz darauf nach rechts in die Straße Timms Hege. Von ihr zweigt rechts der Kupferredder ab. Gegenüber der Schule Am Walde führt vom Kupferredder nach links der Erlebnispfad in den **Wohldorfer Wald** hinein. In früheren Jahrhunderten wurde dieser Wald hauptsächlich als Waldweide für Schweine und zum Sammeln von Bau- und Brennholz genutzt.

Auf dem Kleinbahnwanderweg, an dessen Rand die ersten Infotafeln zum Erlebnispfad stehen, geht es tiefer in den Wald hinein. Wenn man der fortlaufenden Nummerierung der Tafeln folgt, gelangt man durch den Wald bis zur „Brücke

Tour 10 — Norden

Duvenstedter BrookHus
Naturkundliche Ausstellung und Informationsmaterial.
Duvenstedter Triftweg 140
Tel. (040) 6 07 24 66
www.hamburg.nabu.de/
natur-und-landschaft/info-haus-duvenstedter-brook
Apr.–Okt. Di–Fr 14–17,
Sa 12–18, So/Fei 10–18 Uhr,
Feb./März/Nov. Sa 12–16,
So/Fei 10–16 Uhr

Das Mitnehmen von Hunden in den Duvenstedter Brook ist verboten, damit die wildlebenden Tiere, besonders die Bodenbrüter, nicht aufgeschreckt werden.

mit Ausblick". Man überquert die Aue und blickt nach links auf den **Mühlenteich** mit der Wohldorfer Kornmühle. Danach nach links abgebogen, erreicht man über den Weg Holländer Berg die Herrenhausallee. Man folgt ihrem Verlauf nach rechts, bis in einer Kurve links ein Weg (Weberstieg) zum Naturschutz-Informationszentrum **Duvenstedter BrookHus** abzweigt. Dort informiert eine Ausstellung über die Tiere und Pflanzen, die im Duvenstedter Brook beheimatet sind.

Auf dem Duvenstedter Triftweg geht es nun in den Brook hinein. Bald tauchen am Wegrand die ersten Beobachtungsstände auf. Tafeln informieren über Dam-, Reh-, Rot- und Schwarzwild.

Das Landschaftsbild des Duvenstedter Brooks wird durch Moore geprägt. Durch die in der Vergangenheit erfolgte Trockenlegung der Moore entstand Feuchtheide. Im Frühjahr werden diese im nordwestlichen Teil des Brooks gelegenen Gebiete von weißem Wollgras überzogen, im Sommer entfaltet die Glockenheide ihre lila Pracht.

Die Wiesen des Duvenstedter Brooks werden fast das ganze Jahr über zur Schaubühne. Mitte Februar kehren die Kraniche aus ihren Winterquartieren zurück und vollführen mit lauten Trompetenrufen ihre Balztänze. Von Mai bis Juli sind sie dann mit ihren noch flugunfähigen Jungen auf Nahrungssuche. Erst im Spätherbst ziehen sie sich wieder ins wärmere Spanien zurück.

Die vielen Bäche, Gräben und Teiche im Duvenstedter Brook enthalten zahlreiche Frosch- und Molcharten. Von Ende April bis Mitte Juni suchen die Amphibien ihre Laichgewässer auf. Die Männchen der Moorfrösche tragen dann ein leuchtend blaues Balzkleid. Von Mitte September bis Anfang Oktober sind die Wiesen die große Bühne für die Rothirschbrunft. Überwiegend in der Dämmerung und nachts sind, mit etwas Geduld, die beeindruckenden Rangkämpfe von den Beobachtungsständen aus zu sehen. Bis Mitte November folgt die Brunft der Damhirsche. Sie spielt sich allerdings verborgen im Wald ab und ist daher schwieriger zu beobachten.

Man bleibt auf dem Duvenstedter Triftweg bis zur **Revierförsterei,** die sich an einer Wegkreuzung befindet. Dort geht es links in den

Duvenstedter Brook — Tour 10

Bültenkrugweg. An seiner rechten Seite gibt es mehrere Schauteiche, zur linken Wiesen. Später wechselt die Landschaft. Die ersten Heideflächen tauchen auf. Wer mit dem Fahrrad unterwegs ist, muss nun bis zur **Siedlung Bültenkrug** geradeaus weiterfahren und an der Hauptstraße nach links auf dem Wiemerskamper Weg bis zum Infohaus zurückradeln.

Fußgänger biegen vorher nach links durch ein Holzdrehkreuz in den schmalen Pfad Am Professormoor ab. Er führt auf den Alten Grenzwall, auf dem man nach links wandert, bis er schließlich in den Duvenstedter Triftweg mündet. Nach rechts eingebogen, gelangt man wieder zum Informationshaus zurück und über den Webersteig auf bekannter Strecke in die Herrenhausallee – und somit wieder auf den historisch-ökologischen Erlebnispfad, an dem sich auch Einkehrmöglichkeiten befinden.

Fast am Ende der Allee biegt man hinter dem **Mühlenteich** nach links in den Mühlenredder ein, der geradeaus durch den Wohldorfer Wald nach Ohlstedt zurückführt. Er mündet in die Bredenbekstraße und man befindet sich auf dem letzten Abschnitt des Erlebnispfads. Er führt noch an drei der insgesamt 30 Stationen vorbei: der Alten Post, dem Waldhaus und der 1954 errichteten **Matthias-Claudius-Kirche**. Links geht es in die Straße Timms Hege, und nach wenigen Schritten ist die U-Bahn Ohlstedt wieder erreicht.

Gasthaus Zum Bäcker
Deutsche Küche mit regionalen Produkten.
Herrenhausallee 9
(in der historischen Bäckerei)
Tel. (040) 60 76 53 97
www.zum-baecker.de
Di–So ab 12 Uhr

Restaurant Wohldorfer Mühle
Internationale Küche in einem historischen Gasthaus bei der alten Mühle.
Mühlenredder 38
Tel. (040) 6 07 66 50
www.die-muehle-hamburg.de
Mi–So ab 12 Uhr

Der Duvenstedter Brook ist ein Naturidyll

Tour 11 | Höltigbaum

Galloways statt Panzer

> ▶ (Rad-)Wanderung (14 km) durch das Naturschutzgebiet
> ★ Auf den Spuren steinzeitlicher Rentierjäger durch eine halboffene Weidelandschaft mit Galloways & Heidschnucken

Start
Naturschutzgebiet Höltigbaum
RB 81 bis Rahlstedt alle 30 Min., weiter mit
Buslinie 462 bis Naturschutzgebiet Höltigbaum alle 30 Min.

Rückfahrt
Ahrensburg Ost
U1 alle 10–20 Min. oder
Bhf. Ahrensburg
RB 81 alle 30 Min.

Haus der Wilden Weiden
Stiftung Natur im Norden
Eichberg 63
22143 Hamburg-Rahlstedt
Tel. (040) 18 04 48 60-10
www.hoeltigbaum.de
Apr.–Okt. Do/Fr 14–18,
Sa/So/Fei 11–18 Uhr,
Nov.–März
Sa/So/Fei 11–16 Uhr

Einst war der „Höltigbaum" ein streng gesichertes militärisches Sperrgebiet. Heute bietet das Gelände Ausflüglern und Naturfreunden einen faszinierenden Einblick in das Entstehen eines neuen Naturschutzgebietes. Und sogar Hobbyarchäologen hoffen hier wieder auf reiche Funde.

Doch bevor man in die urwüchsige Landschaft des gemeinsamen Naturschutzgebietes der Länder Hamburg und Schleswig-Holstein gelangt, hat man Gelegenheit, sich in der Schweriner Straße die Rahlstedter Bausünden anzusehen. Vom Bahnhof aus erreicht man den zur Fußgängerzone umgewandelten Bereich. In die viel befahrene Rahlstedter Straße links eingebogen, erblickt man schon bald die Martinskirche, einen modernen weißen Bau.

Hier gabelt sich der Weg. Wir folgen der linken Biegung, der Sieker Landstraße, ein kurzes Stück, um dann links in den Pahlblöckensredder einzubiegen, der durch einen Grüngürtel führt. Über die Straße Wiesenhof, die vom Pahlblöckensredder nach rechts abzweigt, trifft man auf die Straße Bei den Boltwiesen, die an die Hauptstraße Höltigbaum führt. Man unterquert diese und gelangt nun weiter geradeaus auf eine Straße mit dem Namen Neuer Höltigbaum. Zur Linken passiert man eine Sportanlage und ein Parkplatzgelände.

Direkt hinter den Parkplätzen geht es links in die Straße Eichberg, an deren rechter Seite sich das **Haus der Wilden Weiden** befindet. Der Besuch der Ausstellung hilft beim Verständnis der ökologischen Zusammenhänge des „Naturschutzgebietes Höltigbaum/Stellmoorer Tunneltal" – so der offizielle, vollständige Name.

Höltigbaum — Tour 11

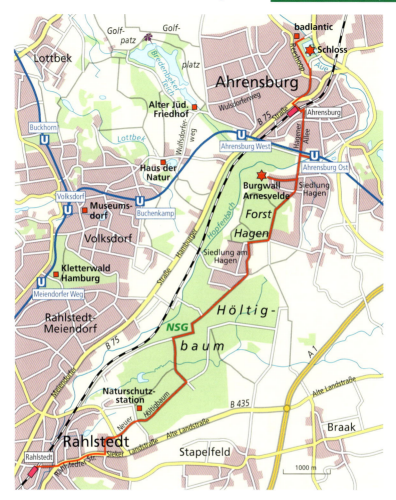

An das 560 Hektar große Höltigbaum-Areal schließen sich zwei weitere Naturschutzgebiete an: im Westen, auf Hamburger Seite, das **Stellmoorer Tunneltal** und im Norden das schleswig-holsteinische **Ahrensburger Tunneltal**. Damit ergibt sich eine Einheit, die ein geschlossenes, aber abwechslungsreiches Landschaftsbild bietet.

Geprägt wurde dieses Bild von mehreren Eiszeiten. Die letzte Eiszeit war noch nicht vorüber, als sich die ersten Menschen am Höltigbaum ansiedelten. In der dann folgenden Altsteinzeit

Tour 11 — Norden

Führungen durch das Naturschutzgebiet Höltigbaum
Verein Jordsand e. V.
Haus der Natur
Bornkampsweg 35
22926 Ahrensburg/Wulfsdorf
Tel. (0 41 02) 3 26 56
www.jordsand.de

hatten sie in der baumlosen, steppenartigen Landschaft als Rentierjäger ein ideales Revier. Diese Rentierjäger waren die ersten Menschen, die mit Pfeil und Bogen jagten – und damit die „Ahrensburger Kultur" begründeten. Archäologisch Interessierte wissen, dass sich dies etwa 8200 v. Chr. abspielte.

Als Entdecker der Ahrensburger Kultur wurde Alfred Rust in Archäologenkreisen weltberühmt. In den 30er-Jahren des 20. Jahrhunderts förderte Rust hier die ersten Hinterlassenschaften der steinzeitlichen Rentierjäger zutage. Auf seinen Spuren durchstreifen heute wieder zahlreiche Amateurarchäologen das Gelände. Ob aber jedes von ihnen aus dem Boden geklaubte, halbwegs spitz zulaufende Steinchen tatsächlich eine steinzeitliche Pfeilspitze ist, darf man wohl bezweifeln.

Zurück im Hier und Jetzt: Die halboffene Weidelandschaft, die heute für das Naturschutzgebiet charakteristisch ist, gleicht einer historischen Kulturlandschaft. Ein Gebiet, das sich ohne Pflegemaßnahmen, also Beweiden und Mähen, wahrscheinlich zu einem geschlossenen Wald entwickeln würde. Deshalb haben die Naturschützer ein Pflege- und Entwicklungskonzept erarbeitet, das für den Erhalt des jetzigen Landschaftsbildes sorgt. Dabei übernehmen eine robuste Heidschnuckenherde und Galloway-Rinder die Landschaftspflege. So wird verhindert, dass Büsche und Sträucher auf den offenen Grasflächen überhandnehmen. Auf drei Rundwanderwegen namens „Gletscherspur", „Gallo-Way" und „Entdeckerpfad" kann man den Tieren, der Geschichte und der Archäologie des Höltigbaums und des Ahrensburger Tunneltals ganz nah kommen.

Aber auch kleinere Tiere lassen sich im Höltigbaum gut beobachten. Vor allem Vögel, wie der im Naturschutzgebiet anzutreffende Neuntöter, freuen sich über die guten Nahrungsangebote und vielen Verstecke, die sich in der steppenartigen Landschaft finden.

Ein Neuntöter in Habachtstellung

Heidschnucken pflegen das Naturschutzgebiet Höltigbaum

Aufrecht auf Büschen sitzend, ist er von Mai bis November gut zu erkennen.

Die meisten Wege durch die Landschaft des Höltigbaums sind mit dem Rad gut zu befahren, schließlich handelt es sich teilweise um ehemalige Betonpisten für Panzer. Das militärische Erbe des Höltigbaums kann und will das heutige Naturschutzgebiet nicht verleugnen. Panzerspuren, Gefechtshügel und Schanzflächen zeugen von der jüngsten Vergangenheit des Areals. Die Wehrmacht hatte 1937 auf dem Gelände einen Übungsplatz eingerichtet, bis 1992 diente der Höltigbaum der Bundeswehr als Standortübungsplatz.

Man verlässt das Naturschutzgebiet über den Hagenweg und biegt von dort in den Ahrensfelder Weg ein. Bei den ersten Häusern der Siedlung am Hagen geht dieser über in den Ginsterweg. Nach rechts biegt man in den Weg Brauner Hirsch ein. Von hier zweigt bald darauf links die Hagener Allee ab, die durch den Forst Hagen bis ins Ahrensburger Zentrum führt (▶ Seite 40).

Im **Forst Hagen** sind noch einige Erdwälle der Burg Arnesvelde aus dem 14. Jahrhundert zu sehen. Die Burg selbst, der die Stadt Ahrensburg ihren Namen verdankt, existiert nicht mehr.

Tour 12 | Ahrensburg

In Filzpantoffeln durch Prunksäle

- ▶ **Stadtausflug & Schlossbesichtigung**
- ★ **Prunkvolle Schlosseinblicke**

Start
Bhf. Ahrensburg
RB 81 alle 30 Min. oder
Ahrensburg West
U1 alle 10–20 Min.

Karte ▶ Seite 37

Hamburgs schönstes Schloss liegt nicht in der Hansestadt, sondern in Schleswig-Holstein. Das Schloss Ahrensburg verdankt seine Pracht einem dänischen Minister. Oder besser: westindischen Sklaven.

Vom Bahnhof sind es nur wenige Schritte in den kleinen Stadtkern von Ahrensburg. Dort bietet sich bald ein herrlicher Anblick: Inmitten eines Parks erhebt sich auf einer Insel der strahlend weiße Bau eines **Schlosses**. Das Wahrzeichen der Stadt Ahrensburg gehört zu den am besten erhaltenen Renaissancebauten Schleswig-Holsteins. Seit 1938 ist es als Museum zugänglich und legt Zeugnis ab von der adligen Wohnkultur des 18. Jahrhunderts. Und das, obwohl der Mann, der hier sein Repräsentationsbedürfnis auslebte, so gar kein typischer Adeliger war.

Aber der Reihe nach. Schon um das Jahr 1585 hatte Peter Rantzau, ein Spross des weitverzweigten holsteinischen Uradelsgeschlechts, den befestigten Herrensitz als Mittelpunkt seines ausgedehnten Gutsterritoriums errichten lassen. Die Grundzüge, die Hofanlage und der bauliche Kernbestand sind trotz aller Umgestaltungen bis heute erhalten: eine von breiten Wassergräben und dem aufgestauten Mühlenteich umzogene, rechteckige Insel mit Resten von Befestigungswällen, auf der sich das Schloss auf einem hohen Granitsockel erhebt. Die Rantzaus regierten von ihrem Herrensitz mehrere Generationen lang, bis wirtschaftliche Schwierigkeiten im 18. Jahrhundert zum Niedergang des Gutes führten.

Im Jahre 1759 erwarb Heinrich Carl Schimmelmann den vor dem Konkurs stehenden Besitz. Zu dieser Zeit war Schimmelmann schon ein schwerreicher Mann, der es vom kleinen mecklenburgischen Kaufmann als Heeresausrüster

Schloss Ahrensburg
Lübecker Str. 1
22926 Ahrensburg
Tel. (0 41 02) 4 25 10
www.schloss-ahrensburg.de
März–Okt. Di–Do und
Sa/So 11–17 Uhr,
Nov.–Feb. Mi/Sa/So
11–17 Uhr
7 €, erm. 4,50 €,
bis 14 Jahre 3,50 €

Bienen-Lehr- und Schaugarten
An der Bagatelle 2
(angrenzend an den Schlosspark)
22926 Ahrensburg
Tel. (0 41 02) 4 19 18
www.bienengarten-ahrensburg.de
Apr.–Sep. 1. und 3. So im Monat 14–17 Uhr

Strahlend weiß, mitten auf der Wiese: Schloss Ahrensburg

Friedrichs des Großen, als Steuerpächter, als Spekulant sowie als Schatzmeister des dänischen Königs zu etwas gebracht hatte. Nun war er auf die Idee gekommen, marode Güter zu kaufen, um auf ihnen Gewerbe anzusiedeln und Manufakturen zu betreiben. Das Schloss war sozusagen nur eine Dreingabe. Gleichwohl stattete er seinen Besitz prachtvoll aus. Das war ein Leichtes für ihn, zumal er als Unternehmer bald in einen lukrativen Dreieckshandel einstieg: Von Europa brachte er mit eigenen Schiffen Gewehre und Tand nach Afrika, von Afrika Sklaven nach Amerika, mit Rohrzucker kehrten seine Schiffe aus der Karibik zurück. Schnell war Schimmelmann einer der größten Sklavenhändler der Westindischen Inseln.

Diese Vorabinformation lässt die Besucher des Schlosses die Pracht vielleicht mit etwas kritischeren Augen betrachten, wenn sie mit dicken Filzpantoffeln die Säle durchstreifen. Natürlich dient das unhandliche Schuhwerk der Schonung des Schmuckparketts. Es ist mit Ahorn auf Nussbaum, mit Eiche sowie Kirschbaumholz ausgelegt, stammt aus dem Jahre 1855 und ist somit schon nicht mehr mit Sklavenblut getränkt.

Von der Gartenanlage blieb fast nichts erhalten. Die heutige gärtnerische Gestaltung geht auf eine Anlage im englischen Stil von 1870 zurück. Beim Rundgang ergeben sich schöne Ausblicke über den **Mühlteich,** auf die aus dem 17. Jahrhundert stammende Schlossmühle und den Marstall aus dem Jahre 1845.

Restaurant Strehl
Gehobene Regionalküche, berühmt für Wildgerichte und Fischspezialitäten.
Reeshoop 50
Tel. (0 41 02) 4 12 61
www.restaurantstrehl.de
Mo/Do–Sa ab 17, So/Fei 12–14.30 und 17–20 Uhr

badlantic
Hallen- und Freibad mit Sauna und Kinderland.
Reeshoop 60
Tel. (0 41 02) 4 82 80
www.badlantic.de
Hallenbad:
Di–Do 6.30–21.45,
Fr 6.30–20.15,
Sa/So 9–18.30 Uhr
Juni–Aug. 5,90 €, erm. 5,40 €, bis 16 Jahre 3,30 €
Sep.–Mai 6,40 €, erm. 5,90 €, bis 16 Jahre 3,80 €

Tour 13 | Staatsforst Trittau
Wälder und Villen

> ▸ **Spaziergang von Ahrensburg Ost nach Großhansdorf**
> ★ **Wege durch den Erholungswald, umgeben von hübschen Villen**

Start
Ahrensburg Ost
U1 alle 10–20 Min.

Rückfahrt
Großhansdorf
oder Kiekut
U1 alle 10–20 Min.

Von einem Häuschen im Grünen träumen viele, manche gar von einer Villa am Waldrand. Wer sich den Traum in Großhansdorf, der traditionsreichen Villenkolonie nordöstlich von Hamburg, verwirklichen kann, der muss schon zu den Betuchteren gehören.

Seit etwa 100 Jahren gilt der Ort Großhansdorf am Rande des Staatsforstes Trittau als bevorzugte Wohngegend wohlhabender Hamburger. Schon in den 20er-Jahren sorgten die einflussreichen Großhansdorfer dafür, dass ihr Ort an das neue Hamburger U-Bahn-Netz angeschlossen wurde.

Ausgangspunkt der Tour ist aber der U-Bahnhof Ahrensburg Ost. Von dort aus folgt man der Straße Am Aalfang, die neben dem Hopfenbach entlangführt. Zur Rechten taucht bald eine Hochstraße auf. Unterquert man das Bauwerk, gelangt man in die Sieker Landstraße und erblickt dort bald ein inmitten eines großzügigen Parks gelegenes, schlossähnliches Anwesen. Anfang des 20. Jahrhunderts wurde es im Auftrag eines reichen Kaufmannes errichtet. Heute ist darin das **Institut für Forstgenetik und Forstpflanzenzüchtung** untergebracht. Der Park muss von außen bewundert werden, er ist der Öffentlichkeit leider nicht zugänglich. Auf der gegenüberliegenden Straßenseite hat mit einem nicht ganz so beeindruckenden Park, aber mit einem noch respektheischenderen Namen, das Biochemische Institut für Umweltcarcinogene repräsentatives Quartier bezogen.

Leider wird der Staatsforst Trittau, an dessen Rand wir uns jetzt schon befinden, durch die Hansdorfer Landstraße in zwei Teile zerschnitten. Nahe der Straße, im südlichen Teil, liegt gleich zu Anfang der **Manhagenteich**. Hier am Teich oder auf der nahen Liegewiese kann man schon

Solche Schilder findet man nicht überall – aber im Staatsforst Trittau

Staatsforst Trittau — Tour 13

die erste Rast einlegen. Der Staatsforst Trittau wird nicht forstwirtschaftlich genutzt, sondern dient vor allem der Erholung. Mit einer Mischung aus den unterschiedlichsten alten Laub- und Nadelbäumen erwartet uns hier keine der üblichen Holzplantagen. Diverse Wander- und Spazierwege durchziehen den Wald. Ebenso zahlreich wie die möglichen Routen sind die Markierungen und Hinweistäfelchen – mit dem Ergebnis, dass die Orientierung eher erschwert wird. Das ist allerdings nicht allzu schlimm, denn erstens ist der Forst nicht sehr groß und zweitens kann man, wenn man dann tatsächlich an den Waldrand stößt, dort überall die großzügigen Villen bewundern.

Beizeiten gilt es zu überlegen, ob der Weg schließlich in den Ort Großhansdorf führen soll oder durch den südöstlichen Teil des Forstes, den Hamburger Wald, zur U-Bahn-Station Kiekut, die direkt am Waldrand liegt. Ihren Namen soll sie von einer früher dort gelegenen Gaststätte haben, deren Wirt ständig aus dem Fenster nach Gästen Ausschau hielt. Beim Weg nach Großhansdorf lohnt ein Abstecher zum **Mühlenteich.** Der wird zwar vom so genannten Mühlenbach durchflossen und liegt am Hansdorfer Mühlendamm, doch eine Mühle oder einen Hinweis, wo eine solche einmal gestanden haben mag, sucht der Ausflügler vergebens.

Der Ort **Großhansdorf** ist quasi in den Wald hineingebaut worden. Seine erste urkundliche Erwähnung findet sich 1274. Neben den vielen ruhigen Villenstraßen gibt es nur eine kurze Hauptstraße namens Eilbergweg, an der sich alle Geschäfte drängen und die auch direkt auf den U-Bahnhof Großhansdorf führt. Von der U-Bahn aus, die hier noch oberirdisch verkehrt, haben wir noch eine letzte Gelegenheit, einen Blick in die Gärten und auf die Villen zu werfen.

Il Grappolo
Italienisches Restaurant mit Sommerterrasse.
Barkholt 65
22927 Großhansdorf
Tel. (041 02) 69 11 40
www.ilgrappolo.com
Di–So 12–23 Uhr

Tour 14 | Bad Oldesloe

Einstiges Bad an der Trave

> ▸ **Stadtausflug & Radtour (30 km): Bad Oldesloe – Henstedt-Ulzburg**
> ★ **Mit dem Rad über die ehemalige Bahntrasse**

Start
Bhf. Bad Oldesloe
RE 8/RE 80/RB 81
alle 30–60 Min.

Rückfahrt
Henstedt-Ulzburg
A1 bis Eidelstedt alle 10–40 Min., weiter mit
S21 alle 10–20 Min.

Karte ▸ Seite 46/47

Viel ist in Bad Oldesloe von der ruhmreichen Vergangenheit als Kurbad nicht mehr zu spüren, dennoch lohnt ein Besuch der Travestadt. Und die schöne Umgebung ist allemal eine Radtour wert.

Die bequemste Radtour von Bad Oldesloe aus ist sicher die Strecke nach Henstedt-Ulzburg. Der Weg – ein Teilstück des Radfernwanderweges Lübeck–Glückstadt – verläuft die meiste Zeit auf einer ehemaligen Bahntrasse.

Vor der eigentlichen Radtour aber sollte man eine Besichtigung der nordwestlich des Bahnhofs gelegenen **Altstadt** einplanen. Hier fließt die Trave in einer großen Schleife mit der Beste zusammen und macht die Altstadt quasi zu einer Insel. Im Mittelalter, als die Trave von Lübeck aus mit den speziellen Travekoggen noch bis Oldesloe schiffbar war, entwickelte sich die Stadt zu einem bedeutenden Umschlag- und Handelsplatz. Davon zeugt das **Lübsche Haus,** auch Blaues Haus genannt. Das einstige Lagerhaus am Traveufer ist heute neben der **Peter-Paul-Kirche** von 1763 das älteste Gebäude der Stadt – und überhaupt eines von wenigen erhaltenen Bauten, denn ein verheerender Stadtbrand zerstörte im Jahre 1798 den größten Teil Bad Oldesloes. Der Wiederaufbau erfolgte durch den berühmten Baumeister und Begründer des „weißen Klassizismus" Christian Frederik Hansen. Von ihm stammen auch das Stadthaus und das Rathaus. Zahlreiche kleine Gassen, Durchgänge und Brücken verleihen der Altstadt bis heute besonderen Reiz.

Über die Geschichte der Stadt kann man sich – jedenfalls freitags und samstags – im **Heimatmuseum** Bad Oldesloe informieren. Die Ausstellung, nur ein paar Schritte südlich von der Altstadt

**Heimatmuseum
Bad Oldesloe**
Königstr. 32
23843 Bad Oldesloe
Tel. (0 45 31) 21 43
www.heimatmuseum-oldesloe.de
Fr 14–16, Sa 10–12 Uhr
und nach Vereinbarung

Bad Oldesloe — Tour 14

in der Königstraße gelegen, führt zurück bis in die Jüngere Altsteinzeit 12 500 bis 10 000 v. Chr. Werkzeuge aus dieser Epoche hat man zahlreich in der Umgebung der Stadt gefunden. Die Geschichte Bad Oldesloes endet im Museum in der Neuzeit und beantwortet endlich die Frage, die wir uns schon die ganze Zeit gestellt haben: Wieso nennt sich **Bad Oldesloe** eigentlich „Bad" Oldesloe? Von Kureinrichtungen haben wir bei unserer bisherigen kurzen Erkundung zwar nichts mitbekommen, aber Bad Oldesloe ist ein ehemaliges Sole-, Moor- und Schwefelbad. Die Entdeckung einer Schwefelquelle 1812 war der Anlass, ein Jahr später mit bereits vorhandener Sole und Moor einen Badebetrieb einzurichten. Oldesloe war das erste Bad seiner Art in Norddeutschland, und wegen des regen Zuspruchs erfolgte ein schneller Ausbau des Badebetriebes. Ein Kurhaus mit dem „größten und schönsten Saal im Lande" wurde 1828 errichtet. Während der Blütezeit als Kurbad zählte Bad Oldesloe bis zu 6 000 Badegäste – bei gerade einmal 1 800 Einwohnern. Die Konkurrenz der aufkommenden Seebäder und die allgemeine Wirtschaftskrise ließen die Anziehungskraft Bad Oldesloes jedoch schwinden. Ende der 20er-Jahre wurde der Kurbetrieb eingestellt. Auf den Titel Bad mag die Stadt Oldesloe aber nicht verzichten.

Das Einzige, was von der Kurbadvergangenheit erhalten ist, ist der **Kurpark**. Die malerische Anlage erstreckt sich südlich der Altstadt am Ufer der Beste. Und genau hier, nämlich durch den Kurpark, direkt am Ufer der Beste entlang, verläuft der Radfernwanderweg Lübeck-Glückstadt, dem wir nun bis Henstedt-Ulzburg folgen. Am Stadtrand von Bad Oldesloe führt der Weg ein Stück auf einem Radweg entlang der belebten B 75, die hier Hamburger Straße heißt. Aber schon nach 1,5 Kilometern verlassen wir in **Blumendorf** die Bundesstraße und biegen nach rechts ab, um auf der zum Rad- und Wanderweg umgewandelten Bahntrasse ungestört zu radeln.

Ratskeller
Im Sommer kann man draußen direkt in der Fußgängerzone sitzen.
Hindenburgstr. 1
23843 Bad Oldesloe
Tel. (0 45 31) 34 46
Tgl. ab 11.30 Uhr

Buntes Markttreiben in Bad Oldesloe

Freibad Itzstedt
Seeweg 29
23485 Itzstedt
Tel. (0 45 35) 4 42
www.freibad-itzstedt.de
Mitte Mai–Mitte Sep.
Mo–So 9–20 bzw. 21 Uhr

Erste Station der Reise ist Grabau, oder besser der **Grabauer See**, etwas nördlich des Radfernweges gelegen. Dieser See ist nicht wie so viele andere schleswig-holsteinische Seen ein Produkt der Eiszeit. Er entstand vielmehr im Mittelalter durch das Aufstauen der Norderbeste, des Flüsschens, das sich bei Blumendorf mit der Süderbeste zur Beste vereint, die wir ja aus Bad Oldesloe schon kennen. An der Siedlung Hoherdamm, nahe unserem Radweg, findet sich noch heute der Rest einer Wassermühle. Es wird vermutet, dass Reinfelder Mönche die Urheber waren. Heute ist der See mit einem dichten Schilfgürtel umgeben und bietet hier vielen Wasservögeln ein ideales Rückzugsgebiet.

Das Dorf **Grabau** ist nach seinen historischen Strukturen neu gestaltet. Die künstliche Idylle ist sicher nicht jedermanns Geschmack, doch stellt sie einen fairen Kompromiss dar zwischen den vielen ohne Rücksicht auf Vergangenes verschandelten „modernen" Dörfern und den verkitschten Wiederaufbauten im Stil eines bewohnten Freilichtmuseums. Wer keinen Abstecher nach Grabau unternehmen möchte, hat bald die Möglichkeit, kurz vor Sülfeld, der nächsten Station der Tour, nach rechts zum drei Kilometer entfernten **Klingberg** zu radeln. Von dem 78 Meter hohen Berg bietet sich ein sehr schöner Blick über die weite Landschaft Nordstormarns.

Sülfeld streifen wir am südlichen Ortsrand. Der Straßenname An der Bahn erinnert hier noch

an den Ursprung des Radweges. Hinter Sülfeld verläuft der Radfernweg durch ein urwüchsiges Naturschutzgebiet, das Sülfelder Moor. Nach etwa sieben Kilometern stößt der Weg auf die B 432, die man überquert, um am nördlichen Ortsrand von Nahe problemlos weiterzuradeln. Das Dorf **Nahe** ist schon ein Teil des nördlich unserer Route gelegenen Ortes Itzstedt. Den **Itzstedter See** sollten sich Badefreunde nicht entgehen lassen. Neben Campingplätzen haben die Gemeindeväter an seinem Ufer eine schöne Seebadeanstalt angelegt – das **Freibad Itzstedt**. Der Weg zum See führt in Nahe an der Dorfstraße, über die unsere Trasse verläuft, nach rechts und endet genau an der Badeanstalt.

Nach weiteren zehn Kilometern erreicht man die 26 000 Einwohner zählende Gemeinde **Henstedt-Ulzburg**. Sie ist aus den Dörfern Henstedt, Ulzburg und Götzberg entstanden. Heute ist Henstedt-Ulzburg eine typische Schlafstadt im Speckgürtel Hamburgs. Kurz vor dem Ziel gibt's hier noch eine letzte Chance auf ein Bad: Das **Naturbad Beckersberg** ist ein gut ausgestattetes Freibad an einem naturbelassenen Badesee in zentraler Lage, nur einen Katzensprung von unserer Bahntrasse entfernt – nur leider im Sommer recht überlaufen.

So wie einst die Bahn, auf deren Trasse wir heute unterwegs waren, endet auch der Radweg direkt am Bahnhof Henstedt-Ulzburg.

Naturbad Beckersberg
Beckersbergstr.
Henstedt-Ulzburg
Tel. (0 41 93) 75 95 85
(Saisontelefonnummer)
Mitte Mai–Anfang Sep.
10–19 Uhr,
je nach Witterungsverhältnissen auch länger

Tour 15 | Bad Segeberg

Bad Segeberg ohne Karl May?

> ▶ **Stadtausflug & Rundwanderung (12 km)**
> ★ **Aufstieg zum Kalkberg, Abstieg in die Höhlen der Fledermäuse & einmal rund um den Großen Segeberger See**

Start
Bhf. Bad Segeberg
RE 8 bis Bad Oldesloe alle 60 Min., weiter mit
RB 82 bis Bhf. Bad Segeberg alle 60 Min.

Karte ▶ Seite 50

Dass jeder zuerst an Karl May denkt, wenn der Name Bad Segeberg fällt, damit hat man sich in der ostholsteinischen Stadt mittlerweile abgefunden. Aber auch ohne die berühmten Karl-May-Festspiele ist Bad Segeberg allemal einen Ausflug wert.

Wie sehr Bad Segeberg von den Festspielen geprägt ist, zeigt sich schon beim Verlassen des Bahnhofs: Unübersehbar sind die Wegweiser zur Freilichtbühne. Und auch falls ein Besuch der Karl-May-Festspiele heute nicht auf unserem Programm steht, sollten wir ruhig der Ausschilderung folgen. Der Kalkberg, das 91 Meter hohe Wahrzeichen Bad Segebergs, zu dem uns der Weg führt, dient seit 1952 als eindrucksvolle Kulisse bei den jeden Sommer stattfindenden Karl-May-Festspielen. Selbst nach über 60 Jahren hat das Freilicht-Spektakel nichts von seiner Popularität eingebüßt. Und so sattelt auch dieses Jahr der edle Apachenhäuptling Winnetou wieder sein treues Pferd Iltschi und reitet dem ewigen Kampf für Gerechtigkeit und wahre Freundschaft entgegen.

Wildwestfans besuchen neben der Festspiel-Aufführung auch noch das neben der 7 500 Besucher fassenden **Freilichtbühne** gelegene Indian Village. In dieser Westernstadt mit Blockhäusern, der Wohnung einer Siedlerfamilie, einem Saloon mit Klavier und dem Marshall-Office samt Gefängnis wird neben den Ausstellungen zur Geschichte der Indianer und der Karl-May-Festspiele vor allem allerlei Unterhaltung für Kinder geboten.

**Karl-May-Spiele
Bad Segeberg**
Karl-May-Platz
23795 Bad Segeberg
Tel. (0 45 51) 95 21-0
Vorstellungen Juni–Sep.
Do–Sa 15 und 20 Uhr,
So 15 Uhr
Karten je nach Sitzplatzkategorie 17,50–28,50 €,
erm. 14–22,50 €
Infos und Eintrittskarten
Tel. (0 18 05) 95 21 11
www.karl-may-spiele.de

Was man sich aber auf keinen Fall entgehen lassen darf, ist die Besteigung des **Kalkberges**. Durch wild zerklüftete, felsige Landschaft geht der Aufstieg bis kurz unter den Gipfel. Der Blick über die Stadt Bad Segeberg und die malerische

Vom Aussichtspunkt am Noctalis hat man einen tollen Blick

Umgebung mit ihren Wiesen, Wäldern und Seen ist wahrhaft beeindruckend. Man kann hier von oben in den historischen Brunnenschacht der Siegesburg, die auf dem Gipfel des Kalkberges thronte, hineinschauen. Kaiser Lothar II. war es, der sie im Jahre 1134 erbauen ließ. 1644, während des Dreißigjährigen Krieges, wüteten die Schweden in Segeberg. Zwar blieb die Stadt verschont, dafür wurde die Burg zerstört und später vollständig abgebrochen.

Im Jahre 1876 begann man nach Salz zu bohren und wurde nach zwei Jahren fündig: Am Kalkberg fand sich in einer Tiefe von 148 Metern Salz von besonders guter Qualität. Das Wasser am Grunde eines Salzschachtes erwies sich als voll gesättigte Sole von heilkräftiger Wirkung. Damit war der Grundstock des Kur- und Heilbades gelegt, und 1884 eröffneten die Stadtväter von Bad Segeberg das erste Kurhaus am Segeberger See.

Auf das Jahr 1913 schließlich datiert das letzte spektakuläre Ereignis in Bad Segeberg. Spielende Kinder stiegen damals am Kalkberg, von dem wir ja nach dem Genuss des grandiosen Ausblicks gerade wieder hinab klettern, in ein Loch – und entdeckten darunter eine riesige Höhle, oder besser ein fast 1000 Meter langes Höhlensystem. Es sind Deutschlands nördlichste Höhlen und seit Jahrzehnten eine Attraktion für Millionen von Besuchern. Über 20 000 Fledermäuse kommen jedes Jahr in die Höhlen. Alles über die Welt der Fledermäuse präsentiert gleich nebenan die Erleb-

Noctalis – Welt der Fledermäuse und Kalkberghöhle
Imposantes Höhlensystem und eine fesselnde Ausstellung über das Leben der Fledermäuse.
Oberbergstr. 27
23795 Bad Segeberg
Tel. (0 45 51) 8 08 20
www.noctalis.de
Apr.–Sep. Mo–Fr 9–18,
Sa/So/Fei 10–18 Uhr,
Okt. Mo–Fr 9–17,
Sa/So/Fei 10–18 Uhr,
Nov.–März Di–Do 9–14,
Fr–So/Fei 10–18 Uhr
8 €, 4–14 Jahre 5 €

Die Kalkberghöhle kann von April bis September besichtigt werden.
8 €, Kinder 4 €,
Kombiticket: 12 €,
4–14 Jahre 6 €

Tour 15 — Norden

nisausstellung Noctalis. Sie ist ganzjährig geöffnet und hat sich unter anderem zum Ziel gesetzt, Vorurteile vieler Menschen gegenüber Fledermäusen abzubauen. Einen Höhepunkt bietet das **Noctarium** im obersten Stock. Hier leben über 100 Blattnasen-Fledermäuse hinter einer 75 Quadratmeter großen Glasfront und warten auf die gespannten Blicke der Besucher.

Aus der faszinierenden Welt der Fledermäuse steigen wir hinab in die Altstadt, die im Wesentlichen aus der Lübecker Straße besteht. Sie zieht sich in einer weiten, sanften Kurve um den nördlichen Kalkberg. Das älteste Haus ist hier – und damit in ganz Bad Segeberg – das „Alt-Segeberger Bürgerhaus" von 1541. In zwei Dauerausstellungen dokumentiert das Museum die 875-jährige Stadtgeschichte von der mittelalterlichen Burgsiedlung bis zum modernen Kurort.

Überragt wird die Altstadt vom Turm der **Marienkirche,** einem der bedeutendsten romanischen Bauwerke in Norddeutschland und der erste Bau, bei dem das Gewölbe aus Backstein geschaffen wurde. Der Baubeginn fällt auf das Jahr 1156. Auch der hinter der Kirche gelegene Friedhof ist einen Blick wert.

Es bietet sich an, gleich vom Friedhof ans Ufer des Großen Segeberger Sees zu spazieren. Es sei denn, man will in der Fußgängerzone, die direkt vor der Kirche beginnt, noch etwas Proviant für die Wanderung um den See einkaufen. Was eine gute Idee ist, denn der Weg führt durch gastronomisches Niemandsland. Auf jeden Fall stößt der Friedhof im Norden direkt an den Rundwanderweg um den Großen Segeberger See, genau dort, wo sich die Bootsvermietung befindet.

Der Rundwanderweg um den **Großen Segeberger See** verläuft den größten Teil der Strecke unmittelbar am Ufer. Insgesamt soll er – wenn man denn den Schildern glauben will – 8,5 Kilometer lang und in zweieinhalb Stunden zu umrunden

Bürgerstuben
Im denkmalgeschützten Haus in der Altstadt untergebrachtes Hotel-Restaurant.
Lübecker Str. 12a
23795 Bad Segeberg
Tel. (0 45 51) 74 75
www.buergerstuben-segeberg.de
Mo/Mi–Sa 11–14 und 18–22 Uhr,
So 11–14 und 18–21 Uhr

Museum Alt-Segeberger Bürgerhaus
Anhand von sechs Bauphasen, die das Haus erlebte, erfahren wir, wie Segeberger Bürger in der jeweiligen Epoche wohnten.
Lübecker Str. 15
23795 Bad Segeberg
Tel. (0 45 51) 96 42 04
Apr.–Okt. Di–So 12–17 Uhr,
Nov.–März auf Anfrage

sein. Es sei hier aber ausdrücklich empfohlen, etwas mehr Zeit einzuplanen und keinen Gewaltmarsch zu absolvieren, sondern an einigen der vielen schönen Stellen eine Pause einzulegen. Auch ein erfrischendes Bad bietet sich an. Das offizielle Strandbad Großer Segeberger See liegt nur ein paar Schritte von unserem Ausgangspunkt entfernt, wenn wir uns nach rechts halten. Aber Wasserfreunde sind nicht auf das bisweilen etwas wuselige Strandbad angewiesen. Auf eine nette Badestelle stößt man etwa in der sich in östlicher Richtung ausdehnenden Bucht kurz vor **Stipsdorf,** der einzigen Ansiedlung, die unser Weg streift. Hier besteht auch die einzige Chance, sich zu verlaufen, da der Weg nicht am Ufer entlangführt. Also verschärft auf die Wegmarkierungen achten!

Am Nordufer gibt es noch einen kleinen Badestrand nahe einem Campingplatz, danach verläuft der Wanderweg am bewaldeten Westufer zurück in Richtung Bad Segeberg. Am Ende der Rundtour findet sich der Wanderer im Kurviertel von Bad Segeberg wieder. Hier am Südwestufer des Sees herrscht tatsächlich klassische Kuratmosphäre.

Am Beginn der Seepromenade, dort wo der Musikpavillon steht, lohnt sich ein Abstecher in die Bismarckallee – nämlich zur Städtischen Kunsthalle und zur Villa Flath. Der Holzbildhauer und Maler Otto Flath (1906–1987) lebte seit 1935 in Bad Segeberg und schuf hier viele seiner Werke. Schon 1948 wurde dem Wohnhaus und dem Atelier ein erster Ausstellungsraum angegliedert. Daraus entstand im Laufe der Zeit die **Kunsthalle Otto Flath.** In der Kunsthalle und auf dem Gelände um die ehemalige Villa des Künstlers werden heute Skulpturen, Gemälde und Zeichnungen Otto Flaths gezeigt. Die Villa Flath bietet Arbeitsmöglichkeiten und Ausstellungsraum für junge Künstler, die von der Flath-Stiftung gefördert werden.

Der Rest des Ausflugs ist schnell beschrieben, denn zurück auf der Seepromenade, die man auch durch den Kurpark erreicht, bietet sich noch einmal für kurze Zeit ein schöner Blick über den See zur Linken. Über die Große Seestraße erreicht man die Fußgängerzone und über Oldesloer und Bahnhofstraße den Bahnhof.

Strandbad Großer Segeberger See
Am Südufer gelegen.
Tel. (0 45 51) 9 08 06 15
Juni–Aug. 10–18 Uhr, bei Bedarf abends länger

Städtische Kunsthalle Otto Flath und Villa Flath
Bismarckallee 5
23795 Bad Segeberg
Tel. (0 45 51) 87 99 00
www.otto-flath.de
Apr.–Okt. Sa/So 15–18 Uhr

Osten

In der Boberger Niederung gibt es noch echte Sanddünen
▸ Seite 58

Tour 16 | Stormarnsche Schweiz

Auf totem Gleis

- ▶ **Radtour (35 km): Steinfurther Allee – Glinde – Papendorf – Großensee – Lütjensee – Hoisdorf – Großhansdorf**
- ★ **Auf ehemaliger Bahntrasse durch die Stormarnsche Schweiz**

Start
Steinfurther Allee
U2 alle 5–10 Min.

Rückfahrt
Großhansdorf
U1 alle 10–20 Min.

Der bestausgebaute Radwanderweg im Hamburger Umland führt von Glinde in das Seengebiet der Stormarnschen Schweiz. Was die meisten Radler nicht ahnen: Sie benutzen eine ehemalige Bahntrasse.

Von 1907 bis 1952 dampfte die Südstormarnsche Kreisbahn durch die ländliche Region. Als die Kleinbahn wie viele andere aufgegeben wurde, hatten helle Köpfe die Idee, die eingleisige Strecke zu asphaltieren. Heute kann man hier fast störungsfrei radfahren und dabei die schöne Landschaft genießen.

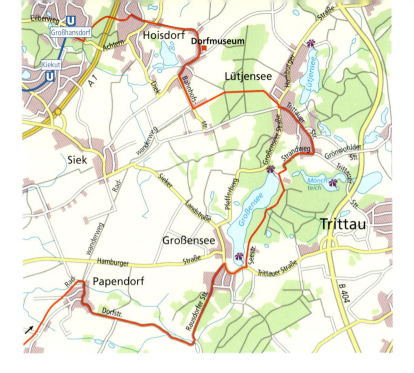

Ausgangspunkt des Radwanderweges ist das Städtchen Glinde, das leider keinen eigenen Bahnanschluss hat. Daher starten wir unsere Radtour am **U-Bahnhof Steinfurther Allee**. Ganz gleich, welche Strecke wir nach Glinde wählen – die längere, aber landschaftlich schönere oder die schnellere entlang der viel befahrenen Möllner Landstraße (L 94) – wir biegen zunächst nach links in die Steinfurther Allee ein. An der nächsten Kreuzung schon müssen wir uns entscheiden. Für den landschaftlich schöneren Weg folgen wir der Steinfurther Allee geradeaus bis zur Autobahn A1. Hier mündet sie in die Straße An der Glinder Au. Wir folgen ihr geradeaus, bis sie durch eine Schrebergartenkolonie führt und in einen schmalen Fußweg übergeht, der schließlich in die Straße Am Eich mündet. Weiter geht es über Ufer-, Brückenstraße und Lägerfeld. Hinter einem Waldstück fahren wir nach links in die Domhorster Allee, die uns zum Radweg entlang der Möllner Landstraße führt. Wer es eiliger hat, der wählt gleich den sicheren Radweg entlang der Möllner Landstraße. Dazu biegen wir von der

Tour 16 Osten

Restaurant & Café Strandhus Großensee
Seestr. 1
22946 Großensee
Tel. (0 41 54) 61 52
www.das-strandhus-grossensee.de
Mai–Sep. Di–So
12–21 Uhr,
Okt.–Apr. Mi–So
12–21 Uhr

Steinfurther Allee an der ersten Kreuzung nach links in den Oststeinbeker Weg ein, überqueren auf ihm die A 1 und folgen ihm, bis er in die Kreuzung Glinder Straße/Möllner Landstraße mündet. Wir überqueren die Möllner Landstraße und radeln auf dem linksseitigen Radweg entlang der Landstraße bis nach **Glinde**.

Dort passieren wir das Glinder Schloss, ein um 1880 von einem Hamburger Anwalt erbautes **Gutshaus**, das heute vielfältigen sozialen und kulturellen Zwecken dient. An der nächsten Kreuzung kündigt an der rechten Straßenseite ein weißes Schild den Radwanderweg an (17 km bis Ahrensburg und 23 km bis Trittau). Wir fahren in nördlicher Richtung über die Mühlenstraße Richtung A 24. Zur Linken glitzert der **Glinder Mühlenteich**. Auf dem zwei Kilometer langen See-Rundweg laden zahlreiche Bänke zu einer Verschnaufpause ein.

Die Mühlenstraße führt auf die Straße Hinter den Tannen, wo wieder ein Schild auf den Radwanderweg hinweist, der direkt hinter der Autobahnbrücke beginnt. Doch bevor wir auf der ehemaligen Bahntrasse losflitzen, lohnt ein kurzer Abstecher zum **Hügelgrab** im Forst „Am Spitzwald". Es ist eines von vier denkmalgeschützten Hügelgräbern in Glinde.

Zurück auf dem Radweg bleiben wir nun immer auf der alten Bahntrasse. Verfahren kann man sich jetzt nicht mehr, zumal die Strecke bestens ausgeschildert ist. Sie führt vorbei an **Stellau**, **Langelohe** und **Papendorf**. Kurz hinter Papendorf verlassen wir den Radweg, um nach rechts über Wirtschaftswege Richtung **Großensee** zu fahren. Dort angekommen, radeln wir in Richtung Osten und biegen dann von der Trittauer Straße links in die Seestraße ein. Am Strandbad vorbei fahren wir in den Wald hinein. Auf malerischen Wegen unter mächtigen Fichten und Buchen geht es zum Nordufer und von dort Richtung Mönchteich.

Am Südufer des **Mönchteichs** findet man besonders romantisch gelegene Badestellen. Die Hauptbadestelle liegt allerdings am nordöstlichen Seeufer und damit nicht direkt an unserer Strecke. Den Großensee zur Linken und den Mönchteich zur Rechten gelangen wir auf den Strandweg.

Schöne Badestellen
Großensee
Freibad Trittauer Str./Seestr., mit Eintritt. Großensee (Nordspitze), großer Sandstrand, teilweise von mächtigen Kiefern beschattet, am Ufer relativ flach, Zugang über Strandweg. Weitere kleine „wilde" Badestellen am Westufer des Großensees, Zugang über die Straße Am Pfefferberg.

Lütjensee
(Nordspitze), schöner Sandstrand, frei zugänglich über die Straße Seeredder.

Mönchteich
Hauptbadestelle an der Trittauer Straße, kleine Badestellen am Südufer.

Stormarnsche Schweiz — Tour 16

Natur pur entlang der malerischen Strecke durch die Stormarnsche Schweiz

Dieser führt uns wieder auf die Trittauer Straße und bald darauf zurück zur Bahntrasse.

Jetzt hat uns der Radwanderweg wieder und wir folgen ihm durch **Lütjensee** hindurch in Richtung Glinde. Jedenfalls so lange, bis wir zum ehemaligen Bahnhofsgebäude in Hoisdorf gelangen. Die Beschilderung weist auf das Dorfmuseum hin, der wir folgen. Ein kurzer Abstecher über die Bahnhofstraße ins Zentrum des schmucken Dorfes lohnt für Freunde ländlicher Architektur. Hier hat das **Stormarnsche Dorfmuseum** in einem Bauernhaus von 1756 Quartier bezogen. Ursprünglich als Dorfschmiede errichtet, präsentiert es heute regionale Arbeits- und Wirtschaftsgeräte und entführt den Besucher in die dörfliche Lebens- und Arbeitswelt früherer Zeiten. Besonderer Anziehungspunkt ist die **Hermann-Claudius-Stube**. Der Raum ist mit dem Mobiliar von Claudius' Arbeitszimmer aus seinem Haus in Grönwohld ausgestattet und informiert umfangreich über sein dichterisches Schaffen.

Draußen am Museum weisen schon die ersten Hinweisschilder nach **Großhansdorf**. Auf ruhigen, verkehrsarmen Straßen geht der Weg dorthin und endet direkt am U-Bahnhof.

Hotel-Restaurant Forsthaus Seebergen
Traditionsreiches Ausflugslokal und Luxusrestaurant gleichzeitig. Im Sommer große Terrasse direkt am Wasser, Kinderspielplatz.
Seebergen 9–15
22952 Lütjensee
Tel. (0 41 54) 7 92 90
www.forsthaus-seebergen.de
Tgl. 12–21.30 Uhr

Stormarnsches Dorfmuseum
Sprenger Weg 1
22955 Hoisdorf
Tel. (0 41 07) 45 56
www.museum-hoisdorf.de
Di 9–12, Sa 14–17 Uhr

Tour 17 | Boberger Niederung

Zwischen Dünen

> ▸ **(Rad-)Wanderung (8 km): Boberger Niederung & Badesee**
> ★ **Über Dünen & zum jüngsten Barockgarten überhaupt**

Start
Mittlerer Landweg
S2 S21 alle 10–20 Min.

Naturschutz-Infohaus
Boberger Furt 50
Tel. (040) 73 93 12 66
Di–Fr 9–13,
So/Fei 11–17 Uhr
StadtBus 221 Mo–Sa alle 60–120 Min., So 7 Fahrten Fahrradmitnahme möglich (Haltestelle Boberger Furtweg) von S Mittlerer Landweg

Boberger See
Der Badesee in der Nähe des Billwerder Billdeiches ist frei zugänglich.
StadtBus 330 alle 60 Min. ab S Mittlerer Landweg oder ab U Billstedt (Ausstieg Haltestelle Billwerder Kirche), Fahrradmitnahme möglich

Vom S-Bahnhof Mittlerer Landweg gelangt man in wenigen Minuten in die Boberger Niederung. Das unter Naturschutz stehende Areal ist eine der reizvollsten Erholungslandschaften im Hamburger Raum. Für Naturschützer ist es noch viel mehr.

Die Boberger Niederung ist keine künstlich angelegte Erholungslandschaft, sondern war ursprünglich ein von mehreren großen Binnendünen geprägtes Gebiet. Es ist dem Geesthang vorgelagert, der von Blankenese bis Bergedorf das alte Urstromtal der Elbe begleitet. Zu Beginn des 20. Jahrhunderts wurde der Großteil der Dünen als Baumaterial für die Hamburg-Bergedorfer Eisenbahn und zur Aufschüttung von Billbrook und Hamm abgebaut. Das im Nordwesten gelegene Achtermoor ist ein Relikt eines viel größeren Moorgebietes. Es ist ein Feuchtgebiet mit charakteristischer Pflanzen- und Tierwelt, das zahlreichen Vogelarten als Brutplatz dient. Hier finden sich noch viele Tier- und Pflanzenarten, die bereits auf der Roten Liste stehen.

Neben den Schönheiten der Natur bietet die Boberger Niederung zahlreiche Möglichkeiten für aktive Freizeitgestaltung: Reiter, Angler und Segelflieger finden ein Eldorado. Der **Boberger See** lädt im Sommer zum Schwimmen ein. Um den See gibt es einen Rundweg und mehrere Radwege erschließen das Naturschutzgebiet. Im Winter gilt die Boberger Niederung bei den Hamburger Wintersportlern längst nicht mehr als Geheimtipp. Auf zahlreichen Loipen ziehen sie dann über die Dünen, während sich der Nachwuchs an den Rodelbergen austobt.

Aktiven Naturgenießern sei ein Besuch des **Naturschutz-Informationshauses** an der Boberger Furt empfohlen. Durch das Areal wurden vier Lehrpfade

Boberger Niederung **Tour 17**

als Rundweg angelegt und mit verschiedenen Symbolen markiert. Damit man sich nicht verläuft und unterwegs richtig schlau wird in Sachen Flora und Fauna, gibt es zu jedem Dünen-, Wiesen-, Terrassen- und Moorweg gegen eine kleine Spende ein bebildertes Infoblatt. Also auf jeden Fall vor der Wanderung hier vorbeischauen!

Wenn man schon einmal einen Ausflug in die Boberger Niederung unternimmt, dann sollte man gleich einen Besuch des **Deutschen Maler- und Lackierermuseums** einplanen. Es liegt am Billwerder Billdeich, also an der Bille, die die Boberger Niederung im Süden begrenzt; allerdings schon auf der anderen Seite der Autobahn A1, die das Gebiet im Nordwesten streift (der Bus 330 hält vor der Tür). Untergebracht ist das Museum im 400 Jahre alten Billwerder Glockenhaus, einem ehemaligen Bauernhaus, so benannt nach dem Dachreiteraufbau mit einer Glocke. In dem aufwendig restaurierten Fachwerkhaus aus dem 18. Jahrhundert dokumentiert die Sammlung die Geschichte der Zünfte, Malerämter und Innungen sowie des kreativen Maler- und Lackiererhandwerks.

Neben dem Museum befindet sich ein kleiner Ziergarten, der in den 80er-Jahren des vorigen Jahrhunderts im barocken Stil angelegt wurde. Nein, Sie haben uns nicht bei einer Nachlässigkeit erwischt: Der Garten wurde tatsächlich in den 80er-Jahren des 20. Jahrhunderts angelegt! Und ist somit wohl der jüngste Barockgarten überhaupt. Was die Schöpfer zu ihrem Werk bewogen hat, war nicht zu ermitteln. Vielleicht wollten sie einen kleinen Kontrapunkt setzen zu der nahe gelegenen, ganz und gar natürlich geschaffenen Natur und haben so ein wenig künstliche Natur kreiert.

Deutsches Maler- und Lackierermuseum
Billwerder Billdeich 72
Tel. (040) 34 38 87
www.malermuseum.de
Sa/So 14–17 Uhr,
Dez.–Jan. geschlossen
5 €, Schüler 4 €
StadtBus 330 alle 60 Min. ab S Mittlerer Landweg oder ab U Billstedt (Ausstieg Haltestelle Maler- und Lackierermuseum), Fahrradmitnahme möglich

Tour 18 | Elbinsel Kaltehofe

Wasserkunst, Watt & Wasserpark

▶ **(Rad-)Wanderung (15 km): Elbinsel Kaltehofe – Eichbaumsee**
★ **Radeln auf dem Deich & baden in der Dove-Elbe**

Start
Rothenburgsort
S2 S21 alle 10–20 Min.

Rückfahrt
Mittlerer Landweg
S2 S21 alle 10–20 Min.

Auf der Elbinsel Kaltehofe in Rothenburgsort ist aus einem ehemaligen Wasserwerk ein spannendes Naturdenkmal entstanden. Gleich nebenan am Holzhafen entwickelte sich ein seltenes Süßwasserwatt mit Ebbe und Flut. Und vom Element Wasser gibt es auch im Wasserpark Dove-Elbe reichlich.

Wir starten unsere Tour am S-Bahnhof Rothenburgsort und radeln oder wandern auf dem Billhorner Deich circa zwei Kilometer bis zur Billhorner Bucht. Über die Brücke des Sperrwerks gelangt man zur **Elbinsel Kaltehofe**. Sie entstand von 1875 bis 1879 durch die Begradigung der Norderelbe. 1893 wurde hier die erste **Filtrationsanlage** der Hamburger Wasserwerke in Betrieb genommen. Als im Sommer 1892 in Hamburg die Cholera ausbrach, musste die Bevölkerung so schnell wie möglich mit filtriertem Trinkwasser versorgt werden. In der ein Jahr später errichteten Villa, in der heute ein Museum über die Geschichte der Wasserkunst und ein Café untergebracht sind, befand sich einst die Außenstelle des Hygienischen Staatsinstituts. Das Gebäude ist mit einem Neubau verbunden, das die 200-jährige Geschichte der Hamburger Brunnen und Wasserspiele dokumentiert. Bis 1989 blieb die **Wasserkunst Elbinsel Kaltehofe** in Betrieb, seit 2011 ist sie ein Industriedenkmal.

Elbinsel Kaltehofe — Tour 18

Einen schönen Überblick über das gesamte Außengelände mit dem ökologischen Naturlehrpfad, den ehemaligen Filterbecken und Brunnenhäusern hat man vom Kaltehofe-Hauptdeich. Auf ihm geht es zu Fuß an der Norderelbe entlang weiter Richtung Holzhafen. Geradelt wird windgeschützt unterhalb des Deiches. Als ökologische Ausgleichsmaßnahme für den sechsspurigen Ausbau der Autobahn A 1 entstand seit 2008 ein Süßwasserwatt neben dem Holzhafen. Das damals üppig bewachsene Gelände der Billwerder Insel wurde gerodet, Deiche rückverlegt und neue Priele hergestellt. Das Gebiet am Holzhafen wird nicht durch das salzige Nordseewasser beeinflusst. Es hat eine wichtige Bedeutung für die Selbstreinigung der Elbe und ist Lebensraum für zahlreiche Kleinstlebewesen.

Über den Moorfleeter Hauptdeich und Moorfleeter Deich führt der Weg weiter entlang der Dove-Elbe Richtung Allermöhe. Mittelpunkt des Wasserparks Dove-Elbe ist der Eichbaumsee. Beides entstand nach der Flutkatastrophe von 1962, als diverse Deiche Hamburgs dem Hochwasser nicht mehr standhielten. Nach der Katastrophe wurde beschlossen, die Deiche rasch zu erhöhen. Dafür waren große Mengen Sand und Kies notwendig, die aus der Region zwischen Tatenberger Schleuse, Dove- und Gose-Elbe abgebaut wurden. Zurück blieb eine Mondlandschaft. Als in den 1980er-Jahren wieder viel Sand zum Bau der nahen Autobahn A25 entnommen wurde, entstand der **Wasserpark Dove-Elbe,** ein Naherholungsgebiet im Südosten der Hansestadt, mit einer über zwei Kilometer langen Ruder-Regatta-Strecke und dem ein Kilomter langen **Eichbaumsee.**

Am nördlichen und östlichen Ufer des Sees befinden sich ausgedehnte Sandstrände und Liegewiesen. Leider neigt der See trotz umfangreicher Sanierungsmaßnahmen seit Jahren während der Sommermonate zur Blaualgenbildung. Seit 2007 ist das Baden nicht mehr erlaubt, sodass der Eichbaumsee derzeit nur zu Fuß oder per Rad umrundet werden kann. Über den Mittleren Landweg erreichen wir nach einem ausgiebigen Kultur- und Naturtag nach zwei Kilometern den S-Bahnhof Mittlerer Landweg.

Wasserkunst Elbinsel Kaltehofe
Erlebnisreiches Industriedenkmal rund um die Trinkwasseraufbereitung im 19. Jahrhundert.
Kaltehofe Hauptdeich 6–7
20539 Hamburg
Tel. (040) 7 88 84 99 90
www.wasserkunst-hamburg.de
Apr.–Okt. Di–So 10–18, Nov.–März Di–So 10–17 Uhr
5,50 €, erm. 3,80 €, Kinder bis 12 frei
Führungen auf Anfrage möglich.
Das Außengelände mit dem Naturlehrpfad ist frei zugänglich.

Café Kaltehofe im Museumsgebäude (Alte Villa)
Im Sommer Außenterrasse mit Blick ins Freigelände.
Tel. (040) 7 88 84 99 92
Apr.–Okt. Di–So 10–18 Uhr, Nov.–März Sa/So 10–18 Uhr

Zum Eichbaum
Uriges Restaurant mit rustikaler Küche und Außenterrasse.
Moorfleeter Deich 477
21037 Hamburg
Tel. (040) 7 37 26 55
www.hotel-restaurant-zum-eichbaum-hamburg.de
Tgl. 12–21 Uhr, durchgehend warme Küche

Aktuelle Informationen über die Hamburger Badegewässer
www.hamburg.de/badegewaesser

Tour 19 | Vier- und Marschlande

Quer durch den Garten

> ▸ **Radtour (45 km): Bergedorf – Rieck Haus – Hof Eggers – Zollenspieker Fährhaus – Fünfhausen – Mittlerer Landweg**
> ★ **Durch Gemüse- & Blumenbeete zu Hamburgs südlichstem Punkt**

Start
Bergedorf
S2 S21 alle 10–20 Min.

Rückfahrt
Mittlerer Landweg
S2 S21 alle 10–20 Min.

Vierländer Freilichtmuseum Rieckhaus
Curslacker Deich 284
Tel. (040) 7 23 12 23
www.rieckhaus.org
März–Okt. Di–So 10–17 Uhr
4 €, 3 €, bis 18 Jahre frei
(Kombiticket mit Bergedorfer Schloss möglich)

Deutschlands größter Gemüse- und Blumengarten liegt auf Hamburger Gebiet. Die Vier- und Marschlande im Südosten der Stadt präsentieren die ländliche Seite der Millionenmetropole.

Ein besonderer Vorteil dieser Idylle ist ihre gute Erreichbarkeit: Vom Bahnhof Bergedorf sind es nur ein paar Radminuten und man ist umgeben von Gemüsefeldern und Blumenbeeten, von schmucken alten Bauern- und modernen Gewächshäusern. Über die kleinen Straßen Weidenbaumsweg und Randersweide geht es unter der A 25 hindurch. Wer sich am Schleusendamm links hält, gelangt zum Curslacker Deich. Die Dörfer **Curslack, Neuengamme** und **Altengamme** erstrecken sich längs der Deiche und gehen ineinander über. Die gepflegten alten Bauernhäuser – einige von ihnen reetgedeckt – zeugen vom traditionellen Wohlstand der Bewohner.

Die Fruchtbarkeit des Marschbodens und die Nähe zum Markt in Hamburg boten ideale Voraussetzungen für eine profitable Landwirtschaft. Schönstes Beispiel für frühe ländliche Architektur ist das **Rieck Haus** am Curslacker Deich. Es ist ein niederdeutsches Hallenhaus des Vierländer Typs aus dem 16. Jahrhundert und eines der ältesten seiner Art, die in Norddeutschland noch erhalten sind. Heute steht es als **Freilichtmuseum** zur Besichtigung offen. Auch das historische Backhaus und die zur Anlage gehörende Be- und Entwässerungsmühle sind einen Blick wert.

Vier- und Marschlande — Tour 19

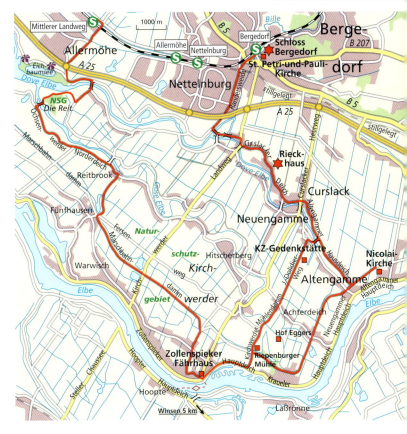

Nach kurzer Fahrt entlang des Radwanderwegs biegen wir rechts in den Jean-Dolidier Weg und fahren vorbei an der **KZ-Gedenkstätte Neuengamme**.

Nicht weit entfernt von hier lohnt eine Erkundung des **Biobauernhofs Eggers** an der Ohe, der als friedlicher, naturbelassener Ausflugsort besonders für Familien geeignet ist. Der Neuengammer Heerweg, auf dem wir uns nun befinden, wird zum Kirchwerder Mühlendamm. Ein Wegweiser weist den Weg zum Bio-Hof. Dort angekommen offenbart das idyllische Grundstück mit den fünf denkmalgeschützten Gebäuden – unter anderem einem Kornspeicher von 1535 –, wie nachhaltiges, ökologisches Landwirtschaften heute aussieht. Der Hof mit dem 77 Hektar großen

KZ-Gedenkstätte Neuengamme
Von 1938 bis 1945 größtes Konzentrationslager Nordwestdeutschlands. Ausstellungen informieren über die Geschichte des Lagers.
Jean-Dolidier-Weg 75
Tel. (040) 4 28 13 15 00
www.kz-gedenkstaette-neuengamme.de
Mo–Fr 9.30–16 Uhr,
Sa/So/Fei Okt.–März 12–17,
Apr.–Sep. 12–19 Uhr
StadtBus 227/327 alle 30–60 Min. ab Bergedorf, Fahrradmitnahme möglich

Denkmalgeschützte Gebäude auf dem Biobauernhof Eggers

Hof Eggers
Kirchwerder Mühlendamm 5
Tel. (040) 7 23 03 37
www.hof-eggers.de
Hof Café: Sa 12–18,
So/Fei 10–18 Uhr (Frühstück von 10–13 Uhr)

Riepenburger Mühle
Besichtigung offener Ateliers.
Kirchwerder Mühlendamm 75a
Tel. (040) 7 20 89 50 (Kontakt Axel Strunge)
Apr.–Okt. Di/Do 14–18 Uhr, jeden 1. und 3. Sonntag im Monat 13–17 Uhr

Der Mühlenladen – Café und Restaurant
Kirchwerder Mühlendamm 75a
Tel. (040) 73 50 73 95
Do/Fr/Sa 14–21,
So 12–19 Uhr

Anbaugebiet befindet sich seit mehr als 350 Jahren in Familienbesitz. Seit über zwanzig Jahren wird hier auf den Einsatz von Massentierhaltung, Pestiziden und synthetischen Düngemitteln verzichtet. Das rustikale **Hofcafé** empfängt in den Sommermonaten den hungrigen Wochenend-Ausflügler mit selbstgebackenem Kuchen und frischen Ernteprodukten.

Landwirtschaftliches Treiben und eine vielfältige Tierwelt begeistern vor allem auch die kleinen Besucher: Schweine, flatternde Gänse und Weißstörche gibt es unter anderem zu bestaunen. Bei Interesse sind Führungen über das Gelände des Demonstrationsbetriebs möglich.

Über eine Wiese entlang des Bio-Rundwanderwegs führt unser Weg vom Hof aus zu Hamburgs ältester und größter erhaltener Windkraftmühle, der **Riepenburger Mühle** am Kirchwerder Mühlendamm. Diese wurde erstmals im Jahre 1318 erwähnt. Dort können wir im Café und Mühlenladen Riepenburger Mühle einkehren oder wir sehen den Künstlerinnen und Künstlern in ihren offenen Ateliers bei ihrer Arbeit zu.

Von dort halten wir uns südlich an die Ausschilderung in Richtung **Zollenspieker Fährhaus**, dem südlichsten Punkt Hamburgs mit fast 800-jähriger Tradition. Der historische Gasthof wurde 2012 durch ein 53-Zimmer-Hotel ergänzt. Auf der Sonnenterrasse oder im Biergarten am Elbufer können wir uns für den Rest der Strecke stärken.

Vier- und Marschlande — Tour 19

Die Fähre über die Elbe verkehrt seit Jahrhunderten – nachweislich seit 1252 – zwischen **Zollenspieker** und **Hoopte**. Wer genügend Zeit eingeplant hat, kann von der Fährverbindung im 10-Minuten-Takt Gebrauch machen und ist in kurzer Zeit vom Anleger Hoopte ins nahe **Winsen an der Luhe** geradelt. Dort lohnt im Zentrum der alten Stadt eine Besichtigung des profanen Schlosses (▶ Seite 94).

Ob nach einem Abstecher nach Hoopte/Winsen oder ohne die Elbe überquert zu haben, geht es vom Zollenspieker über den Kirchwerder Mühlendamm und den Marschbahndamm durch das Naturschutzgebiet Kirchwerder Wiesen nach **Fünfhausen**. Über Durchdeich und Ochsenwerder Norderdeich führt der Weg nach **Ochsenwerder**. Hier gilt es, den Reitdeich nicht zu verpassen, denn er führt durch das Naturschutzgebiet Die Reit an die **Dove-Elbe**.

Bei **Allermöhe** überquert man diesen Seitenarm des Flusses und findet sich unvermittelt in einer anderen Welt wieder: Angesichts der Autobahnauffahrt kann man sich noch einmal freuen über die verkehrsarmen Straßen in den Vier- und Marschlanden, auf denen man heute so entspannt geradelt ist. Über den Mittleren Landweg ist in wenigen Minuten der S-Bahnhof Mittlerer Landweg erreicht, von dem aus man mit der S-Bahn nach Hause fährt.

via Tipp Altes Zollenspieker Pegelhäuschen
Das vermeintlich kleinste Restaurant der Welt bietet Platz für 2–4 Personen. Unmittelbar über der Elbe bietet es einen exquisiten Blick auf den Fluss. Unbedingt reservieren.
Zollenspieker Hauptdeich 141
Tel. (040) 79 31 33-0
www.zollenspieker-faehrhaus.de
Tgl. 11.30–21.30 Uhr

Elbfähre
Zollenspieker – Hoopte (bei Winsen an der Luhe)
Tel. (040) 7 68 41 94
www.faehre-zollenspieker.de
März–Nov. Mo–Fr 6–20, Sa/So/Fei 8.30–20 Uhr
StadtBus 120/124 alle 30–60 Min. Richtung Hauptbahnhof. Fahrradmitnahme möglich.

Mit der Elbfähre vom Hamburger Zollenspieker ins niedersächsische Hoopte

Tour 20 | Bergedorf

Wo die Bille verschwindet

> ▶ **Stadtausflug: Bergedorfer Schloss & Schlossgarten**
> ★ **Auf den Spuren des Komponisten Johann Adolf Hasse & zur mittelalterlichen Burg, dem Bergedorfer Schloss**

Start
Bergedorf
S2 S21 alle 10–20 Min.

Natürlich wird niemand leugnen, dass Bergedorf rein verwaltungsmäßig zu Hamburg gehört. Dennoch legen die Bergedorfer bis heute viel Wert auf ihre Eigenständigkeit.

Zwar ist Bergedorf von der Fläche her der zweitgrößte Bezirk Hamburgs, seine Einwohnerzahl ist jedoch die geringste aller Stadtbezirke. Das von Grünflächen durchzogene Wohngebiet gehört seit 1867 zur Stadt Hamburg und ist ein wahres Juwel im Südosten der Metropole.

Schon nach wenigen Minuten Fußweg vom Bahnhof durch die Fußgängerzone geht der Blick zur Rechten über ein malerisches Gewässer. Der Fluss **Bille** ist hier teichartig aufgestaut und gibt den größten Teil seines Wassers in den schiffbaren Schleusengraben ab, der in die Dove-Elbe mündet. Beim Blick über den Teich lassen sich zwischen den Wipfeln alter Bäume schon die Backsteingiebel des Bergedorfer Schlosses erkennen.

Unser Weg führt uns aber zuvor an die Pfarrkirche **St. Petri und Pauli**. Sie wurde schon 1162 erstmals erwähnt, doch stammt die heutige Bausubstanz im Wesentlichen aus der Zeit um 1500. Im Inneren kann man den Altar, die geschnitzte Kanzel und Emporenmalereien aus dem 16. und 17. Jahrhundert bewundern. Der Friedhof, der bis 1831 zur Kirche gehörte, wurde auf den Gojeberg versetzt. Einige der Grabsteine kann man jedoch außen an der Kirche betrachten.

Neben der Kirche steht das alte Organistenhaus von 1630, das heute **Hasse-Haus** heißt. Fast hundert Jahre diente es als Wohnung der Organistenfamilie Hasse in drei Generationen. Am 23. März 1699 wurde hier der Komponist Johann Adolf Hasse geboren, dessen Vater Peter in der Kirche St. Petri und Pauli Organist war. 1991 richtete

Die Fachwerkkirche St. Petri und Pauli in Bergedorf wurde erstmals 1162 erwähnt

Bergedorf — Tour 20

die 1910 gegründete Hasse-Gesellschaft das Hasse-Archiv im Gebäude ein.

Hinter der St. Petri und Pauli Kirche führt der Weg zum Bergedorfer Schloss und zum Schlossgarten. Das **Bergedorfer Schloss** ist die einzige aus dem Mittelalter erhaltene Burg im Hamburger Raum. Ihre Geschichte reicht bis ins 13. Jahrhundert zurück. Heute beherbergt der Bau das Museum für Bergedorf und die Vierlande. Im Kellergewölbe wird der Besucher über die Geschichte der Stadt Bergedorf und die Vor- und Frühgeschichte der Region informiert. Der weitere Rundgang durch das Schloss ist im oberen Stockwerk um den Innenhof angelegt. In mehreren Räumen des Schlosses finden außerdem wechselnde Sonderausstellungen statt.

Das Bergedorfer Schloss mit seinem weiten Garten

Einen Spaziergang durch den **Schlossgarten** sollte man nicht versäumen. Nachdem die Wälle aus dem 16. Jahrhundert im Jahre 1805 geschleift worden waren, erhielten sie um 1900 eine neue, diesmal gärtnerische Gestaltung. Bewachsene Grabeneinschnitte bildeten die wesentlichen gestalterischen Elemente, die durch Findlingsmauern und eine stilisierte Hängebrücke unterstrichen wurden. Im Gegensatz dazu steht der sich östlich anschließende geometrische Gartenbereich, in dem Rosen- und Sommerblumenbeete eine rechteckige Rasenfläche umrahmen.

Im alten Stadtkern von Bergedorf stehen heute Häuser der unterschiedlichsten Jahrhunderte und Stilepochen nebeneinander. Bei einem Bummel durch die Straße Sachsentor, die als Fußgängerzone das gesamte Areal der **Altstadt** erschließt, fällt der Stilmix deutlich ins Auge. Besondere Aufmerksamkeit verdient das Fachwerkhaus Sachsentor 2, der einstige Gasthof Stadt Hamburg.

Wer Natur in ihrer urwüchsigen Form erleben will, durchquert das östlich der Chrysanderstraße gelegene **Villenviertel** mit schönen Landhäusern der Gründerzeit. Dahinter erstreckt sich das Bergedorfer Gehölz, wo man sich auf schönen Spazierwegen erholen kann.

Schloss Bergedorf
Museum für Bergedorf und die Vierlande.
Bergedorfer Schlossstr. 4
Tel. (040) 4 28 91 25 09
www.bergedorfer-museumslandschaft.de
Di–So 11–17 Uhr
5 €, erm. 3,50 €,
bis 18 Jahre frei

Café la note
Im Bergedorfer Schloss.
Tel. (040) 72 10 40 30
Mo 12–18 Uhr,
Di–So 10–18 Uhr
www.cafe-la-note.de

Historische Eisenbahn
An mehreren Sommerwochenenden verkehrt der Dampf-Sonderzug zwischen Bergedorf Süd und Geesthacht.
Fahrplaninfos:
Tourist-Information Geesthacht
Bergedorfer Str. 28
21502 Geesthacht
Tel. (0 41 52) 83 62 58
www.geesthachter-eisenbahn.de

Tour 21 | Reinbek

Holland kurz vorm Sachsenwald

> ▸ **Stadtausflug: Schloss, Schlosspark & Museum Rade**
> ★ **Über die wunderschöne Anlage von Schloss & Schlossgarten spazieren & im heilsamen Tonteich baden**

Start
Reinbek
S21 alle 10–20 Min.

Karte ▸ Seite 71

Schloss Reinbek
Schlossstr. 5
Tel. (040) 7 27 34 60
www.schloss-reinbek.org
Mi–So 10–17 Uhr
3 €, erm. 1,50 €
Kombiticket Schloss und Museum Rade: 4 €, Kinder 2 €

**Restaurant
Schloss Reinbek**
In stilvollerem Ambiente als in der ehemaligen Schlosskapelle lässt sich kaum speisen. Auch schlichte Gerichte zu vergleichsweise moderaten Preisen. Mit Sommerterrasse am See.
Schlossstr. 5
Tel. (040) 7 27 91 62
www.schloss-reinbek.org
Mi–So 12–21 Uhr

In Reinbek kann man eines der bedeutendsten Beispiele der niederländischen Renaissancearchitektur bewundern. Außerdem gibt's hier die exotischste Kunstsammlung Norddeutschlands.

Zu Recht ist man in Reinbek auf das dortige **Schloss** stolz, hat die Stadt doch die einstige Ruine mit enormem Aufwand restaurieren lassen. Heute erstrahlen der Bau und der Schlosspark im neuen alten Glanz. Zur wechselvollen Geschichte der Anlage – über die sich Interessierte im Schloss ausführlich informieren können – nur so viel: Herzog Adolf I. von Schleswig-Holstein-Gottorf ließ das Bauwerk im 16. Jahrhundert vermutlich als Jagdschloss am Rande des wildreichen Sachsenwaldes errichten. Der Baumeister ist bis heute unbekannt, man schließt aber aus der Art der Ausführung, dass es sich um einen Holländer gehandelt haben muss. Im 18. Jahrhundert war das Schloss Sitz der Amtmänner und später des ersten Landrates des Kreises Stormarn. Leider wurde der Bau so vernachlässigt, dass 1773 der Abriss wegen Baufälligkeit drohte. Dieser konnte glücklicherweise abgewendet werden.

Nach der Renovierung dient das Gebäude heute als Kultur- und Veranstaltungszentrum und steht somit erstmals in seiner über 400-jährigen Geschichte allen interessierten Bürgern offen. Architekturhistorisch besonders eindrucksvoll ist die original erhaltene Roofen-Dachkonstruktion niederländischer Art. Neben dem Schloss ist auch der **Schlosspark** sehenswert. Hier wurden die Reste der verschiedenen ehemaligen Parkanlagen harmonisch miteinander verknüpft, so dass sich durch die Einbeziehung des Mühlenteiches eine wunderschöne Gesamtanlage ergibt.

Reinbek — **Tour 21**

Schloss Reinbek ist heute ein stilvolles Kultur- und Veranstaltungszentrum

Direkt gegenüber vom Schloss hat ein Museum der ganz besonderen Art in einer Gründerzeitvilla Quartier bezogen: das **Museum Rade** des privaten Sammlers Rolf Italiaander. Auf vier Etagen erwarten den Besucher weit mehr als 1 000 Exponate: Bilder, Skulpturen, Batiken und Keramiken aus allen Gegenden der Erde.

Eine gewässerkundliche Einmaligkeit ist das **Sachsenwaldbad Tonteich:** Auf dem Gelände des heutigen Bades lag bis Anfang des 19. Jahrhunderts die Ziegeleigrube des Friedrichsruher Tonwerkes. 1911 brannten die Gebäude bis auf die Grundmauern nieder. Die Tongrube füllte sich langsam mit Regenwasser und es entstand der Tonteich. Aus dem Regenwasser, das über ein Glimmertonfeld rinnt, entwickelte sich ein stark saures und manganhaltiges Wasser, das eine wohltuende Wirkung auf die menschliche Haut hat und deshalb als Heilwasser eingestuft wird. Vom Schloss aus gelangt man am Ufer des Mühlenteichs auf einem malerischen Weg dorthin.

Von Reinbek führen ausgeschilderte Wanderwege, die unter anderem in Friedrichsruh (▶ Seite 72) und Aumühle (▶ Seite 70) enden, in den Sachsenwald.

Museum Rade
Internationale Malerei und Volkskunst, Kunstwerke der Hamburgischen Sezession u. v. a. m.
Schlossstr. 4
Tel. (040) 7 22 91 58
Mi–So/Fei 10–17 Uhr

Sachsenwaldbad Tonteich
Eine Wohltat für die Haut in idyllischer Natur.
Am Tonteich 35
21521 Wohltorf
Tel. (0 41 04) 28 93
www.tonteichbad.de
Mai–Ende Aug.
Mo–So 8–20 Uhr

Tour 22 | Aumühle

Am Rande des Sachsenwaldes

- ▶ Spaziergang: Mühlenteich, Bismarckturm & Lokschuppen
- ★ Durch Villenkolonie & Wald zum Eisenbahnfreunde-Traum

Start
Aumühle
521 alle 10–20 Min.

Ein Ausflugsziel seit Generationen – so stellt sich die Ortschaft Aumühle am Westrand des Sachsenwaldes dar.

Von Events ist man in Aumühle weit entfernt. Die spektakulärste Freizeitaktivität besteht hier in einer Paddelboottour über den Mühlenteich. Ohnehin ist der idyllische **Mühlenteich,** zu dem die Aue, ein kleiner Zufluss der Bille, aufgestaut ist, der touristische Mittelpunkt des Ortes. Um den Mühlenteich herum findet man mehrere klassische Ausflugslokale; viele existieren schon seit Generationen. Oder man packt einen Picknickkorb und ist mit ein paar Schritten im Sachsenwald.

Der Sachsenwald bietet eine Vielzahl von Wander- und Radwanderwegen, von denen die meisten Aumühle als Ausgangs- oder Zielpunkt haben. Was liegt demnach näher, als sich auf einen Spaziergang in diese grüne Lunge Hamburgs aufzumachen (▶ Seite 74). Aber auch ein Bummel durch den Ort selbst ist erholsam, besonders die historische Villenkolonie Hofriede lohnt einen Besuch. Mittelpunkt der Siedlung ist der wuchtige, 27 Meter hohe **Bismarckturm** am Berliner Platz. Er ist einer der zahlreichen Türme, die Ende des 19. Jahrhunderts in ganz Deutschland zum Gedenken an den Reichskanzler Otto von Bismarck errichtet wurden. 1901 als Wasser- und Aussichtsturm eingeweiht, diente er bis 1927 auch als Bismarckmuseum und bot von der Aussichtsplattform einen Blick über die umliegenden Villen, Aumühle und den Sachsenwald. Heute sind die Gemeindebibliothek und das Gemeindearchiv in dem Turm untergebracht; eine Besteigung ist leider nicht mehr möglich.

Ein Muss für Eisenbahnfreunde ist der Besuch des **Lokschuppens** am östlichen Ortsrand von Aumühle (auf der Nordseite der Bahnstrecke Rich-

Fürst Bismarck Mühle
Berühmtes Traditionslokal, das sich im Besitz der Familie Bismarck befindet. Wildgerichte, zwei schöne Sommerterrassen.
Mühlenweg 3
Tel. (0 41 04) 20 28
www.bismarckmuehle.com
Do–Di 11–24 Uhr

Aumühle — Tour 22

tung Friedrichsruh). Schon zu Dampflokzeiten endete ein großer Teil der auf der Berlin-Hamburg-Trasse eingesetzten Nahverkehrszüge in Aumühle. Im Lokomotivschuppen Aumühle mussten Zuggarnituren abgestellt, die Loks entschlackt und mit neuer Kohle versehen sowie Wasser gefasst werden. Heute werden hier von den Mitgliedern des Fördervereins in mühevoller Kleinarbeit die teils vielfach umgebauten, teils in ihrer Substanz stark angegriffenen Fahrzeuge restauriert und ausgestellt. Auf drei Zufahrtsgleisen steht eine umfangreiche Sammlung von Feldbahnen, einer Art Schmalspurbahn mit Einsatz im Ackerbau, in Ziegeleien, Steinbrüchen und Torfwerken, sowie eine Sammlung von Schienenfahrzeugen des Nahverkehrs. Zweimal jährlich – im Frühjahr und im Herbst – gibt es Ausstellungen zum Hamburger Nahverkehr.

Man kann auch mit den restaurierten Zügen fahren, aber leider nicht in Aumühle selbst, sondern in den Sommermonaten an der Ostsee zwischen Schönberg und Schönberger Strand. Draisinen- und Feldbahnfahrten sind an bestimmten Aktionstagen auch in Aumühle möglich.

Lokschuppen Aumühle
Verein Verkehrsamateure
und Museumsbahn e. V.
Am Gleise 6
Tel. (040) 8 99 11 43
www.vvm-museumsbahn.de
So 11–17 Uhr

Hotel Waldesruh am See
Jagdrestaurant mit offenem Kamin und Seeterrasse.
Am Mühlenteich 2
Tel. (0 41 04) 6 95 30
www.waldesruh-am-see.de
Mi–Mo ab 11 Uhr

Tour 23 | Friedrichsruh

Bei Bismarck auf dem Sofa

- ▶ **Spaziergang: Garten der Schmetterlinge & Bismarck-Museum**
- ★ **Exotische Schmetterlinge beobachten & über das Anwesen des Eisernen Kanzlers spazieren**

Start
Aumühle
S21 alle 10–20 Min.

Karte ▶ Seite 71

Garten der Schmetterlinge
Lehrreiche Einblicke in die bunte Welt der Flattermänner.
Am Schlossteich 8
Tel. (0 41 04) 60 37
www.garten-der-schmetterlinge.de
Mitte März–Okt.
tgl. 10–18 Uhr
8 €, erm. 7 €,
Kinder (3–15 J.) 5 €

Café Vanessa
Im Garten der Schmetterlinge. Besonders idyllisch sitzt man im Singenden Wassergarten.
Tel. (0 41 04) 60 37
Mitte März–Ende Okt.
tgl. 10–18 Uhr und nur mit Eintrittskarte des Schmetterlingsgartens

Der kleine Ort Friedrichsruh ist Mittelpunkt des Sachsenwaldes – und Zentrum der Bismarckverehrung. Doch vor knapp 30 Jahren bekam der Besuchermagnet „Eiserner Kanzler" Konkurrenz – und zwar von Schmetterlingen.

Wir starten unsere Tour am Rande des Sachsenwaldes in Aumühle. Von der S-Bahn-Station kommend, queren wir die Alte Schulstraße und gehen geradeaus in die Mühlenstraße. Von dort folgen wir dem Weg rechter Hand durch den Wald, der zu einer Attraktion ganz besonderer Art führt: dem **Garten der Schmetterlinge**.

Die großzügige Anlage auf dem Gelände der Fürstlich von Bismarckschen Gärtnerei besteht aus dem eigentlichen Schmetterlingsgarten – zwei rund 600 Quadratmeter große Glashäuser –, einem Duftgarten mit 80 bekannten und unbekannten stark duftenden Pflanzen, einem Insektenhotel, einem „Singenden Wassergarten", in dem Wasser durch Bambusrohre plätschert und so diverse Töne erzeugt, sowie einer Traumlandschaft mit künstlichen Seen, Gärten und heimischen Tieren.

In den beiden Glashäusern sind Hunderte von einheimischen und exotischen Schmetterlingen zu beobachten. Unter den 30 verschiedenen Arten gibt es zahlreiche Gattungen aus Südasien, wobei dafür gesorgt ist, dass alle Schmetterlinge ihre natürliche Umgebung finden. Die rund 300 Puppen entwickeln sich in eigens dafür geschaffenen Brutkästen. In den Morgenstunden beginnen die Falter zu schlüpfen. In weiteren Vitrinen befinden sich Eier und Raupen. Somit sind alle Stadien der Metamorphose zu beobachten. Anzuraten ist daher ein Besuch am Vormittag, wenn die faszinie-

Friedrichsruh — Tour 23

renden Tiere am aktivsten sind. Hinter dem Parkplatz des Gartens der Schmetterlinge halten wir uns dann rechts und anschließend geht es auf dem Schlossweg parallel zu den Bahngleisen weiter bis zum Bahnhof Friedrichsruh.

Friedrichsruh ist ein Ort, der eigentlich nur aus wenigen Häusern besteht. In dieser Sachsenwaldidylle lebte der Reichskanzler Fürst Otto von Bismarck (geb. 1815) von 1871 bis zu seinem Tode im Jahre 1898. Mitten im Sachsenwald, den der Kanzler aus Dankbarkeit vom Kaiser geschenkt bekommen hatte, lag einst das Gasthaus Frascati, das Bismarck 1894 erwarb. Er ließ es zu einem Schloss ausbauen und bewohnte es bis zu seinem Tode. Ende des Zweiten Weltkrieges zerstört, wurde es durch einen schlichten Neubau ersetzt, in dem die Nachfahren Bismarcks bis heute leben. Noch original erhalten blieb der alte Marstall.

In einem Fachwerkhaus gegenüber vom alten Marstall, dem Alten Landhaus, befindet sich heute das **Bismarck-Museum**. In neun Räumen ist hier eine ansprechend gestaltete Erinnerungsstätte geschaffen worden. Die Sammlung umfasst neben Dokumenten, Briefen, Handschriften, Orden und Geschenken aus aller Welt auch zahlreiche Ehrenbürgerbriefe. Höhepunkt für Bismarckverehrer ist allerdings das Originalarbeitszimmer des Reichskanzlers, das hier so aufgestellt ist, wie es vorher im alten Schloss stand.

Bismarck hat in Friedrichsruh seine letzte Ruhe gefunden. Und zwar im **Bismarck-Mausoleum**, das sich vom Museum aus direkt rechts hinter der Bahnlinie befindet. In der Gruftkapelle kann man die Sarkophage des Eisernen Kanzlers und seiner Gemahlin besichtigen.

Auf der anderen Seite der Bahnlinie befindet sich wieder der Garten der Schmetterlinge, von dem aus wir den bekannten Weg zurück zur S-Bahn-Station Aumühle antreten.

Im Bismarck-Museum kann man das Arbeitszimmer des „Eisernen Kanzlers" ansehen

Friedrichsruh
ist Zentrum des Sachsenwaldes. Von hier aus führen diverse Wanderwege in den Forst. Mehr dazu ▸ Seite 74

Bismarck-Museum
Am Museum 2
Tel. (0 41 04) 24 19
www.bismarck-stiftung.de
Apr.–Okt. Di–So 10–18 Uhr,
Nov.–März Di–So 10–16 Uhr
4 €, erm. 3 €, bis 18 Jahre frei

Tour 24 | Sachsenwald

Unterm Blätterdach

> ▸ **Zwei Rundwanderungen (14 & 8,5 km) ab Aumühle**
> ★ **Wege durch den verschlungenen Wald östlich von Hamburg**

Start
Aumühle
S21 alle 10–20 Min.

Karte ▸ Seite 71

Die Touren
verlaufen auf bequemen Waldwegen, man kann sie auch mit dem Fahrrad zurücklegen.
www.sachsenwald.de

Der Sachsenwald ist für Naturfreunde und Wanderer ein Dorado. Zahllose Wege durchziehen den herrlichen Forst – und manche führen zu verborgenen Hünengräbern.

Fast 70 Quadratkilometer groß ist der Sachsenwald. Damit ist er das größte geschlossene Waldgebiet Schleswig-Holsteins. Der Wald besteht vorwiegend aus Buchen, Fichten und Kiefern. Unter knorrigen Bäumen stehen seit Jahrtausenden mächtige Felssteine – es sind die Grabhügel und Steinsetzungen aus der Jungsteinzeit. In sehr viel späteren Zeiten war der Sachsenwald Grenzwald des Reiches Karls des Großen und durfte nicht besiedelt werden. Deshalb ist er bis heute geschlossen erhalten geblieben. Im Jahre 1871 erhielt ihn schließlich Reichskanzler Otto von Bismarck als Zeichen besonderen Dankes von Kaiser Wilhelm I. als Geschenk. Der Sachsenwald ist bis heute in bismarckschem Familienbesitz.

Der Forst dient als Grüne Lunge der nahen Großstadt Hamburg und bietet mit seinen zahlreichen markierten Wanderwegen beste Gelegenheit zu naturnaher Erholung. Allerdings finden sich mitunter verwirrend viele und unterschiedliche Markierungen. Machen Sie sich also darauf gefasst, sich im Sachsenwald immer wieder einmal zu verlaufen. Allerdings ist das trotz der Größe des Areals nicht dramatisch, denn der Wald ist gut erschlossen. Man gerät schnell auf den nächsten Weg, der dann hoffentlich verständlicher ausgeschildert ist.

Nach dieser Warnung seien hier **zwei schöne Routen** empfohlen, die beide in Friedrichsruh beginnen und dort wieder enden. Sie lassen sich also bestens zu einer längeren Tour kombinieren. Die erste führt durch den südlichen Sachsenwald, die zweite durch den nördlichen.

Sachsenwald — Tour 24

Um von der S-Bahn Aumühle nach Friedrichsruh zu gelangen, quert man zunächst die Alte Schulstraße und geht in die Mühlenstraße. Von dort folgt man dem Weg rechter Hand, der zum **Garten der Schmetterlinge** (▶ Seite 72) führt. Hinter dem Parkplatz des Gartens der Schmetterlinge hält man sich rechts. Anschließend geht es auf dem Schlossweg parallel an den Bahngleisen weiter bis zum Bahnhof Friedrichsruh. Hier starten unsere beiden Routen durch den Sachsenwald.

Die **südliche Strecke**, der Riesenbettweg, ist etwa 14 Kilometer lang und mit der **Nummer 5** gekennzeichnet. Sie führt vom Bahnhof über die Schranken und gleich dahinter links hoch zum Hirschdenkmal. In südöstlicher Richtung führt der Weg durch den Bramhorst und Buschhege West bis an den Bach Süsterbek und weiter an den Ortsrand von **Dassendorf**. Hier geht links ein Weg ab zum **Riesenbett**, einem Grab aus der jüngeren Steinzeit. Zurück geht es über die L314 und rechts in den Wald hinein. Dann immer geradeaus, zwei Kilometer Richtung Aumühle. Das letzte Stück des Waldwegs vor der L208 hält man sich etwa 800 Meter weit rechts Richtung Nordost und gelangt geradeaus über die L314 (Alte Schulstraße) zurück nach Friedrichsruh. Rechts hinter dem Holzhof-Gelände zweigt der Weg zum Bahnhof Friedrichsruh ab.

Die Anschlusstour in den **nördlichen Sachsenwald** auf dem Max-Schmeling-Weg führt bei der Gaststätte **Forsthaus Friedrichsruh** – in dem Max Schmeling trainierte, bevor er 1936 Boxweltmeister im Schwergewicht wurde – in den Ödendorfer Weg. Die etwa 8,5 Kilometer lange Strecke ist mit der **Nummer 2** markiert. Sie führt nach Norden durch die Waldabschnitte Groß Ochsenbeck und Marx Sumpen. Während wir noch über die eigentümlichen Namen nachgrübeln, biegt der Weg nach links ab und kreuzt die Straße nach Kuddewörde, um zur **Försterei Witzhafer Viert** zu führen. Hier geht es in südlicher Richtung zurück, bis wir an das Flüsschen Schwarze Au kommen. Nach links ihrem Lauf gefolgt, gelangt man rasch wieder nach Friedrichsruh. Oder man überquert die Au und hält sich dann rechts; der Weg führt dann direkt nach Aumühle (▶ Seite 70).

Jagdhaus am Riesenbett
Italienische Küche.
Am Riesenbett 1
21521 Dassendorf
Tel. (0 41 04) 96 15 24
www.jagdhaus-am-riesenbett.de
Apr.–Sep. Di–So 12–21 Uhr,
Okt.–März Mi–So 12–21 Uhr

Forsthaus Friedrichsruh
Ausflugs-Restaurant und -Café, Sommerterrasse, Wildgerichte aus dem Sachsenwald und rustikale Gerichte „rund um die Bratkartoffel".
Ödendorfer Weg 5
21521 Friedrichsruh
Tel. (0 41 04) 699 28 99
www.forsthaus-friedrichsruh.de
Mi–So 12–21.30 Uhr

Die Schwarze Au bei Friedrichsruh

Tour 25 | Mölln

Eulenspiegeleien

> ▶ **Stadtbesichtigung**
> ★ **Auf den Spuren eines Narren durch die beschauliche Altstadt**

Start
Bhf. Mölln
RE 1 bis Büchen alle 60 Min., weiter mit
RE 83 bis Bhf. Mölln alle 60 Min.

Möllner Museum und Eulenspiegelmuseum
Befinden sich in verschiedenen Häusern.
www.moellner-museum.de
Preise:
Einzeltickets: 2,50 €, Kinder bis 14 Jahre 1 €
Kombitickets: 4 €,
Kinder bis 14 Jahre 1,50 €

Möllner Museum
Stadtgeschichtliche Sammlung im historischen Rathaus.
Am Markt 12
23879 Mölln
Tel. (0 45 42) 83 54 62
Apr.–Okt. Mo–Fr 10–19, Sa/So 10–17 Uhr,
Nov.–März Mo–Fr 10–17, Sa/So 11–16 Uhr

Eulenspiegel-Museum
Am Markt 2
23879 Mölln
Tel. (0 45 42) 82 93 71
Apr.–Okt. Mo–Fr 10–13 und 14–17, Sa/So 11–17 Uhr,
Nov.–März Mo–Fr 14–16, Sa/So 11–13 und 14–16 Uhr

Mölln, das malerische mittelalterliche Städtchen an der Alten Salzstraße, ist ein Kneippkurort. Weithin bekannt geworden ist Mölln durch einen seiner Einwohner, der noch nicht einmal ein gebürtiger Möllner war: Till Eulenspiegel.

Allerdings ist der berühmte Narr hier gestorben, und zwar im Heilig-Geist-Hospital, einem Armen- und Siechenhaus. Das war vermutlich im Jahre 1350, kurz nachdem Eulenspiegel in die Stadt gekommen war. Gleichwohl hat Mölln den Narren vollkommen vereinnahmt, und der Besucher wird ihm öfter begegnen.

Auf den ersten Blick wird die Stadtansicht beherrscht von der romanischen **St. Nicolai-Kirche** aus dem 13. Jahrhundert mit ihrem quadratischen Turm. Man sollte unbedingt den Innenraum besichtigen. Das Gestühl der Stecknitzfahrer, die ihr Geld mit Salztransporten über die Kanäle der Alten Salzstraße verdienten, ist vollständig erhalten. Der gewaltige siebenarmige Leuchter von 1436 wurde angeblich 1669 von Stecknitzfahrern aus dem Fluss gefischt, vermutlich aber stammt er aus einem geplünderten Kloster. Ganz vorne rechts in der St. Nicolai-Kirche findet sich ein einzelner Klappstuhl, der die Jahreszahl 1632 trägt. Er war einem besonderen Kirchgänger vorbehalten: dem Henker. Dieser hatte beim Besuch des Gotteshauses zwei Auflagen zu befolgen. Er durfte weder den heiligen Boden der Kirche mit den Füßen berühren, noch durfte er in den Altarraum blicken.

Neben dem Haupteingang der St. Nicolai-Kirche findet sich ein Stein, der angeblich Till Eulenspiegels Grabstein ist. Dieser wurde aber erst Anfang des 16. Jahrhunderts aufgestellt. Das bekannte Denkmal für den um 1300 in Kneitlingen bei Braunschweig geborenen Narren steht vor dem Rathaus an der Mauer des Kirchhügels. Es ist eine bronzene Brunnenfigur, 1950 von dem Möllner Bildhauer Karlheinz Goedtke geschaffen. Auffällig sind der blank gewetzte rechte Daumen und Zeigefinger der Figur. Dem Aberglauben nach bringt es Glück, den Daumen der Figur zu berühren. Übrigens soll der echte Eulenspiegel seine letzte Ruhestätte vor der Kirche gefunden haben, dort, wo heute eine große Linde steht – aber sicher ist auch das nicht.

Unterhalb der Kirche liegt der mittelalterliche Stadtkern. Das historische **Rathaus** am Markt schmückt sich mit einem prächtigen Stufengiebel. Im Jahre 1373 erbaut, ist es das zweitälteste Rathaus Schleswig-Holsteins. Heute ist in dem Bau die stadtgeschichtliche Sammlung des Möllner Museums untergebracht. Die Ausstellung zeigt Ausschnitte aus dem Alltag ab 1750, behandelt die mittelalterliche Stecknitzfahrt und das Kanalleben und zeigt wertvolle Kunstschätze Möllns.

Gegenüber dem Historischen Rathaus befindet sich das **Eulenspiegel-Museum**. In einem sorgfältig renovierten Fachwerkhaus von 1582 werden Gemälde, Grafiken und Plastiken gezeigt, die Till Eulenspiegels Leben und Wirken illustrieren.

Südöstlich der historischen Altstadt erhebt sich auf dem Klüschenberg ein Aussichtsturm, ein ehemaliger **Wasserturm**. Von hier aus hat man einen herrlichen Ausblick auf die Stadt und ihre Umgebung. Im Turm selbst ist eine interaktive naturkundliche Ausstellung eingerichtet. An diesem Aussichtsturm kommt man vorbei, wenn man sich auf den Weg zum nahe gelegenen Wildpark begibt. Der Park liegt zwar noch auf dem Stadtgebiet von Mölln, doch besucht man ihn am besten im Rahmen eines Ausflugs in die wunderschöne Natur, von der die Stadt umgeben ist (▶ Seite 78).

In der Möllner Altstadt

St. Nicolai-Kirche
Am Markt 10
23879 Mölln
Tel. (0 45 42) 34 82
März–Okt. Di–So
11–17 Uhr,
Nov.–Feb. Di–So 10–12 und 14–16 Uhr

Naturkundliche Ausstellung im historischen Wasserturm
Auf dem Klüschenberg
Juli–Okt. Di–So 10–16 Uhr

Altstadt Café Mölln
Eines von mehreren Cafés im historischen Stadtkern, mit Außenterrasse.
Mühlenplatz 5
Tel. (0 45 42) 14 14
Fr–Di 10–18 Uhr

Tour 26 | Möllner Seen

Seen satt

- ▸ **Radtour (30 km) von Mölln nach Gudow & zurück**
- ★ **Verschlungene Wege an vielerlei Seen & Badestellen vorbei**

Start
Bhf. Mölln
RE 1 bis Büchen alle 60 Min., weiter mit
RE 83 bis Bhf. Mölln alle 60 Min.

Karte ▸ Seite 85

Wie viele Seen sich in der Umgebung der Eulenspiegelstadt Mölln inmitten der waldreichen Landschaft nun genau befinden, vermag niemand verbindlich zu sagen.

Eine Tour entlang der sich von Mölln in südlicher Richtung erstreckenden Seenkette sollte man mit einem Besuch des **Wildparks Mölln** beginnen. Ein Fußweg von etwa 15 Minuten führt den Ausflügler vom historischen Stadtkern (▸ Seite 76) vorbei an einem Aussichtsturm zum Haupteingang des Wildparks. Die weitläufig angelegten Gehege sind harmonisch in die Landschaft eingebunden. Ein beliebter Anlaufpunkt für Eltern mit Kindern ist die Sonnenwiese mit dem großen Spielplatz. Daneben sind in einem Findlingsgarten 40 Steine zu sehen, darunter auch ein echter Gigant mit einem Gewicht von 44 Tonnen.

Der Weg, auf dem man nun in südlicher Richtung radelt, ist wildromantisch. Er windet sich in zahllosen Biegungen durch die Landschaft und führt dabei oft direkt an Seeufern vorbei. Wegen der vielen Windungen ist die Strecke allerdings nicht nur besonders schön, sondern auch deutlich länger: Statt der zehn Kilometer Luftlinie bis Gudow, dem Endpunkt der Seenwanderung, sind es im Gelände fast das Doppelte.

Möllner Wildpark
Zu sehen sind über 30 heimische Tierarten.
Birkenweg
Tel. (0 45 42) 80 31 62
durchgehend geöffnet

Disc-Golf-Parcours
In der Tourist-Information können Wurfscheiben geliehen und nach dem Golfprinzip auf Körbe rund um den Wildpark geworfen werden.
Am Markt 12
Tel. (0 45 42) 70 90
www.moelln-tourismus.de
Apr.–Okt. Mo–Fr 10–19, Sa/So 10–17 Uhr,
Nov.–März Mo–Fr 10–17, Sa/So 11–16 Uhr

Der erste See auf der Strecke ist der **Schmalsee,** ein kleiner, tatsächlich sehr schmaler See, der sich in Nord-Süd-Richtung erstreckt. Er wird, wie die meisten Seen dieser Tour, vom Hellbach durchflossen, der die Seen miteinander verbindet. Der Wanderweg folgt dem Verlauf des Westufers und führt somit zwangsläufig zum **Lütauer See,** in den der Schmalsee übergeht. An der Einmündung des Schmalsees in den Lütauer See befindet sich schon die erste Badestelle namens Rolandseck. Es folgen weitere Badestellen am Westufer des Sees,

Wildromantisch zeigt sich der Schmalsee bei Mölln

an dem unser Weg nun entlangführt. Alle Badestellen sind frei zugänglich, nicht überlaufen und sehr idyllisch.

Weiter geht es am Hellbach entlang, der hier die Verbindung zum größeren, lang gestreckten **Drüsensee** herstellt. Der Drüsensee weist mit einer Insel, die in seiner Mitte aufragt, eine hübsche Besonderheit auf. Südlich des Drüsensees wandert man nun weiter dem Hellbach folgend Richtung Süden, doch berührt der Bach zunächst keine weiteren Seen. Trotzdem befinden sich östlich des Bachlaufes drei kleine malerische Seen, eingebettet in die Waldlandschaft Lehmrader Tannen: der **Krebssee**, der **Lottsee**, an dem der Weg direkt vorbeiführt, und der **Schwarzsee**.

Nachdem sich der Hellbach etwas verbreitert hat, nimmt er eine scharfe Biegung. Genau das machen wir nicht, sondern folgen dem ausgeschilderten Wanderweg. Der Hellbach mündet bald in den **Sarnekower See** und anschließend in den **Gudower See,** den – hat noch jemand mitgezählt? – richtig: den achten und letzten See der heutigen Tour. Am Gudower See bieten noch einmal diverse Badestellen Gelegenheit zu einer Erfrischung. Danach haben wir die Wahl, ob wir nach Büchen weiter- oder nach Mölln zurückradeln.

Restaurant und Hotel Waldhalle
Regionale und internationale Spezialitäten, Torten aus der hauseigenen Konditorei, Sonnenterrasse mit schöner Sicht auf den Schmalsee.
Waldhallenweg
23879 Mölln
Tel. (0 45 42) 8 58 80
www.waldhalle.info
Tgl. 12–22 Uhr

Tour 27 | Ratzeburg

Ratzeburg nicht nur für Ruderer

- ▶ **Zwei (Rad-)Rundwanderungen (7,5 & 26 km) & Stadtbesichtigung, Umrundung des Küchensees & des Ratzeburger Sees**
- ★ **Altstadtflair genießen & an Seen radeln oder wandern**

Start
Bhf. Ratzeburg
RE 1 bis Büchen alle 60 Min., weiter mit
RE 83 bis Bhf. Ratzeburg alle 60 Min.

Karte ▶ Seite 85

Ratzeburger Dom
Domhof 35
Tel. (0 45 41) 34 06
www.ratzeburgerdom.de
Mai–Sep. tgl. 10–18 Uhr,
Okt.–Apr. Di–So 10–16 Uhr

Ratzeburg und Ruderer sind untrennbar miteinander verbunden. Zwar ist der legendäre Goldachter mittlerweile Geschichte, doch zehrt die Stadt am gleichnamigen See noch immer von dem Ruf als Rudermetropole. Dabei lohnt ein Besuch auch für Ausflügler, die mit dieser Sportart nichts am Hut haben.

An Karl Adam, dem berühmtesten Rudertrainer aller Zeiten, kommt man allerdings nicht vorbei in Ratzeburg. Das heißt, man kommt an ihm vorbei auf dem Weg vom Bahnhof in den historischen Stadtkern: Sein Denkmal steht am Lüneburger Damm, der Verbindung zwischen dem Festland und der Insel, auf der sich das historische Ratzeburg befindet. Der Damm trennt den Ratzeburger See vom sehr viel kleineren Küchensee, auf dem sich auch die Regattastrecke befindet. Während man auf dem Damm rechts das Karl-Adam-Denkmal und den Küchensee sieht, geht der Blick nach links weit über den Ratzeburger See und die Altstadtinsel, auf der sich der Dom majestätisch erhebt. Außerdem liegt zur Linken die Schlosswiese, eine Grünanlage am Ufer des Ratzeburger Sees. Hier, wo sich einst eine Wehranlage befand, ist eine Badestelle angelegt, und die Ausflugsdampfer stechen von hier aus in See.

Die **Altstadt** lag ursprünglich, also zur Zeit der Stadtgründung im Jahre 1261, auf zwei Inseln zwischen dem Ratzeburger See und dem Küchensee: der Dom mit Nebengebäuden auf der einen, die eigentliche Stadt auf der anderen. Im Laufe der Zeit wuchsen die Inseln zu einer zusammen.

Der **Dom,** an der Nordspitze der Altstadtinsel gelegen, ist der älteste romanische Backsteindom Norddeutschlands. Die Kirche wurde 1154 von

Blick auf die Altstadtinsel Ratzeburg und den Dom

Heinrich dem Löwen gestiftet, ihre ältesten Teile wurden noch vor dem Lübecker Dom errichtet. Beendet wurde der Bau um 1220. Das Mittelschiff ist 17 Meter hoch, die Kreuzigungsgruppe stammt aus dem 13. Jahrhundert, das Chorgestühl aus dem 14. Jahrhundert. Aus dem Mittelalter sind Grabplatten erhalten, und an der Südwand befindet sich in schwarz getöntem Holz die Loge der Herzöge von Sachsen-Lauenburg aus dem Jahre 1637, der sogenannte Lauenburger Chor.

Hinter dem Dom liegt das **Domkloster** von 1250, das noch viel von dem mittelalterlichen Charme ausstrahlt, der sicher einmal die ganze Anlage beseelt haben mag. Kreuzgang, Kapitelsaal, Refektorium und Dormitorium sind von der Seeseite her zugänglich. Im Klosterinnenhof findet sich ein Kunstwerk jüngeren Datums: die Plastik „Bettler auf Krücken" von Ernst Barlach.

Westlich des Doms schließt sich der ehemalige Sitz des Bischofs an, darunter das Steintor, ein Backsteinbau aus dem 12. Jahrhundert, dessen Aufgabe es war – und ist – den Druck abzufangen, der durch den schweren Domturm an der Flanke der Erhebung, auf der der Dom errichtet wurde, entsteht. Ein statischer Taschenspielertrick sozusagen.

In der benachbarten **Propstei,** dem ehemaligen Herrenhaus von Herzog Adolf Friedrich IV. von Mecklenburg aus dem Jahre 1764 mit seiner klassizistischen Fassade, ist heute das **Kreismuseum** untergebracht. Im ersten Obergeschoss ist die

Aqua Siwa
Schwimmhalle im Kurpark am Küchensee an der Freibadestelle.
Fischerstr.
Tel. (0 45 41) 48 22
Die häufig wechselnden Öffnungszeiten und Eintrittspreise bitte erfragen

Erlebnisbahn Ratzeburg
Außergewöhnliche Touren durch den Naturpark Lauenburgische Seen auf muskelkraftbetriebenen Fahrzeugen.
Am Bahnhof im Zug
23909 Schmilau
Tel. (0 45 41) 89 80 74
www.erlebnisbahn-ratzeburg.de

**Kreismuseum
Herzogtum Lauenburg**
Domhof 12
Tel. (0 45 41) 8 60 70
www.kmrz.de
Di–So 10–13 und 14–17 Uhr

Die Kopfsteinpflasterstraße am Dom versprüht noch historisches Flair

Badestellen im Stadtbereich:
- Schlosswiese am Ratzeburger See,
- im Kurpark am Küchensee und
- Liegewiese Farchau am Südufer des Küchensees.

Alle Badestellen sind ohne Eintritt frei zugänglich und bei großem Betrieb beaufsichtigt (Ausnahme: Liegewiese Farchau).

Am Westufer des Ratzeburger Sees befinden sich diverse Badestellen, einige – besonders solche in Ortschaften – verfügen über sanitäre Anlagen und Bewachung, auch diese Badestellen sind frei und ohne Eintritt zugänglich.

Rokoko-Ausstattung von 1766 bewahrt geblieben.

Zwei weitere Sehenswürdigkeiten im Schatten des Doms sollen nicht unerwähnt bleiben: Nämlich das ehemalige **Haus Mecklenburg** im Domhof 41, erbaut 1690, ist ein schön restauriertes Fachwerktraufenhaus. Nachdem es im 18. und 19. Jahrhundert als „Official-Haus" und „Domkaserne" diente, ist es nun Sitz der Stiftung Mecklenburg und des Zentrums für Niederdeutsch für Holstein. Es ist Ausstellungs- und Veranstaltungsort und beherbergt eine Bibliothek mit plattdeutscher Gegenwartsliteratur.

Im Domhof 5, einem Gebäude aus dem 17. Jahrhundert, hat das **A. Paul Weber-Museum** Quartier bezogen. Der Zeichner A. (= Andreas) Paul Weber (1893–1980) ist mit seinen zeitkritischen Grafiken berühmt geworden. Auch viele, denen der Name nichts sagt, werden seine Werke kennen, denn sie sind oft im Zusammenhang mit aktuellen gesellschaftlichen Problemen veröffentlicht worden.

Nicht mehr im Dom-Areal, sondern im Kern der historischen Stadt erinnert ein weiteres Museum an einen anderen großen Sohn der Stadt: Ernst Barlach. Barlach wurde in Wedel geboren und hat dort auch sein verdientes Museum bekommen (▶ Seite 173). Er starb in Güstrow, wo gleich zwei Ausstellungen an ihn erinnern. Doch in Ratzeburg steht das Haus seines Vaters, in dem er aufwuchs und seine prägenden Eindrücke erhielt. Dieses 1840 erbaute Haus am Barlachplatz 3 beherbergt heute das **Barlach-Museum,** mit Werken des als Bildhauer berühmt gewordenen vielseitigen Künstlers.

Bei der Kirche neben dem Barlach-Museum handelt es sich um die **St. Petri-Kirche,** einen Bau aus dem 18. Jahrhundert, der auf einem schon im 13. Jahrhundert errichteten Vorgängerbau fußt. Auffällig ist das seltene Querschiff dieser Stadt-

Ratzeburg — Tour 27

kirche. Im alten Stadtkern sind daneben noch als steinerne Zeugen der Vergangenheit das Kreishaus von 1721, das Alte Rathaus von 1843 und die Alte Wache erhalten. Das Neue Rathaus ist in der ehemaligen Gelehrtenschule von 1847 untergebracht. Der Blick auf dieses jetzt wieder in hellem Ocker leuchtende Gebäude wird leider durch den davor liegenden Parkplatz sehr beeinträchtigt.

Neben dem Neuen Rathaus verläuft eine Straße mit dem bemerkenswerten Namen Demolierung. Er geht auf die Dänen zurück, die 1816 die barocke Festungsanlage schleiften, die sich hier befand. Auch an der einzigen wirklichen Katastrophe in der langen Geschichte Ratzeburgs sollen die Dänen schuld sein. Im Jahre 1693 brannte die Stadt fast ganz nieder, angeblich legten die Dänen die Lunte. Auf jeden Fall ist dadurch nichts von dem mittelalterlichen Flair, wie man es noch in Mölln (▶ Seite 76) verspürt, in Ratzeburg erhalten.

An der Südseite der Altstadtinsel verläuft am Ufer des **Küchensees** eine Grünanlage, der man den Titel Kurpark verliehen hat; schließlich ist Ratzeburg anerkannter Luftkurort. Schöner als ein Spaziergang im Kurpark ist eine Umrundung des ganzen Küchensees. Auf schönen Wegen geht es dabei am Ufer entlang, meist durch Grünanlagen und Gehölze. Überall bieten sich interessante Ausblicke über den See. Zwei Stunden sollte man bei gemütlicher Gangart für die etwa 7,5 Kilometer lange Seeumrundung einplanen.

Anders sieht es bei einer Wanderung um den **Ratzeburger See** aus. Hier bietet sich auch eine Radtour zur Bewältigung der circa 25 Kilometer langen Strecke an. Wer sich mit dem halben Weg begnügen möchte, dem gilt die Empfehlung, am Westufer bis zur nördlichen Spitze des Ratzeburger Sees zu wandern oder zu radeln und sich von hier, von dem Ort Rothenhusen aus, mit dem Dampfer, der auch Fahrräder befördert, zurück nach Ratzeburg schippern zu lassen.

Ganz Bequeme nehmen von einem der Orte am Seeufer – etwa von Groß Sarau – den Bus der Linie 8710 (Montag bis Freitag alle 60 Minuten, Samstag und Sonntag alle 120 Minuten) und fahren direkt zum Bahnhof Ratzeburg.

A. Paul Weber-Museum
Domhof 5
Tel. (0 45 41) 86 07 20
www.weber-museum.de
Di–So 10–13 und 14–17 Uhr

Fährhaus Athen
Traditionsreiches Ausflugslokal in griechischer Hand mit traumhaftem Blick übers Wasser. Mit großer Sommerterrasse.
Königsdamm 2
23909 Ratzeburg
Tel. (0 45 41) 87 07 90
www.faehrhaus-athen.de
Sommer tgl. 12–22 Uhr,
Winter Di–Fr 17–22,
Sa/So/Fei 12–22 Uhr

Ernst-Barlach-Museum
Barlachplatz 3
Tel. (0 45 41) 37 89
www.ernst-barlach.de/ratzeburg
Apr.–Nov. Di–So 11–17 Uhr
5 €, erm. 4 €

Schifffahrt Ratzeburger See
Schlosswiese 6
Tel. (0 45 41) 79 00
www.schifffahrt-ratzeburg.de

In der Saison verschiedene Liniendienste und Rundfahrten, Start jeweils Schlosswiese.

Tour 28 | Ratzeburg – Mölln
Wälder, Wiesen, Wisente

- ▸ **(Rad-)Wanderung (12 km) von Ratzeburg nach Mölln**
- ★ **Auf der „Alten Salzstraße", vorbei an eindrucksvollen Rindern**

Start
Bhf. Ratzeburg
RE 1 bis Büchen alle 60 Min., weiter mit RE 83 bis Bhf. Ratzeburg alle 60 Min.

Rückfahrt
Bhf. Mölln
RE 83 bis Büchen alle 60 Min., weiter mit RE 1 bis Hbf. alle 60 Min.

Badestelle Pinnsee
Malerisch im Wald gelegen, frei zugänglich, ohne Aufsicht und Infrastruktur.

Die Ausflugsziele Ratzeburg und Mölln sind jedes für sich einen Besuch wert. Naturfreunde schwärmen allerdings eher von der schönen Umgebung der beiden historischen Städte. Eine ideale Kombination zwischen Stadtbesichtigung und Naturerleben stellt eine Tour von Ratzeburg nach Mölln dar.

Vom Bahnhof Ratzeburg sollte man – auch wenn eine Ratzeburgbesichtigung nicht auf dem Programm steht – über die Bahnhofsallee zum Lüneburger Damm und zur dortigen Schlosswiese radeln oder wandern. Schließlich hat man hier nicht nur einen herrlichen Blick über den **Ratzeburger See** und auf die **Altstadtinsel** mit dem Dom – und kann zu Hause zumindest sagen, man habe Ratzeburg gesehen –, es beginnt hier auch ein schöner Weg am Westufer des **Küchensees** – eine Alternativstrecke des Radfernwegs „Alte Salzstraße" zwischen Lübeck und Lüneburg. Zwei Wege namens „Alte Salzstraße" verbinden die beiden Hansestädte. Die Hauptroute verläuft über Mölln und Lauenburg. Eine Nebenroute, die den Naturpark Lauenburgische Seen durchquert, streift Ratzeburg.

Die Strecke führt in südlicher Richtung nach **Farchau,** das am Südufer des Küchensees gelegen ist. An der Liegewiese Farchau kann man schon das erste Bad auf unserer heutigen Tour nehmen. Von Farchau geht es nun in westlicher Richtung nach **Fredeburg.** Hier stößt man auf ein Wisentgehege. Die mächtigen Zotteltiere stehen etwas phlegmatisch herum, sind aber gleichwohl sehr eindrucksvoll.

Bei Fredeburg gibt es ein Wisentgehege

Ratzeburg – Mölln   Tour 28

Der Weg führt weiter auf der „Alten Salzstraße" nach Süden durch den Farchauer Forst. Nach drei Kilometern muss man sich entscheiden, ob man nach rechts abbiegt und auf direktem Weg nach Mölln hineinwandert oder -radelt, oder ob man auf dem Fernradweg bleibt und sich weiter nach Süden hält, wobei die Straße von Schmilau nach Mölln überquert wird. Das sollte tun, wer vor dem Besuch der Stadt Mölln (▶ Seite 76) noch ein Bad nehmen möchte.

Nach drei Kilometern biegt nach links ein Weg zum **Pinnsee** ab. Dieser kleine, ganz von Wald umgebene See ist eine der lauschigsten Badestellen der Gegend – und das will bei der großen Konkurrenz an Seen und Badestellen schon etwas heißen.

Hoffentlich gut erfrischt geht es vom Pinnsee in westlicher Richtung durch den Wald zur Eulenspiegelstadt Mölln. Die erreicht man auf jeden Fall, ob nun auf dem kurzen Weg oder nach dem Umweg über den Pinnsee am Ufer des Schulsees entlang. Zu verfehlen ist der historische Stadtkern nicht, schließlich weist uns der Turm der St. Nikolai-Kirche den Weg. Nach so viel Naturerleben schadet es nun nicht, einmal die mittelalterliche Stadt zu erkunden.

Tour 29 | Elbe-Lübeck-Kanal

Immer am Kanal entlang

> ▸ **Radtour (34 km) am Elbe-Lübeck-Kanal nach Lauenburg**
> ★ **Auf der Alten Salzstraße immer am Wasser entlang**

Start
Bhf. Mölln
RE 1 bis Büchen alle 60 Min., weiter mit
RE 83 bis Bhf. Mölln alle 60 Min.

Rückfahrt
Bhf. Lauenburg
SchnellBus 31 alle 60 Min. oder
RE 83 bis Lüneburg alle 60 Min., weiter mit
RE 3/RB 31 bis Hbf. alle 30–60 Min.

Bei Kanälen denkt man oft zuerst an breite, zubetonierte Wasserautobahnen. Dass es auch Kanäle ganz anderer Art gibt, nämlich richtig idyllische Wasserläufe, beweist der Elbe-Lübeck-Kanal.

Der 62 Kilometer lange Kanal wurde Ende des 19. Jahrhunderts von der Stadt Lübeck angelegt, um eine Verbindung zur Elbe zu schaffen. Die Konkurrenz war der Nord-Ostsee-Kanal. Der Verlauf des Elbe-Lübeck-Kanals folgt im Großen und Ganzen dem alten Stecknitz-Kanal, einem der ältesten Kanäle Europas, der für den Salztransport im Mittelalter wichtig war. Der Elbe-Lübeck-Kanal ist nur 2 Meter tief und daher eigentlich nur für Freizeitkapitäne interessant. Und für Radwanderer, denn am nördlichen Abschnitt seines meist malerischen Ufers verläuft die Hauptroute des Radfernwanderwegs **„Alte Salzstraße"**.

Der Kanal weist nur ein geringes Gefälle auf, so dass man zwischen Lübeck und Lauenburg mit sieben kleineren Schleusen auskam.

In Mölln allerdings, unserem heutigen Startpunkt, verläuft der Radfernweg noch nicht am Kanalufer. Aber das macht nichts, denn ein Radweg führt direkt am westlichen Kanalufer entlang von Mölln nach **Güster** und zu der hier entstandenen „Freizeitwelt Güster". Der größte See, der **Prüßsee**, an dem der Badestrand liegt, hat eine ausgezeichnete Wasserqualität, denn im See befinden sich Tausende von Grundwasserquellen.

Kurz hinter Güster macht der ansonsten beinah schnurgerade verlaufende Kanal eine Schleife. Am Beginn dieser Krümmung befindet sich die Zienburger Schleuse. Die Kanalbiegung endet in der beschaulichen Ortschaft **Siebeneichen**.

Am Kanalufer geht es zügig an der von Gewerbe geprägten Kleinstadt **Büchen** vorbei. Hinter

Restaurant Café Seepavillon am Prüßsee
Am Prüßsee 35
21514 Güster
Tel. (0 41 58) 88 11 21
Apr.–Sep. tgl. 11–22 Uhr

Freizeitwelt Güster
Großzügige Freizeitanlage mit Campingplatz und Badestrand.
www.freizeitwelt-guester.de

Badestrand Prüßsee
Saisonal bewacht, Nichtschwimmerbereich.

Büchen teilen wir das Kanalufer mit einer Bahnstrecke, jedenfalls bis Dalldorf. Vorher haben wir schon bei **Witzeeze** die Doppelschleuse Witzeezer Schleuse und Niebuhr-Schleuse passiert und haben befriedigt festgestellt, dass die Wasserwanderer durch die Schleuserei doch etwas gehandicapt sind. Jede Schleuse bietet uns die Möglichkeit, bei der Wettfahrt, die sich zwischen Wasser- und Radwanderern oft ganz von selbst entwickelt, Strecke gut zu machen.

Aber wir sind ja schon in **Dalldorf,** wo wir das Kanalufer wechseln und uns von den Bahngleisen verabschieden. Am östlichen, von uns aus gesehen linken Kanalufer entfernt sich der Radweg nach einiger Zeit vom Kanal, doch stößt er bei der Palmschleuse wieder an die Wasserstraße. Die **Palmschleuse,** kurz vor der Mündung des Kanals in die Elbe bei Lauenburg, ist die letzte Schleuse des Kanals. Vor allem aber ist sie die älteste erhaltene Kammerschleuse Nordeuropas und ein wertvolles Denkmal der Technikgeschichte.

In **Lauenburg** (▶ Seite 88) an der Elbe lohnen die Altstadt am unteren Elbufer und das Schloss, hoch auf dem Steilufer gelegen, unbedingt einen Besuch. Man ist in wenigen Minuten von der Schleuse in der Stadt – zumindest, wenn man mit dem Fahrrad unterwegs ist.

Tour 30 | Lauenburg

Der andere Blick auf die Elbe

- ▸ **Stadtausflug: Schloss, Schifferstadt & Alte Mühle**
- ★ **Grüne Terrassen im Schlossgarten, verwinkelte Gassen in der Altstadt & ein idyllischer Elbuferweg**

Start
Bhf. Lauenburg
SchnellBus 31 alle 60 Min. oder
RE3/RB31 bis Lüneburg alle 30–60 Min., weiter mit **RE83** bis Bhf. Lauenburg alle 60 Min.

Als Hamburger ist man es gewohnt, die Elbe als mächtigen Strom und wichtige Schifffahrtsstraße der Ozeanriesen wahrzunehmen. Seine malerische Seite zeigt der Fluss einige Kilometer landeinwärts: In Lauenburg hat sich mittelalterliche Idylle in grüner Umgebung erhalten.

Was die historische Schifferstadt für einen Ausflug von Hamburg aus zusätzlich attraktiv macht, ist der Bus der Linie 31. Er bringt Besucher direkt von der Hansestadt ins Zentrum Lauenburgs. Allerdings zeigt sich die Stadt vom Busfenster aus zunächst nicht von ihrer schönsten Seite. Doch der erste Eindruck trügt. Am Kiosk des ZOB, der Endhaltestelle des Busses, kann man sich einen kostenlosen Übersichtsplan besorgen und sich damit auf den Weg zu den idyllischen Orten Lauenburgs machen. Und die beginnen schon unmittelbar hinter dem Busbahnhof. Dort nämlich führt die Friedrichsbrücke zum **Lauenburger Schloss** (▸ Seite 91) und zum **Fürstengarten**.

Was aber Besucher mehr noch als die historischen Bauten in den Bann zieht, ist der überwältigende Blick von den terrassenartig angelegten Grünanlagen vor dem Schloss. Von der hohen Warte kann man weit über die Elbe und tief nach unten auf die Dächer der Unterstadt am unteren Elbufer sehen. Zu dieser Unterstadt, dem eigentlichen historischen Lauenburg, gilt es jetzt herabzusteigen. Hohler Weg, Wallweg, Fährtreppe und Graben heißen die Wege zum Abstieg in die Altstadt. Auch ein Abstecher durch den benachbarten Fürstengarten bietet sich an, von dort geht es über den Großen Sandberg steil nach unten.

Zum alten Schifferhaus
Restaurant im Fachwerkhaus mit großer Terrasse.
Elbstr. 114
Tel. (0 41 53) 5 86 50
www.schifferhaus.de
Tgl. 12–23 Uhr, Jan.–März von 14–17 Uhr geschlossen

Schlossturm
Amtsplatz 1
März–Okt. tgl. 10–17 Uhr

Lauenburg **Tour 30**

Lauenburgs Altstadt liegt unmittelbar am Elbufer

Der historische Schatz Lauenburgs sind die Fachwerkhäuser des 16. und 17. Jahrhunderts in der **Unterstadt,** die auch Schifferstadt genannt wird. Noch heute zeugen die prachtvollen Giebel von der einstigen wirtschaftlichen Bedeutung der schon 1260 erstmals urkundlich erwähnten Stadt. Schließlich war Lauenburg ein wichtiger Platz an der Alten Salzstraße zwischen Lüneburg und Lübeck. Diese Vergangenheit würdigt auch „Der Rufer". Die im Jahre 1959 geschaffene bronzene Symbolfigur Lauenburgs stammt von dem Möllner Bildhauer Karlheinz Goedtke und grüßt von ihrem Platz an der Elbstraße vorbeifahrende Schiffe und Reisende.

Während eines Spaziergangs durch die verwinkelten Gassen der Altstadt kann der Besucher die Atmosphäre vergangener Zeiten schnuppern. Das heißt, er könnte sie schnuppern, wären da nicht die vielen Autos, die sich durch die engen Gassen quälen. So schnuppert man leider allzu oft Abgase. Unter sich sind die Fußgänger nur an der Elbuferpromenade. Allerdings muss den Besuchern auch mitgeteilt werden, dass die Promenade im Frühjahr regelmäßig knietief unter Wasser steht.

Elbschifffahrtsmuseum
Elbstr. 59
Tel. (0 41 53) 59 99 35
www.elbschiffahrtsmuseum.de
März–Okt. Mo–Fr 10–18,
Sa/So/Fei 10–17 Uhr,
Nov.–Feb. Mo–So 10–16 Uhr
5 €, erm. 4 €,
Kinder (6–16 Jahre) 3 €

Tour 30 — Osten

Mühlenmuseum
Bergstr. 17
21481 Lauenburg
Tel. (0 41 53) 58 90
Tgl. ab 10–18 Uhr
Das Museum ist Teil des Hotel-Restaurants
Lauenburger Mühle
www.hotel-lauenburger-muehle.de

Raddampfer
Nostalgische Fahrten mit dem 1900 gebauten Raddampfer „Kaiser Wilhelm" werden Ende April bis Ende September an jedem 2. Wochenende zwischen Lauenburg und Bleckede angeboten.
www.raddampfer-kaiser-wilhelm.de

Zum Thema Elbe kann man bei einem Besuch des **Elbschifffahrtsmuseums** noch mehr erfahren. Die Ausstellung im ehemaligen Rathaus der Stadt, einem Backsteinbau aus dem 15. Jahrhundert, macht die uralte Verbindung von Stadt und Elbe deutlich. Vom Einbaum aus dem Jahre 1000 bis zur modernen Schubeinheit reicht die Darstellung. Der ehemalige Ratskeller wurde zu einem Maschinenkeller umgestaltet, in den eine schmale Eisentreppe wie in einen Schiffsbauch hinabführt. Hier sind alle für die Elbschifffahrt typischen Maschinen – von der Dampfmaschine bis zum Dieselmotor inklusive Schaufelrad und Schiffspropeller – voll funktionsfähig erhalten. Auf Anfrage setzt ein Mitarbeiter die Exponate sogar in Bewegung. Im ersten Obergeschoss wird eine stadtgeschichtliche Sammlung gezeigt.

Als steinernes Zeugnis von Frömmigkeit, die den Bürgern der Schifferstadt die bewegten Zeiten von Kriegen und Katastrophen zu überstehen half, erhebt sich neben dem Museum die **Maria-Magdalenen-Kirche**. Sie stammt ursprünglich von 1227, ist aber später in ihrem Äußeren erheblich verändert worden.

Vom Fürstengarten in Lauenburg blickt man bis nach Hohnstorf

Lauenburg — Tour 30

Zurück zur Elbe: An die Uferpromenade schließt sich am Ende der Altstadt ein Uferweg an, der bis ins zehn Kilometer entfernte Geesthacht führt.

Als grünes Ziel für eine kleine Wanderung in Lauenburg bietet sich das Erholungsgebiet Hasenberg und Buchhorster Berge am nordöstlichen Stadtrand an. Vom Zentrum führt die Bergstraße direkt hinein. Hier findet sich auch die Alte Mühle. Sie beherbergt heute als letzte von einst acht Windmühlen ein kleines **Mühlenmuseum.** Wenn man nicht im anliegenden Hotel übernachten möchte, sollte man den Abend hier nicht allzu lang werden lassen: Der letzte Direkt-Bus 31 zurück nach Hamburg (Hbf.) startet wochentags um 18.32 Uhr, samstags bereits um 15.32 Uhr und sonntags um 19.34 Uhr. Alternativ fährt man mit dem Regionalexpress bis Lüneburg und steigt dort um in den Zug zurück nach Hamburg.

Die Elbstraße in Lauenburgs Unterstadt

Lauenburger Schloss

Das Schloss erhebt sich an der Kante des Hochufers der Elbe, dort, wo schon vor über 800 Jahren die Askanierherzöge eine fast uneinnehmbare Burg anlegten. Fast uneinnehmbar, denn im Verlauf der Jahrhunderte und der bewegten Geschichte Lauenburgs wurde die Burg mehrmals erobert und zerstört. Nur der wuchtige Schlossturm, der gesondert steht, ist tatsächlich noch ein Überrest des Burgfrieds der Askanier. Der Fachwerkbau des heutigen sogenannten Schlosses ist eigentlich ein Amtshaus und sehr viel jünger, wenngleich natürlich auch ein historischer Bau. Von der Terrasse unterhalb des Schlosses hat man mit dem so genannten „Askanierblick" eine beeindruckende Sicht über die Elbe bis nach Niedersachsen hinein.

Schifffahrten auf der Elbe
Schifffahrten müssen vorab reserviert werden und sind recht lang – also ausreichend Zeit einplanen.

Reederei Helle
Elbstr. 117
28481 Lauenburg
Tel. (0 41 53) 59 28 48
www.reederei-helle.de

Personenschifffahrt Jürgen Wilcke
Buchenweg 14
21380 Artlenburg
Tel. (0 41 93) 62 85
www.personenschifffahrt-wilcke.de

Tour 31 | Lauenburg – Winsen (Luhe)

Schönes Stück Elberadweg

> ▸ **Radtour (34 km): Lauenburg – Artlenburg – Drage – Winsen**
> ★ **Viel Elbufer, beschauliche Dörfer, eine legendäre Rennbahn & das Winsener Wasserschloss aus dem 13. Jahrhundert**

Start
Bhf. Lauenburg
SchnellBus 31 alle 60 Min. oder
RE 3/RB 31 bis Lüneburg alle 30–60 Min., weiter mit RE 83 bis Bhf. Lauenburg alle 60 Min.

Rückfahrt
Bhf. Winsen
RE 3/RB 31
alle 30–60 Min.

Diese Tour führt über eine – allerdings recht kurze – Teilstrecke des beliebten Elberadweges. Doch bewegt sich der Radler diesmal weniger in der Abgeschiedenheit der Natur wie bei der Tour von Dahlenburg nach Lauenburg (▸ Seite 118). Dafür warten hier einige interessante Orte am Wegesrand darauf, erkundet zu werden.

Beginn der Tour ist Lauenburg, die malerische Stadt am Hochufer der Elbe, die schon für sich einen Ausflug lohnt (▸ Seite 88). Ob man nun die historische Altstadt einer Besichtigung unterzieht oder nicht, auf jeden Fall überquert man in Lauenburg die Elbe und radelt dann am linken Flussufer elbabwärts.

Schon nach wenigen Kilometern zweigt der Elbe-Seitenkanal von der Elbe ab. Schnurgerade führt die Wasserstraße gen Süden; auf dem ebenso geraden Uferweg werden wir ein andermal unterwegs sein (▸ Seite 96). Stattdessen überqueren wir den Kanal und halten uns weiter ans Ufer der Elbe, um nach **Artlenburg** zu gelangen. Die Holländer-Windmühle des Ortes ist weithin sichtbar.

Pause machen: am Elberadweg zwischen Artlenburg und Stove

Der nächste Ort an der Strecke ist **Tespe,** der schon durch die malerische Lage am Elbufer sehenswert ist. Eine Rast kann man im Fährhaus Tespe einlegen. Eine reguläre Fähre jedoch, die Tespe mit dem gegenüberliegenden Ort Tesperhude verbindet, existiert nicht. Aber das macht nichts, denn das andere Ufer ist ohnehin recht reizlos, zumal man dort das Kernkraftwerk Krümmel

Fluttor in Artlenburg über dem Elbe-Seitenkanal

erkennen kann. Hinter dem Ort **Marschacht** kreuzt man die B 404, die hier über die Elbe führt. Vom kurzen Aussichtsweg entlang der B 404 hat man einen guten Blick auf die Fischtreppe und die Schleuse Geesthacht.

Stove heißt der nächste Ort, durch den der Elberadweg nun führt. Einmal im Jahr riecht es in dem kleinen Dorf so richtig nach Pferd – und das seit fast 140 Jahren. Von Anfang an war das Stover Rennen eine echte Pferdeleistungsschau – und ist es noch heute. Die Pferde kommen aus ganz Norddeutschland. Traber aus Hamburg, deutsche Reitpferde, vor allem aus der Hannoveraner Zucht, aber auch Ponys gehen auf der Stover Rennbahn an den Start (www.stover-rennen.de).

Weiter geht es durch **Drennhausen,** wo die Kirche aus dem 15. Jahrhundert sich mit schönen Fensterbildern schmückt, und durch Drage mit seinen idyllischen Fachwerk- und Fischerhäuschen nach Stöckte. Der kleine Hafen, die Fachwerkhäuser und Storchennester verleihen dem Ort seinen Charme. Bei dem Flüsschen, das in **Stöckte** in die Elbe mündet, handelt es sich nicht, wie viele meinen, um die Luhe, die dem nahe gelegenen Winsen seinen Namenszusatz gegeben hat – Winsen an der Luhe –, sondern um die Ilmenau. Die

Tourist-Information Winsener Elbmarsch
Schlossplatz 11
21234 Winsen/Luhe
Tel. (0 41 71) 66 80 75
www.winsen.de
Mo/Di/Do/Fr 10–13 und 14–18, Mi/Sa 10–15 Uhr

Fährhaus Tespe
Fischspezialitäten im schönen Gasthaus direkt am Elbufer.
Elbuferstr. 200
21395 Tespe
Tel. (0 41 76) 9 13 50
www.faehrhaus-tespe.de
Tgl. 12–14 Uhr und 17–21.30 Uhr, Di Ruhetag

Tour 31 — Osten

Lüneburger Heide-Express
Museumsbahn: Gemütliche Bahnfahrt in Oldtimerzügen. Sonderfahrten auf verschiedenen Strecken.
Arbeitsgemeinschaft Verkehrsfreunde Lüneburg
Lüner Damm 26
21337 Lüneburg
Tel. (0 41 31) 85 18 01
www.heide-express.de

Luhe selbst mündet in die Ilmenau, knapp bevor diese in die Elbe fließt.

Nun muss sich der Ausflügler entscheiden, ob er weiter an der Elbe entlang bis zum Fähranleger Hoopte radelt, um von dort aus mit der Fähre zum Zollenspieker Fährhaus überzusetzen. In diesem Falle bietet sich – so noch Zeit und Enthusiasmus vorhanden sind – eine anschließende Erkundung des Gebietes der Vierlande an (▶ Seite 62). Andernfalls geht's am Ufer von Ilmenau und Luhe mitten hinein in die Altstadt von **Winsen.**

Dominiert wird die Altstadt von der **St. Marienkirche,** einem zweischiffigen Backsteinbau von 1406. Das zweite bedeutende Bauwerk des historischen Winsen ist das **Wasserschloss.** Die mächtige Dreiflügelanlage mit Wassergraben und Schlosspark geht auf das 13. Jahrhundert zurück. Seine

Lauenburg – Winsen (Luhe) — Tour 31

heutige Gestalt erhielt sie Ende des 16. Jahrhunderts, als das Schloss Witwensitz der Herzogin Dorothea, einer dänischen Prinzessin, wurde.

Beachtung verdient aber unbedingt auch der dem Schloss benachbarte **Marstall**. Der ehemalige Pferdestall von 1599 ist bis heute fast unverändert erhalten. Der Fachwerkbau dient nun dem **Heimatmuseum** als Quartier. In diesem Museum wird neben der Geschichte der Stadt besonders an einen ihrer großen Söhne erinnert (eigentlich der einzige große Sohn): Johann Peter Eckermann wurde 1792 am Ufer der Luhe geboren. Als Gefährte Goethes wurde er bekannt und ging dank seiner „Gespräche mit Goethe" selbst in die Literatur ein. Zu seinem 100. Todestag wurde ihm 1954 neben der Marienkirche ein kleines Denkmal errichtet.

Museum im Marstall
Schlossplatz 11
21423 Winsen/Luhe
Tel. (0 41 71) 34 19
www.hum-winsen.de
Di–So 10–18 Uhr

Tour 32 | Lauenburg – Lüneburg

Auf der Spur des Salzes

- ▶ **Radtour (23 km): Lauenburg – Schiffshebewerk – Lüneburg**
- ★ **Auf dem Weg vom beschaulichen Lauenburg ins historische Lüneburg gibt es riesige Fahrstühle für Schiffe zu sehen**

Start
Bhf. Lauenburg
SchnellBus 31 alle 60 Min. oder
RE 3/RB 31 bis Lüneburg alle 30–60 Min., weiter mit **RE 83** bis Bhf. Lauenburg alle 60 Min.

Rückfahrt
Bhf. Lüneburg
RE 3/RB 31 alle 60 Min.

Hohnstorfer Fährhaus
Elbdeich 35
21522 Hohnstorf
Tel. (0 41 39) 69 69-333
www.hohnstorfer-faehrhaus.de
Mi–So 12–21 Uhr

„Die Alte Salzstraße" nennt sich der Radfernweg von Lüneburg nach Lübeck. Tatsächlich gab es in alter Zeit eine wichtige Handelsstraße zwischen den beiden Wirtschaftszentren, auf der das weiße Gold von der Lüneburger Saline zum Ostseehafen Lübeck transportiert wurde. Allerdings ist vom alten Straßenverlauf heute nichts mehr zu sehen.

Stattdessen führt der heutige Hauptweg meist auf gut ausgebauten Radwegen neben dem Elbe-Lübeck-Kanal und dem Elbe-Seitenkanal entlang. Zudem folgt die hier beschriebene Strecke eigentlich nicht der Spur des Salzes, sondern geht ihr entgegen – und auch das nur auf der letzten Strecke von der Elbe bis Lüneburg. Diese Tour eignet sich daher gut als Anschluss an die Tour Elbe-Lübeck-Kanal (▶ Seite 86).

Wir starten also in Lauenburg (▶ Seite 88), das schon für sich einen Besuch lohnt. Nach Überquerung der Elbe führt der Weg am Elbufer entlang durch Hohnstorf, um schon bald an den **Elbe-Seitenkanal** zu stoßen. Dieser 1976 eröffnete nord-südliche Schifffahrtskanal verläuft zwischen der Elbe und dem Mittellandkanal bei Edesbüttel westlich von Wolfsburg. Der Kanal ist für die sogenannten Europaschiffe mit einer Tragfähigkeit von 1 350 Tonnen ausgelegt und überwindet auf seiner Gesamtstrecke von 115 Kilometern einen Höhenunterschied von 61 Metern. Der größte Höhenunterschied von 38 Metern wird beim **Schiffshebewerk Scharnebeck** bewältigt. Dahin gelangt man zwangsläufig bei der Fahrt entlang des Kanals. Schon von Weitem erkennt man die beiden sich über die flache Landschaft erhebenden Fahrstühle, mit denen die Schiffe hinauf- und hinabgefahren werden.

Wie dieses technische Wunderwerk genau funktioniert, erfährt der interessierte Laie in der benachbarten Ausstellungshalle des Hebewerkes. So wird grundsätzlich erklärt, was ein Schiffshebewerk eigentlich ist, nämlich „eine Vorrichtung in Binnenwasserstraßen und Kanälen zum Heben und Senken von Schiffen bei mehr als acht Metern Höhenunterschied von einer Kanalsohle zur anderen; das Schiff wird in einen großen Trog gefahren, der senkrecht hochgehoben wird. Das Gewicht des Trogs einschließlich Wasser und Schiff ist bei gleichem Wasserstand immer gleich und wird durch Gegengewichte oder durch getauchte Auftriebskörper ausgeglichen. Deshalb werden zum Heben oder Senken nur kleine Kräfte und Leistungen benötigt." Wie das in der Praxis funktioniert, kann man hautnah erleben und sich dabei der Gefahr aussetzen, eine kalte Dusche abzubekommen.

Von **Scharnebeck** selbst bekommt der Besucher des berühmten Schiffshebewerkes übrigens nichts mit. Der beschauliche Ort, dessen Name erst durch das Schiffshebewerk bekannt geworden ist, liegt etwas östlich des Kanals. Unsere „Alte Salzstraße" verläuft aber am Westufer. Wer einen kurzen Abstecher nach Scharnebeck unternimmt, kann dort die von schönen Fachwerkhäusern umgebene Backsteinkirche, 1723 im Barockstil errichtet, besichtigen. In der Nachbarschaft stößt man auf die Reste eines alten Zisterzienserklosters aus dem 13. Jahrhundert.

So stolz die Scharnebecker auf ihre Architekturdenkmäler auch sein mögen, so stellen sie doch keinen Vergleich zu den **Lüneburger** Bauten dar (▶ Seite 110). Und genau mitten hinein in dieses großartige Architektur-Ensemble führt jetzt der letzte Teilabschnitt des Radfernweges „Alte Salzstraße".

Schiffshebewerk Scharnebeck
Spektakuläres technisches Wunderwerk: ein Fahrstuhl für Schiffe im Elbe-Seitenkanal.
Tel. (0 41 36) 91 26 29 31
www.scharnebeck.de
Apr.–Okt. tgl. 10–18 Uhr
Info-Bootsfahrten durchs Schiffshebewerk (Dauer ca. 1,5 Stunden):
Reederei Helle
Tel. (0 41 53) 59 28 48
www.reederei-helle.de
Mai–Okt. Mi–So 11 und 15 Uhr
8 €, bis 12 Jahre 5,50 €

Tour 33 | Hitzacker

Weinberg im Wendland

▸ **Stadterkundung (8 km): Archäologisches Museum – Weinberg – Altes Zollhaus**
★ **Viel Geschichte, ein Weinberg mit Ausblick & Zwergenwelten**

Start
Bhf. Hitzacker
RE 3/RB 31 bis Lüneburg alle 30–60 Min., weiter mit RB 32 bis Bhf. Hitzacker alle 180 Min.

Die Fachwerkstadt Hitzacker ist ein verträumter, kleiner Kneippkurort mit malerischer Altstadt, viel Grenzerfahrung und schönen Panoramablicken von einem der nördlichsten Weinberge Deutschlands.

War in den 1980er-Jahren der Ausflug in das Elbstädtchen mit den bunten Haustüren noch mit der legendären Wildsau-Bahn möglich, kann man die ehemalige innerdeutsche Grenzstadt Hitzacker heute per Umstieg in Lüneburg mit dem Zug erreichen. Bereits die Fahrt erlaubt weitschweifende Blicke über grüne Wälder und Täler der Biosphärenregion Elbtalaue-Wendland und sie ist dazu noch sehr günstig: Seit 2014 befindet sich die gesamte Strecke im HVV-Gesamtgebiet.

Vom Bahnhof in Richtung Zentrum auf der Bahnhofstraße biegen wir links in die Dannenberger Straße ab und finden bald schon einen Wegweiser, der uns zum **Archäologischen Zentrum** leitet. Hier können wir uns auf einen großen Zeitsprung in die Geschichte begeben und nach Spuren der ersten Siedler Hitzackers, die bis zu 4000 Jahre zurückreichen, Ausschau halten. Anhand einiger Nachbauten, die auf Ausgrabungen aus der Gegend basieren, wird hier nicht nur gezeigt, wie das Leben zur Bronzezeit aussah, sondern auch interaktiv erfahrbar gemacht: Ein kleines Labyrinth, Naturlehrpfade, Werkzeuge, Hämmern wie zur Steinzeit oder Bogenschießen – insbesondere für die jungen Besucher gibt es allerhand zu entdecken und in Aktionsprogrammen auszutesten. Ein ganz besonderes Highlight ist die Möglichkeit, auf einem Einbaum den nahe gelegenen **Hitzacker See** vom Wasser aus zu erkunden und dabei mit etwas Glück die beheimateten Störche übers Wasser gleiten zu sehen. Die Ruder-

Kur- & Touristinformation Hitzacker
Am Markt 7
29456 Hitzacker (Elbe)
Tel. (0 58 62) 9 69 70
www.hitzacker.de

Archäologisches Zentrum Hitzacker
Vielschichtiges interaktives Freilichtmuseum zu Ausgrabungen aus der Bronzezeit. Einbaumfahrt möglich.
Elbuferstr. 2–4
Tel. (0 58 62) 67 94
www.archaeo-centrum.de
Apr.–Okt. tgl. 10–17 Uhr
4 €, Kinder und erm. 2 € (Kombikarte mit Altes Zollhaus 6 €)
Einbaumfahrten (1–5 Personen) 15 € (pro Stunde und mit Eintrittskarte)

Hitzacker — Tour 33

Die Torschänke in der Altstadt liegt direkt an der Jeetzel

boote werden stundenweise im Archäologischen Zentrum verliehen. Im Museumsshop können die Besucher kleine Souvenirs und Kochbücher aus der Bronzezeit und im gemütlichen Museumscafé frischen Kaffee oder Eis am Stiel bekommen.

Nach dem Ausflug in Natur und Geschichte biegen wir, zurück an der Dannenberger Straße, rechts ab und dann links in den Rieselweg ein, wo in den Sommermonaten Badespaß im **Hiddobad** auf uns wartet. Das durch eine Biogasanlage beheizte Familienfreibad mit 25-Meter- und Kinderplantschbecken bietet neben einer langen Rutsche auch viele Spiel- und Sportgelegenheiten.

Weiter geht unsere Stadterkundung nun zum grünen Highlight der Stadt, dem **Weinberg**. Von dort aus können wir uns bei gutem Wetter einen atemberaubenden ersten Überblick über die Altstadtinsel Hitzackers verschaffen. Wir biegen dazu von der Dannenberger Straße, die zur Drawehnertorstraße wird, links in die Straße Am Weinberg und erreichen über einige Treppenstufen links neben dem Hotel Hafen Hitzacker den Aufgang zu den 99 Weinrebstöcken, die der Legende nach einst von den Hitzacker Weinzwergen bewirtschaftet wurden. Etwas unterhalb der Wein-

Hiddobad
Familien- und sportspaßfreundliches Freibad mit Volleyball- und Basketballfeldern.
Rieselweg 3
Mai–Sep. tgl. 10–20 Uhr
(letzter Einlass 19.30 Uhr)

Hotel-Restaurant Waldfrieden
Gehobeneres Restaurant, Hotel und Wellness nahe des Weinbergs mit Blick auf die Elbe.
Weinbergsweg 25
Tel. (0 58 62) 9 67 20
www.hotel-waldfrieden.info

Tour 33 — Hitzacker

Das Alte Zollhaus Hitzacker
Wechselnde Ausstellungen zu Grenzgeschichten, gesprengten NS-Bunkeranlagen der Umgebung und berühmten Persönlichkeiten der Stadt.
Außerdem: Reservierung von Floßfahrten.
Zollstr. 2
Tel. (0 58 62) 88 38
www.museum-hitzacker.de
März–Okt.
Di–So/Fei 10–17 Uhr
3,50 €, Kinder 2 €,
bis 10 Jahre frei

stöcke finden wir einen Gedenkstein, der an die 70 Frauenmorde im Zuge der Hexenverbrennung Anfang des 17. Jahrhunderts erinnert. Dem Hang zu Füßen befindet sich die „Himmelsrutsche" (ein Kunstwerk von Astrid Clasen), um die herum im Oktober beim großen Weinfest jedes Jahr die Weinkönigin gekürt wird. Vorbei an den Reben ist unser Lohn für den recht steilen Aufstieg auf dem Plateau dann schließlich der faszinierende Blick über die Weiten des Elbestroms, über die Wiesen der Elbtalaue hinweg und hinunter auf die romantische Altstadt Hitzackers. Vom Blick auf die Fachwerkhäuser und die St. Johanniskirche lassen wir uns wieder hinab geleiten. Dabei machen wir vielleicht einen Abstecher in den Westen des Weinbergs zum Hotel-Restaurant Waldfrieden mit Blick auf die Elbe, oder wir passieren in Richtung Stadt direkt die kleine Fußgängerbrücke über die Jeetzel zur Altstadtinsel.

Inmitten kleiner Gässchen befindet sich in der Altstadt der **Marktplatz** mit dem Butt-Brunnen, in dessen Nähe einige hübsche Cafés gelegen sind. An den vielen bunten Fachwerkhausfassaden lässt sich anhand von Schautafeln mehr über die Geschichte einzelner Häuser und damit auch der Stadtgeschichte erfahren.

Wer sich für die Grundsteinlegung der August-Herzog-Bibliothek oder Hitzackers Geschichte während der deutsch-deutschen Teilung interessiert, wird im **Alten Zollhaus** unweit vom Marktplatz in der Zollstraße fündig. Mit etwas Vorlaufzeit bei der Reservierung können dort auch sogenannte Sofaflöße gebucht werden, um auf der Elbe mehr über Natur und Geschichte an diesem Abschnitt des Flusses zu erfahren.

Hitzacker ist auch heute noch viel in Bewegung. Das allgegenwärtige Widerstandssymbol in Form eines gelben Kreuzes erinnert den Besucher der Stadt an die Protestbewegung, die sich seit Jahrzehnten im Wendland gegen Atomenergie stark macht. Die sonst sehr ruhige Stadt wurde so

Das gelbe Kreuz als Symbol gegen Atomenergie findet sich an vielen Häusern

Vom Weinberg aus kann man die Altstadt Hitzackers überblicken

oft bei Großdemonstrationen gegen Castor-Transporte mit Menschen bevölkert.

Zu Fuß auf der Hauptstraße in Richtung Elbe wandernd erblicken wir an der Prinz-Claus-Promenade bald den kleinen Hafen und den kilometerlangen Hochwasserschutzwall, der – so zeigen es Markierungen der Hochwasserstände der vergangenen Jahre – im Jahr 2008 nötig wurde, um die Stadt vor immer verheerenderen Überflutungen zu bewahren.

Hier können wir bei ruhiger Elbe im Sonnenuntergang die idyllischen Uferwege entlang flanieren und auf dem Rückweg zum Bahnhof vielleicht zum Abschluss noch dem **Interkulturellen Generationendorf** einen Besuch abstatten. Seit 2016 plant die Baugenossenschaft Hitzacker/Dorf eG nahe des **Kulturbahnhofs Hitzacker** ein Wohngebiet für sozial benachteiligte und migrierte Familien, Senioren und Menschen, die in bewusster Gemeinschaft zusammenleben wollen. Inspiriert von dem Gedanken, Wohnen gemeinsam, interkulturell und solidarisch zu gestalten, können wir im 3-Stunden-Takt schließlich die Heimkehr zurück nach Hamburg antreten.

Café Albis
Gemütliches Naturkost-Café mit freundlichem Personal nahe des Marktplatzes. Mittagstisch und Kuchen, teilweise auch vegan möglich.
Am Markt 4
Tel. (0 58 62) 9 87 61 32
Tgl. 9–18 Uhr

Süden

Hogendiekbrücke in Steinkirchen
▶ Seite 135

Tour 34 | Schwarze Berge & Kiekeberg

Eine Zeitreise

> ▸ **(Rad-)Wanderung (8 km) zum Wildpark Schwarze Berge & dem Freilichtmuseum am Kiekeberg**
> ★ **Damwild & Ziegen füttern & traditionelles Landleben erleben**

Start
Neuwiedenthal
S3 **S31** alle 10–60 Min.

Rückfahrt
Museum Kiekeberg
Bus 340 bis Neuwiedenthal alle 60 Min., weiter mit **S3** **S31**
alle 10–60 Min.

Karte ▸ Seite 107

Wie frühere Generationen gelebt und gearbeitet haben, das lässt sich in keinem anderen Museum so hautnah erleben wie im Freilichtmuseum am Kiekeberg. Und gleich nebenan – im Wildpark Schwarze Berge – kann man europäische Wildtiere und verschiedenste Haustierrassen bewundern.

Ein erlebnisreicher Tag ist garantiert, wenn sich Familien zu einem Ausflug in den Naturpark Schwarze Berge aufmachen. Ob man den Handwerkern im Freilichtmuseum am Kiekeberg über die Schultern schaut oder im Wildpark Hängebauchschweine streichelt oder Ziegen füttert – für alle ist etwas dabei.

Wer nicht direkt mit der Buslinie 340 ab S-Bahnhof Neuwiedenthal vor das Museum oder den Wildpark fahren möchte, der kann vom S-Bahnhof Neuwiedenthal etwa zwei Stunden lang durch den **Naturpark Neugrabener Heide** dorthin wandern. Mit dem Fahrrad geht es schneller, aber zum Teil sind die Waldwege schmal und holprig.

Vom S-Bahnhof Neuwiedenthal überqueren wir die Cuxhavener Straße und wenden uns nach links, um in den Scharpenbargsweg einzubiegen. An seinem Ende beginnt der mit einem blau-weißen Schild gekennzeichnete Wanderweg, dessen Beschilderung ansonsten sehr spärlich ist. Wir folgen dem weißen Pfeil und den drei großen weißen Buchstaben HNF, die an diverse Bäume gepinselt wurden. Als Orientierung dient auch, dass sich der Weg größtenteils an den Häusern vorbeischlängelt, die den Wald linker Hand begrenzen. Nach etwa 30 Minuten Gehzeit biegt der immer noch mit HNF gekennzeichnete Weg nach rechts ab. Gleichzeitig sehen wir an einem Baum

Schwarze Berge & Kiekeberg — Tour 34

Bei der Flugschau im Wildpark Schwarze Berge kann man einen jungen Weißkopfseeadler sehen

den ersten Wegweiser zum Kiekeberg (ein gelber Pfeil mit der Aufschrift Ki). Dieser Ausschilderung folgen wir nun, bis weitere Schilder den Weg Richtung Kiekeberg und Wildpark weisen.

Im **Wildpark Schwarze Berge** können die Besucher so ziemlich alle heimischen Wildtiere in natürlicher Umgebung und zum Teil sogar hautnah (oder fellnah?) erleben. Braunbären, Wölfe, Elche, Hirsche, Rehe, Wildschweine, Waschbären, Dachse, Füchse und Marder – sie alle und viele andere sind hier zu Hause. Ebenso eine Vielzahl unterschiedlichster Haustierrassen, wie Heidschnucken, Bentheimer Landschafe und schottische Hochlandrinder. Aus der Vogelwelt sind unter anderem Eulen, Raben und Störche zu sehen. Nicht nur bei Kindern besonders beliebt sind die freilaufenden Hängebauchschweine – das parkeigene Begrüßungskomitee – und das **Streichelgehege**.

Die gesamte Anlage ist mit übersichtlichen Wegweisern und informativen Erläuterungstafeln ausgestattet. Außerdem bietet der **Elbblickturm** einen guten Überblick über das Gelände des Wildparks. Bei schönem Wetter kann man von hier aus sogar bis zur Elbe und auf die Hamburger Skyline sehen.

Wildpark Schwarze Berge
Am Wildpark 1
21224 Rosengarten-Vahrendorf
Tel. (040) 81 97 74 70
Nov.–März 9–16.30 Uhr
Apr.–Okt. 8–18 Uhr
www.wildpark-schwarze-berge.de
Bus 340 alle 30–60 Min. ab Ⓢ Harburg oder Ⓢ Neuwiedenthal
Preise:
Wildpark Schwarze Berge 10 €, bis 14 Jahre 8 €
Kombi-Eintrittskarte mit Freilichtmuseum am Kiekeberg 16 €, bis 14 Jahre 8 €

Tour 34 — Süden

Freilichtmuseum am Kiekeberg
Lebendige Darstellung des Landlebens von 1600 bis in die 1950er-Jahre.
Am Kiekeberg 1
21224 Rosengarten-Ehestorf
Tel. (040) 7 90 17 60
www.kiekeberg-museum.de
Di–Fr 9–17,
Sa/So/Fei 10–18 Uhr
9 €, unter 18 Jahre frei, an einigen Aktionstagen erhöhter Eintritt
Bus 340 alle 30–60 Min. ab S Harburg oder S Neuwiedenthal

Stoof Mudders Kroog
Ländliche Gerichte nach historischen Rezepten, Sa/So Kuchen aus dem Museumsbackofen.
Auf dem Museumsgelände.
Tel. (040) 79 14 44 98
www.stoof-mudders-kroog.de
Di–Do 12–20,
Fr–So 11–21 Uhr

Gleich neben dem Elbblickturm steht eine Köhlerhütte, an deren ständig brennendem Feuer die Besucher ihre Würstchen selbst grillen können. Wer keine eigenen Würstchen dabei hat, kann am nahen Kiosk welche kaufen. Ein großer, aufwendig gestalteter Spielplatz sorgt zudem dafür, dass der Wild- fast schon zu einem Vergnügungspark wird.

Nur ein Katzensprung ist es vom Wildpark zum **Freilichtmuseum am Kiekeberg**. Direkt dorthin kommt man auch mit dem Bus 340 vom S-Bahnhof Harburg oder Neuwiedenthal aus, die Haltestelle ist das Freilichtmuseum am Kiekeberg.

Der Kiekeberg, an dessen Fuße das Museum liegt, ist 127 Meter hoch und damit für Hamburger Verhältnisse tatsächlich ein Berg. Allerdings liegt er bereits in der niedersächsischen Gemeinde Rosengarten-Ehestorf. Das Freilichtmuseum ist berühmt für seine Besucherfreundlichkeit. Die Lebendigkeit, mit der das frühere Leben der Bauern und Handwerker dargestellt wird, hebt dieses Erlebnismuseum von vielen anderen, die sich nur aufs Konservieren und Präsentieren verlegen, ab. Eine Museumsatmosphäre im klassischen Sinne will gar nicht erst aufkommen.

Das Museum, das die Bau-, Sozial- und Kulturgeschichte des Landkreises Harburg so lebendig zeigt, entstand in den 1950er-Jahren als Außenstelle des Harburger Helms-Museums. Ursprünglich nur als Heidehofanlage geplant, wuchs es zu einem kompletten Heidedorf mit Gebäuden aus dem 16. bis 19. Jahrhundert an. Als der Landkreis Harburg 1987 das Museum übernahm, wurde ein modernes Ausstellungsgebäude errichtet und der Freilichtteil durch Gebäude aus der Winser Marsch ergänzt.

Besucher betreten das Museum durch das 1803 erbaute Wagnersche Haus aus Oldershausen. Von dort führt ein Rundweg zunächst zum Ausstellungsgebäude. „Spielwelten" zeigt als erste Dauerausstellung in Deutschland historisches Spielzeug – mit Schwer-

Kein Museum im klassischen Sinne: Freichtmuseum am Kiekeberg

Schwarze Berge & Kiekeberg — Tour 34

punkt 1950 bis 1980. Erwachsene reisen hier in ihre Kindheit zurück während Kinder an den zahlreichen interaktiven Stationen die Spiele Ihrer Eltern und Großeltern wiederentdecken. Das Agrarium bietet eine spannende Erlebniswelt zu Landwirtschaft und Ernährung gestern und heute. Vorbei am Fischteich geht es in einen Hohlweg, der als ökologischer Lehrpfad gestaltet ist.

Zurück am Eingang schlagen wir jetzt den Weg nach rechts ein. Er führt durch das Freigelände zum **Heidedorf** mit über 20 historischen Gebäuden, an denen sich der Wandel der ländlichen Lebensweise ablesen lässt. Der ursprünglich 1688 erbaute Honigspeicher vom Riepshof aus Otter wurde 1953 als erster Museumsbau errichtet. Die im Laufe der Jahre hinzugekommenen Bauten stellen in ihrer heutigen Anordnung Gehöfte und Dörfer dar, wie sie früher für diese Gegend charakteristisch waren. Um das einst 1797 in Kakensdorf erbaute Meybohmsche Haus, ein typisches Beispiel eines Niederdeutschen Fachhallenhauses, eines sprichwörtlichen „Niedersachsenhauses", gruppieren sich Speicher, Scheunen, Schafstall, Backhaus, Ziehbrunnen, der „Immenzaun" mit aus Stroh geflochtenen Bienenkörben und der Wagenschauer – eine Frühform des Carport. Auf den Freiflächen wird Landwirtschaft mit historischen Geräten betrieben, angebaut werden alte Getreidesorten und Nutzpflanzen. An den Wochenenden gibt es auch Handwerksvorführungen.

Tour 35 | Fischbeker Heide

Durch Wald & Heide

> ▶ (Rad-)Wanderung (30 km) durch die Fischbeker Heide, die Schwarzen Berge & den Stuvenwald nach Buchholz
> ★ Heidschnuckenherden in der Heide & autofreie Waldidylle

Start
Neugraben
S3 **S31** alle 10–60 Min.

Rückfahrt
Bhf. Buchholz
RE 4/RB41
alle 30–60 Min.

Karte ▶ Seite 107

**Naturschutz-Informations-
haus Fischbeker Heide**
Fischbeker Heideweg 43a
21149 Hamburg
Tel. (040) 73 67 72 30
www.loki-schmidt-stif-
tung.de/infohaeuser/fisch-
beker_heide
Di–Fr 9–13, So/Fei 11–17 Uhr

Kajüte
Gemütliches Lokal mit
seefahrtshistorischer
Ausstattung. Fisch und
Wildspezialitäten.
Am Rosengarten 4
Tel. (040) 7 96 32 71
www.kajuete-alvesen.de
Do–Sa 18–24,
So/Fei ab 12 Uhr

Bei Neugraben fängt die Wildnis an. Von der Fischbeker Heide über die Schwarzen Berge durch Rosengarten und den Stuvenwald verläuft die Strecke durch urwüchsige Landschaft.

Die **Fischbeker Heide**, südlich an Neugraben grenzend, ist tatsächlich ein Heidegebiet auf Hamburger Territorium. Schäfer weiden hier ihre Schnucken, an denen sich Spaziergänger, Wanderer und Radfahrer erfreuen. Vor der Erkundung des mit 770 Hektar drittgrößten Hamburger Naturschutzgebietes lohnt ein Besuch des Naturschutz-Informationshauses „Schafstall" Fischbeker Heide. Die steil ansteigende Neugrabener Bahnhofstraße, die wir entlangradeln, wird zum Fischbeker Heideweg. Dort, wo sie in einen Sandweg übergeht, befindet sich linker Hand der „Schafstall". Tafeln geben Auskunft über Landschaft, Kultur, Pflanzen- und Tierwelt in der Fischbeker Heide.

Im Süden geht die Fischbeker Heide in die **Schwarzen Berge** über. Im Mittelalter war der Wald abgeholzt worden und Heide hatte sich ausgebreitet. Im 18. Jahrhundert wurde dann wieder zielstrebig aufgeforstet. Die Fischbeker und die Neugrabener Heide zeigen noch Reste der einstigen Vegetation.

Der Weg führt nach dem „Schafstall" ziemlich bald an Hügelgräbern der Stein- und Bronzezeit vorbei. Dafür biegen wir vom Fischbeker Heideweg nach links auf den **Archäologischen Wanderpfad**, der vom Hamburger Landesmuseum für Archäologie und die Geschichte Hamburgs angelegt wurde. Bei den Grabhügeln folgen wir dem Radweg-Schild. An der Kehre mit der Bushaltestelle biegen wir heute nicht in den Weg

Fischbeker Heide — Tour 35

Richtung Wildpark Schwarze Berge (▶ Seite 104), sondern halten uns rechts auf dem Pfad in Richtung Moisburger Grenzstein, der Mitte des 18. Jahrhundert als Grenze des Staatsforsts aufgestellt wurde. Heute markieren dieser und andere Grenzsteine die Grenze zwischen Hamburg und Niedersachsen.

Beim Moisburger Stein fahren wir erst geradeaus und biegen an der nächsten Weggabelung rechts ab, wo wir entlang recht steiler ‚Serpentinen' die Steigungen der Schwarzen Berge zu spüren bekommen. Dicht vorbei an der höchsten Erhebung Hamburgs – dem 116 Meter hohen, versteckten Hasselbrack – erreichen wir beim Erklimmen des Gipfels zwei Picknicktische und den ersten Wegweiser nach Buchholz.

Von hier geht es nun weniger mühsam zur Hauptstraße Rosengartenstraße. Dort können wir links noch einen Abstecher in das zwei Kilometer entfernte Waldbad Sieversen machen oder wir biegen direkt rechts in die **Rosengartenstraße**, an der linker Hand ein Radweg verläuft.

Nach der Privatstraße Boitzhoop biegen wir hinter dem Forstamt links in den ausgeschilderten Stuvenwald. Hier startet eine 13 Kilometer lange Trasse, die ein Traum für viele Radler ist: Schnurgerade, aber in ständigem Auf und Ab geht es nach Buchholz. Helle Laubwälder und dunkle Tannen wechseln sich ab.

Zur Orientierung: Die Autobahn A 1 überquert man nach ungefähr der Hälfte der Strecke. Wie schnell der Wald mit dem Rad durchfahren werden kann, wird erst so richtig deutlich, wenn uns am Ende des Weges Schilder links nach Buchholz lotsen. Ob mit oder ohne Besuch im sehenswerten Schmetterlingspark geht es von **Buchholz** mit der Regionalbahn zurück.

Infohäuschen „Schafstall" in der Fischbeker Heide

Waldbad Sieversen
Mit großem Becken, Babybecken, Tischtennisplatten und Liegewiese.
Quellenweg 1
21224 Sieversen-Rosengarten
Tel. (0 41 08) 41 85 83
Mo 14–19, Di 10–18 Uhr
(in den Sommerferien bis 19 Uhr)

Alaris Schmetterlingspark
Einheimische und exotische Schmetterlinge.
Zum Mühlenteich 2
21244 Buchholz
Tel. (0 41 81) 3 64 81
www.alaris-schmetterlingspark.de
Apr.–Okt. tgl. 10–17 Uhr
7,50 €, erm. 5 €,
Kinder 4 €

Tour 36 | Lüneburg

Weißes Gold

> ▸ **Stadtbesichtigung**
> ★ **Historische Altstadt, alles rund ums „Weiße Gold" & Urlaubsstimmung im Kurpark**

Start
Bhf. Lüneburg
RE 3/RB 31
alle 30–60 Min.

▸ Hörabschnitt Nr. 1–6 siehe HVV-Netzplan Klappe hinten im Umschlag und
▸ Hörabschnitt Nr. 6–19 siehe Karte Seite 111

Auch Lüneburg ist mit der HVV-Fahrkarte von Hamburg aus bequem zu erreichen. Ein guter Anlass, der traditionsreichen Stadt am Rande der nach ihr benannten Heide einen Besuch abzustatten.

Ob man gleich nach der Ankunft in die schöne Altstadt eintaucht, will gut überlegt sein. Denn womöglich ist es günstiger, den am Bahnhof beginnenden Lüner Weg einzuschlagen, um in nur etwa 15 Minuten das nördlich der Altstadt gelegene **Kloster Lüne** (▸ Seite 113) zu erreichen und an der Klosterführung teilzunehmen.

Zeugnisse der christlichen Vergangenheit empfangen den Besucher auch, wenn er auf einer der beiden vom Bahnhof in die Altstadt führenden Straßen die Ilmenau überquert. Rechts vom Bahnhof führt die Lünertorstraße zur **St. Nicolaikirche,** links vom Bahnhof die Altenbrückertorstraße zur **St. Johanniskirche,** eine fünfschiffige Hallenkirche, die eine der bedeutendsten Bauten der norddeutschen Backsteingotik ist. Die Kirche bestimmt mit ihrem 108 Meter hohen Turm das Stadtbild und flankiert den Platz Am Sande mit seinen hübschen Giebelhäusern.

Und noch ein weiterer Turm erhebt sich über die Altstadt: der **Wasserturm,** der 1907 auf den Resten der mittelalterlichen Wallanlagen im damals so populären Heimatschutzstil erbaut wurde. Aus 55 Metern Höhe kann der Besucher heute einen phantastischen Blick über die Stadt genießen.

Nun kann man in das Gewirr der Altstadtgassen eintauchen und das malerische Flair des historischen Lüneburgs auf sich wirken lassen. Die **Schröderstraße** imponiert als begehrte Flaniermeile mit einer Vielzahl an kleinen Geschäften, Restaurants und Bars. In manchen Hinterhöfen ver-

Lüneburg **Tour 36**

bergen sich zudem hübsche Hausfassaden. Besonders schön gestaltet sich auch eine Rast in einem der Restaurants und Cafés unter freiem Himmel am **Stintmarkt** am Ufer der Ilmenau. Der Blick fällt hinüber zu den alten Fachwerkhäusern und dem **Alten Kran,** mit dem einst das Salz auf die Kähne verladen wurde, um auf dem Wasserweg nach Lübeck und in den Ostseeraum zu gelangen.

Dem Salz verdankte Lüneburg seinen Reichtum, von dem noch heute die Pracht der alten Bauten zeugt. Das **Rathaus** ist sicher das prächtigste unter ihnen. Seine barocke, figurengeschmückte Schaufassade bestimmt den **Marktplatz** – und lässt vergessen, dass andere Teile dieses Baus, mit dem schon um das Jahr 1230 begonnen wurde, sehr viel älter sind. Die Innenräume, so die berühmte Gerichtslaube, die Ratsstube und der

Wasserturm Lüneburg
Schöner Rundblick über die Stadt.
Bei der Ratsmühle 19
Tel. (0 41 31) 7 89 59 19
www.wasserturm.net
Tgl. 10–18 Uhr
Preise:
4 €, erm. 3 €, Kinder unter 6 Jahren frei
Kombikarte Deutsches Salzmuseum 7 €

Hörabschnitte der Audiotour
Hörabschnitt Nr. 1–6 von Hamburg Hbf. bis Lüneburg: ▶ Klappe hinten

6 Bahnhof Lüneburg
7 Stintmarkt / Hafenviertel
8 Alter Kran
9 St. Nicolaikirche
10 Marktplatz / Rathaus
11 Schwangeres Haus
12 Das Senkungsgebiet
13 St. Michaeliskirche
14 Kalkberg
15 Salzmuseum
16 Schröderstraße
17 Am Sande
18 St. Johanniskirche
19 Wasserturm

Tour 36 — Süden

Deutsches Salzmuseum
Auf gar nicht museale Weise erfährt man alles rund ums „Weiße Gold".
Sülfmeisterstr. 1
Tel. (0 41 31) 7 20 65 13
www.salzmuseum.de
Apr.–Sep. Mo–Fr 9–17,
Sa/So/Fei 10–17 Uhr,
Okt.–März tgl. 10–17 Uhr
7 €, erm. 6 €, Kinder 4 €

Salztherme „SaLü"
Uelzener Str. 1–5
Tel. (0 41 31) 72 30
www.salue.info
Mo–Sa 10–23,
So/Fei 8–21 Uhr
2 Std. ab 7,90 €,
Kinder (4–16 J.) ab 4,90 €

Fürstensaal, sind im Rahmen einer Führung zu bewundern.

Auf der angrenzenden Waagestraße befindet sich das **Schwangere Haus,** das durch den stark Feuchtigkeit aufsaugenden Gips ein sichtbares Bäuchlein bekommen hat. Ebenfalls sehenswert ist die nah gelegene **St. Michaeliskirche** am Fuße des **Kalkbergs,** deren Säulen im Kircheninneren von den Senkungen ganz schief geworden sind.

Das Salz, nicht zu Unrecht auch „Weißes Gold" genannt, wurde in der Saline gewonnen. Über 1000 Jahre war diese Industrieanlage in Betrieb! Da der Salzstock unter Lüneburg Grundwasserhöhe erreichte, bildete sich salziges Grundwasser, die sogenannte Sole. Sie wurde nach oben gepumpt und in riesigen Siedepfannen erhitzt, so dass das Wasser verdampfte und nur das Salz zurückblieb. Um die Siedepfannen am Kochen zu halten, waren enorme Mengen Brennstoff nötig, daher fielen die riesigen Wälder in der näheren und weiteren Umgebung im Laufe der Jahrhunderte komplett der Saline zum Opfer. Auf den gerodeten und nicht wieder aufgeforsteten Flächen siedelte sich Heidekraut an: Die Lüneburger Heide ist also alles andere als eine natürlich entstandene Landschaft. Über alle diese Zusammenhänge informiert die Ausstellung des **Deutschen Salzmuseums** in der alten Saline, einem hervorragend erhaltenen Technikdenkmal von internationaler Bedeutung.

Vom Deutschen Salzmuseum ist es über die Sülztorstraße nicht weit bis zum Zentrum der heutigen Nutzung der Sole, dem Soleerlebnisbad und dem Kurzentrum in der Uelzener Straße. Die **Salztherme „SaLü"** bietet eine gute Mischung aus Sport, Spiel und Spannung. Im benachbarten Kurmittelzentrum macht man sich den therapeutischen Wert der Sole zu Nutze. Zu den therapeutischen Anwendungen kann man auch das riesige Gradierwerk zählen. Die über den hoch aufgeschichteten Reisigwall herabrieselnde Sole reichert die umgebende Luft mit Salzwasserpartikeln an. Eingeatmet sollen sie allerlei Positives bewirken.

Bei schönem Wetter wird man gern noch im **Kurpark,** einer auch gartenarchitektonisch anspruchsvollen Anlage, verweilen. Die Urlaubsstimmung bei unserem heutigen Ausflug wird kom-

Am Markt in Lüneburg steht das Alte Rathaus

In der Lüneburger Altstadt lässt es sich gut pausieren

plett, wenn wir hier einem Kurkonzert lauschen. Wer noch nicht müde ist und nun die berühmte Lüneburger Heide erkunden möchte, dem sei eine Fahrradtour durch die wunderschöne Landschaft nach Amelinghausen empfohlen (▸ Seite 114).

Kloster Lüne

Das Kloster Lüne zählt heute zu den schönsten und ältesten Architekturdenkmälern der Stadt. 1172 ursprünglich als Nonnenkloster gegründet, wurde es 100 Jahre später in ein Benediktiner-Konvent umgewandelt. Von den damaligen Bauten ist nichts übrig geblieben, denn sie waren aus Holz errichtet und brannten mehrfach ab. Um 1400 begann man, die Bauten aus Backstein zu errichten. Die Anlage wurde immer mehr erweitert. Vieles davon kann man heute noch bewundern. Auch die Innenausstattung ist hervorragend erhalten und birgt viele Kostbarkeiten. Einer der Gründe für den augenscheinlichen Wohlstand ist die Tatsache, dass das Kloster seit der Reformationszeit ein evangelisches Damenstift beherbergt. Damals fanden hier reiche Adelstöchter Eingang, die im Kloster sehr behaglich lebten.

Ebenfalls im Kloster befindet sich das Textilmuseum, das man im Rahmen einer Führung besuchen sollte. Die verborgenen Feinheiten und Bedeutungen der textilen Kostbarkeiten, die meist Szenen aus dem Leben Christi und Heiligenlegenden darstellen, erschließen sich dem kirchengeschichtlichen Laien kaum von selbst.

Kloster Lüne
Am Domänenhof
21337 Lüneburg
Tel. (0 41 31) 5 23 18
www.kloster-luene.de
Apr.–Okt. Di–So
Eintritt Kloster und Textilmuseum: 8 €, erm. 5 €, bis 16 J. freier Eintritt
Kloster nur mit Führung (Dauer ca. 75 Min.)
Di–So 10.30, (So/Fei um 11.30), 14.30, 15.30 Uhr

Tour 37 | Amelinghausen

Ins Zentrum des Heidetourismus

> ▸ **Radtour (55 km) von Lüneburg nach Amelinghausen & zurück**
> ★ **Heidelandschaft, alte Wassermühlen & ein malerischer See**

Start
Bhf. Lüneburg
RE 3/RB 31
alle 30–60 Min.

In Amelinghausen treffen sich die Heidetouristen. Neben der schönen Umgebung sorgen historische Baudenkmäler dafür, dass sich der Ausflügler dort wohlfühlt.

Weil Amelinghausen nicht mit der Bahn zu erreichen ist – es sei denn, man zählt die Museumseisenbahn Heide-Express dazu (▸ Seite 94) –, starten wir in Lüneburg. Aber nicht ohne eine entsprechende Rad-Wanderkarte, denn sowohl am Bahnhof als auch in der Innenstadt ist die Radwegekennzeichnung sehr dürftig. Zumindest in Richtung **Heiligenthal**.

Wer mag, kann in dem idyllischen Dörfchen schon eine erste Rast einlegen, denn in der alten Wassermühle gibt es ein populäres Ausflugslokal (▸ Seite 117). Andernfalls geht es weiter über **Südergellersen** und **Wetzen** nach **Oldendorf**. Auch hier hat sich eine alte Wassermühle erhalten. Sie wird vom Wasser der Luhe angetrieben. Bevor man kurz darauf Amelinghausen erreicht, kommt man an der Oldendorfer Totenstatt vorbei. Hier wurden zum Ende der Steinzeit eiszeitliche Blöcke zu Grabkammern formiert. Der Findlingsbau sollte den Stammesfürsten eine würdige Wohnstatt im Jenseits sein.

Die Heide wird in **Amelinghausen**, das bald erreicht ist, umfassend vermarktet. Höhepunkt ist das alljährliche Heideblütenfest mit Feuerwerk auf dem Lopausee und der Wahl der Heidekönigin. Der Heidedichter Hermann Löns würde sich wundern, aber die Majestäten tragen den Titel mit Würde. Wer mehr für Ruhe und Naturerleben schwärmt, der umfahre Amelinghausen zu dieser Zeit weiträumig.

Tourist-Information mit Zinnfiguren-Museum
Marktstr. 1
21385 Amelinghausen
Tel. (0 41 32) 92 09 43
www.amelinghausen.de
Mai–Okt. Mo–Fr 9–16 Uhr,
Juli–Sep. zusätzlich Sa
9–12 Uhr,
Nov.–Apr. Mo–Fr 9–14 Uhr

Einen Abstecher ins fünf Kilometer westlich gelegene **Soderstorf** sollte man nicht versäumen. Hier sind die Wassermühle mit ihrem sechs Meter

großen Mühlrad und das Backhaus noch vollständig erhalten und funktionstüchtig. Auf dem Weg kommt man an einer weiteren prähistorischen Grabstätte vorbei, dem Sodersdorfer Urnenfriedhof.

Nachdem das touristische Programm in Amelinghausen bewältigt worden ist, geht es auf die Heimreise. Unser Weg führt uns jedoch vorher noch am **Lopausee** vorbei. Der See ist beliebt bei den Amelinghausen-Besuchern, die hier gerne angeln, Tretboot fahren oder schwimmen. Auf einem schönen, drei Kilometer langen Weg lässt sich der Lopausee umwandern oder umradeln. Um die Attraktivität des Sees noch zu steigern, wurde der Lopaupark, eine landschaftlich reizvolle Verbindung zwischen dem Ort Amelinghausen und dem See, geschaffen. Wir radeln weiter in Richtung Osten – über **Betzendorf, Barnstedt** und **Melbeck**. Am Ufer der Ilmenau entlang geht es auf malerischer Strecke zurück nach Lüneburg. Dort begegnen wir den Lüneburger Heidetouristen, die sich nicht für Amelinghausen entschieden haben.

Restaurant
Zum Alchimisten
Regionale Spezialitäten, Sommerterrasse.
Auf der Kalten Hude 4
21385 Amelinghausen
Tel. (0 41 32) 93 91 06
www.zum-alchimisten.de
Mo/Di 18–22, Fr/Sa/So 12–22 Uhr, erweiterte Öffnungszeiten in den Sommermonaten

Seestübchen
Café und Restaurant mit Seeblick, Biergarten.
In der Lopau 4
21385 Amelinghausen
Tel. (0 41 32) 3 36
www.seestuebchen.de
Apr.–Okt. tgl. ab 12 Uhr, Di Ruhetag, Nov.–März nach Anmeldung

Tour 38 | Bardowick

Zum Dom der Bauern

> ▸ **Radtour (20 km): Lüneburg – Kirchgellersen – Bardowick**
> ★ **Ein malerisches Dorf mit einem berühmten Dom**

Start
Bhf. Lüneburg
RE 3/RB 31
alle 30–60 Min.

Rückfahrt
Bhf. Bardowick
RB 31 alle 30–60 Min.,
So alle 120 Min.

Heute ist Bardowick ein besseres Dorf mit etwas über 6 000 Einwohnern. Einst jedoch, im frühen Mittelalter, war Bardowick eine bedeutende Handelsstadt. Von der alten Pracht und Macht legt der berühmte Dom bis heute Zeugnis ab. Und so ist der wuchtige Backsteinbau auch das Ziel dieser Tour.

Lüneburg-Urlauber und Tagesbesucher der Stadt können die Tour gut auch als Halbtagesausflug beziehungsweise als Ergänzung des Lüneburg-Besuches organisieren. Denn die Strecke ist nur 20 Kilometer lang, wenn man den Bahnhof Bardowick, eine Station auf der Linie Hamburg–Lüneburg, als Ziel wählt.

Für die landschaftlich schöne Radtour verlässt man Lüneburg zunächst in Richtung Westen, indem man von der Bögelstraße – an dieser erstreckt sich das weitläufige Klinikgelände, daher dank Ausschilderung leicht zu finden – in den Weg Auf der Höhe einbiegt. Auf schönen Nebenwegen verlässt man das Stadtgebiet und gelangt am Gut Schnellenberg vorbei über Böhmsholz nach **Kirchgellersen**. Hier biegt man nach Norden, also nach rechts ab in die Dachtmisser Straße, um eben dorthin zu gelangen. Von Dachtmissen geht es weiter nach **Vögelsen,** wo von der Dorfstraße aus die Bardowicker Straße, später der Vögelser Weg, direkt nach **Bardowick** führt.

Erstmals im Jahre 785 erwähnt, ist Bardowick einer der ältesten Orte in Norddeutschland. Als Grenzort zwischen Sachsen und Slawen und als Hauptumschlagplatz des Fernhandels stieg er im 12. Jahrhundert zur Stadt auf. Im Jahre 1189 wurde er von Heinrich dem Löwen zerstört. Die Bardowicker ließen sich jedoch nicht unterkriegen und verlegten sich vom Fernhandel auf den Anbau von Gemüse. Sie wurden wichtigster Lie-

Windmühle in Bardowick

ferant der Hansestadt Hamburg, berühmt für Spargel, Möhren, Grünkohl und Saatgut.

Bestimmt wird der Ortskern vom Wahrzeichen Bardowicks, dem romanischen, im 15. Jahrhundert neu gebauten gotischen **Dom St. Peter und Paul**. Für den beschaulichen ländlichen Ort, der heute – und die letzten Generationen – von Gemüseanbau und Samenzucht bestimmt wird, wirkt der Bau etwas deplatziert, weil völlig überdimensioniert. Mit seinen zwei hohen Türmen und dem heute größten, reichsten und besterhaltenen Chorgestühl Norddeutschlands zeugt der Dom jedoch vom Repräsentationsbedürfnis der einstigen wohlhabenden Kaufherren Bardowicks. Dabei ist der Dom nicht der einzige Sakralbau, der die Architekturhistoriker entzückt. Auch der in seiner ursprünglichen Art erhaltene **St. Nikolaihof** lohnt einen Besuch, zumal die dazugehörende St. Nikolaikirche mit der ältesten Orgel Norddeutschlands aufwarten kann.

Ebenfalls Beachtung verdient das Gildehaus. Ursprünglich diente dieses typisch niedersächsische Zweiständerhaus als Rathaus der Gemeinde, heute sind darin das Heimatmuseum und eine Dokumentationsstätte zur Geschichte Bardowicks untergebracht.

Stolz ist man in Bardowick auch auf die **Holländerwindmühle** aus dem Jahre 1813, die noch gewerblich betrieben wird. Am Pfingstmontag findet rund um die Mühle der alljährliche Deutsche Mühlentag statt und lockt zahlreiche Gäste, die sich die Mühlentechnik vorführen und erklären lassen.

Wie malerisch Bardowick wirklich ist, erfährt der Besucher am Ufer der Ilmenau, an der der Ort liegt. Die alten Treidelpfade und der mittelalterliche St. Nikolaihof mit dem angrenzenden Eichenpark bei der Hafen- und Schleusenanlage sind eine wahre Idylle.

Heimatmuseum Gildehaus
St. Johannisstr. 3
21357 Bardowick
Tel. (0 41 31) 12 92 42
Di–So 15–17 Uhr

Windmühle Bardowick
Mühlenstraße 38
Tel. (0 41 31) 1 22 06
www.meyers-windmuehle.de
Mo–Sa 9–18 Uhr

Meyer's Café
Direkt neben der Mühle mit Außenbereich, große Auswahl an selbstgebackenen Torten und Kuchen.
Tel. (0 41 31) 2 24 35 77
Di–So 14–18 Uhr

Restaurant und Hotel Wassermühle Heiligenthal
Hausgemachte Klassiker, Heidespezialitäten, Steaks und Fisch.
Hauptstr. 10
21394 Südergellersen-Heiligenthal
Tel. (0 41 35) 8 22 50
www.wassermuehle-heiligenthal.de

Tour 39 | Dahlenburg

Stadtgeschichte(n) & Natur erleben

> ▸ **Radtour (55 km): Dahlenburg – Bleckede – Lauenburg**
> ★ **Durch den Naturpark Elbufer Drahwehn & auf dem Elberadweg zum alten Hafen in Bleckede & nach Lauenburg**

Start
Bhf. Dahlenburg
RE 3/RB 31 bis Lüneburg alle 30–60 Min., weiter mit RB 32 bis Bhf. Dahlenburg alle 180 Min.

Rückfahrt
Bhf. Lauenburg
SchnellBus 31 alle 60 Min. oder
RE 3/RB 31 bis Lüneburg alle 30–60 Min., weiter mit RE 83 bis Bhf. Lauenburg alle 60 Min.

In den östlichsten Randbereich des Tarifgebietes des HVV führt diese Radtour. Die längste Strecke verläuft dabei auf dem Elberadweg – und zwar auf einem der schönsten Abschnitte.

Ausgangspunkt der Tour ist Dahlenburg. Oder besser: der Bahnhof Dahlenburg, der außerhalb der Stadt, gut drei Kilometer südlich davon, liegt. Auf dem Weg zum historischen Ortskern sollte der Blumenliebhaber einen Blick in den Dahlenburger **Orchideengarten** werfen. Auf 4 500 Quadratmetern Fläche werden in 14 Schau- und Gewächshäusern das ganze Jahr über circa 950 Arten kultiviert.

Überragt wird die Altstadt von der Johanniskirche, die erst 1903 errichtet wurde, also vergleichsweise jung ist. Das **Heimatmuseum Dahlenburg,** untergebracht in der aus dem Jahre 1248 stammenden Feldsteinkapelle St. Laurentius, informiert über die Geschichte der traditionsreichen Stadt. Attraktion ist ein Diorama mit 1 500 Zinnfiguren, das die Schlacht an der Görde von 1813 darstellt. Damals wurde dort der erste Sieg gegen die Franzosenherrschaft errungen.

Dahlenburg verlassen wir in nördlicher Richtung auf der kleinen Straße zum Weiler Marienau, den wir durchqueren und entlang eines Flüsschens weiterradeln. Über wenig befahrene Straßen führt unser Weg durch den **Naturpark Elbhöhen-Wendland** über **Köstorf** und **Barskamp** nach **Alt Garge,** das nach 15 Kilometern erreicht ist. Nördlich von Alt Garge treffen wir auf den **Elberadweg,** auf dem es nun durch die reizvolle Landschaft des Elbufers bis nach Lauenburg geht. Über 1 000 Kilometer führt der Elberadweg an einem der interessantesten Flüsse Europas entlang,

Heimatmuseum Dahlenburg
Am Markt 17
21368 Dahlenburg
Tel. (0 58 51) 8 60
Mai–Okt. So 10–12 Uhr

Orchideengarten
Bahnhofstr. 24
21368 Dahlenburg
Tel. (0 58 51) 2 66
www.orchideengarten.de
Mo–Fr 9–18, Sa 8–16, So 10–16 Uhr

und die überall gut ausgeschilderte Strecke hat sich mittlerweile zu einem Favoriten der Fahrradtouristen entwickelt.

Unser Streckenabschnitt führt zunächst direkt am urwüchsigen Ufer entlang und lässt den Radler eins werden mit der Natur. Nach einiger Zeit aber taucht die alte Stadt **Bleckede** auf. Die Stadt, durch die der Elberadweg mitten hindurch führt, lohnt auf jeden Fall einen längeren Stopp. Herzog Wilhelm von Lüneburg gründete sie als Grenzbefestigung im Jahre 1209 und errichtete eine Wasserburg, die 400 Jahre später zu einem Schloss umgestaltet wurde. Von dieser ehemaligen Wasserburg lässt sich heute nur noch die drei Meter dicke Turmruine besichtigen. Von hier genießt man einen herrlichen Blick über die Elbtalaue. Der üppig verzierte Nordflügel des Schlosses stammt aus dem Jahre 1600. Deutlich jünger ist der alte Ortskern: Die Fachwerk- und Backsteinarchitektur rund um den Marktplatz stammt aus dem 17. und 18. Jahrhundert. Überragt wird die Idylle von der St. Jacobi Kirche. Das 1766 eingeweihte Gotteshaus präsentiert im Innenraum zahlreiche kostbare Ausstattungsstücke.

Touristischer Anziehungspunkt in **Bleckede** ist der malerische **alte Elbhafen;** auf der Promenade treffen sich heute die Ausflügler. Vom alten Hafen verkehrt auch ganzjährig die Fähre über die Elbe zum gegenüberliegenden Neu-Bleckede, einer allerdings völlig reizlosen Siedlung. Interessanter – besonders für Naturfreunde – ist ein Besuch des **Biosphaeriums Elbtalaue Schloss Bleckede.** Hier werden auf über 1 000 Quadratmetern die einzigartige Natur der Flusslandschaft und die schönsten Ziele an der Elbe präsentiert.

Die zweite Hälfte unserer Flussufer-Radwanderung, also die Strecke von Bleckede nach Lauenburg, können wir deshalb naturkundlich besonders gut informiert zurücklegen.

Biosphaerium Elbtalaue Schloss Bleckede
Schlossstr. 10
21354 Bleckede
Tel. (0 58 52) 95 14 14
www.biosphaerium.de
Apr.–Okt. Mo–So 10–18 Uhr, Nov.–März Mi–So 10–17 Uhr
Erw. 7 €, erm. 5 €, Kinder ab 6 Jahre 3,50 €

Restaurant Fährhaus
Dachterrasse mit Elbblick.
Elbstr. 15
21354 Bleckede
Tel. (0 58 52) 3 90 39 46
www.faehrhaus-bleckede.de
Mi–So/Fei 10–21.30 Uhr

Tour 40 | Brunsberg
Über Berg und Tal

> ▶ **Wanderung (15 km): Buchholz – Brunsberg – Wörme**
> ★ **Tief hinein in den Wald, hinab in die Höllenschlucht, hinauf auf den Brunsberg & quer durchs Büsenbachtal voller Heide**

Start
Bhf. Buchholz
RE 4/RB 41
alle 30–60 Min.

Rückfahrt
Bhf. Büsenbachtal
RB 38 bis Buchholz
Mo–Fr alle 60 Min.,
Sa/So alle 120 Min.,
weiter mit **RE 4/RB 41** bis
Hbf. alle 30–60 Min.

Diese abwechslungsreiche Wanderung führt uns auf wunderschönen Wald- und Heidewegen von Buchholz über den Brunsberg ins Büsenbachtal.

Fast großstädtisch präsentiert sich der Bahnhof der knapp 40 000-Einwohner-Stadt **Buchholz in der Nordheide**. Aber schließlich liegt er auch an der Fernbahnstrecke Hamburg–Bremen. Wir verlassen ihn über die Wohlau-Brücke Richtung Rütgerstraße und folgen ihr nach rechts. Hier verweist bereits ein Schild auf den Rundwanderweg 1 Richtung Brunsberg.

Am Ende der Rütgerstraße gelangen wir nach links in die Wiesenstraße, die auf den Heidekamp trifft. Wir halten uns rechts. Hinter einer Kurve glitzert bereits der Stadtsee, auf dem sich Enten tummeln. An der nächsten Ampel überqueren wir den Seppenser Mühlenweg und folgen nun dem Drosselweg bis zum **Bahnhof Suerhop.** Hätten wir uns 100 Jahre früher auf den Weg gemacht, wären wir durch baumlose Heidelandschaft statt durch erschlossene Wohngebiete gewandert.

Aber jetzt geht es endlich hinein in die Natur. Wir überqueren die Gleise der Heidebahn Buchholz-Soltau und betreten den Buchenwald. Ab hier ist unser Wanderweg mit einer weißen 1 auf einem grünen Buchenblatt bestens ausgeschildert. Auf Schotterwegen und schmalen Pfaden geht es immer tiefer in den Wald hinein. Bald stoßen wir auf einen unbefestigten Fahrweg, den **Weg in den Interessentenforst.** Der merkwürdige Name des Waldstücks stammt aus der Zeit der bürgerlichen Revolution von 1848. Damals wurden die Wälder, die bis dahin allein dem Adel gehört hatten, teils an bürgerliche Interessenten vergeben.

Historischer Wegweiser

Brunsberg — Tour 40

Unser Wanderweg mündet auf einen Querweg. Nach rechts geht es weiter zum Brunsberg, nach links lohnt ein Abstecher in die **Höllenschlucht** mit ihren knorrigen, alten Bäumen. Vor über 100 Jahren gab es hier einen „Kiosk", eine Bretterbude, an der Sonntagsausflügler ihren Durst löschen konnten.

Wir kehren um und wandern die letzten zwei Kilometer bis zum heidebewachsenen **Brunsberg**. Mit knapp 130 Metern ist er der kleine Bruder des Wilseder Bergs (▶ Seite 124), der mit 169 Metern die höchste Erhebung der Lüneburger Heide darstellt. Aber auch der Brunsberg bietet eine weite Sicht ins Umland. Die Harburger Berge erheben sich am Horizont, und bei guter Sicht ist der Wilseder Berg deutlich zu erkennen.

Wir verlassen den Gipfel über den Wanderweg 1 und gelangen wieder tiefer in den Wald. Das Jugendferienheim „Sprötze" lassen wir links liegen. Zum Teil geht es durch Dickicht und leicht sumpfiges Gebiet. Über einen breiten Schotterweg erreichen wir nach etwa drei Stunden das **Büsenbachtal**. Heidefläche breitet sich vor uns aus. Von August bis September schimmert sie lila, im Frühjahr und Spätherbst ist sie grün oder braun. Picknickplätze laden auf dem höchsten Punkt des Tals zur Rast ein. Unser Wanderweg 1 schlängelt sich durchs Heidekraut hindurch in Richtung Wörme. Am Ende der Fläche führt er links einen Hügel hinauf nach Buchholz zurück. Wir bleiben jedoch rechts und wandern am Büsenbach entlang, einem kleinen Flüsschen, das jahrhundertelang Lebensquell der gesamten Region war. Der Weg führt geradeaus aus dem Wald hinaus und die ersten Häuser von **Wörme** sind zu sehen.

Das Café im Schafstall kommt gerade recht, um sich zu stärken. Der Bahnhof Büsenbachtal ist gleich schräg gegenüber.

Café im Schafstall
Himmlischer Genuss: die Himmlstorte!
Am Büsenbach 35
21256 Wörme
Tel. (0 41 89) 10 72
www.cafeschafstall.de
März–Okt. Di–Fr ab 12, Sa/So/Fei ab 10 Uhr, abweichende Öffnungszeiten in den übrigen Monaten, um Reservierung wird gebeten

Tour 41 | Kunststätte Bossard

Zum Gesamtkunstwerk

> ▸ **(Rad-)Wanderung (22 km): Buchholz – Handeloh**
> ★ **Durch die Fluss- und Wiesenlandschaft Nordheide, entlang des Märchenwanderwegs & zur Kunststätte Bossard**

Start
Bhf. Buchholz
RE 4/RB 41
alle 30–60 Min.

Rückfahrt
Bhf. Handeloh
RB 38 bis Buchholz
Mo–Fr alle 60 Min.,
Sa/So alle 120 Min.,
weiter mit **RE 4/RB 41** bis
Hbf. alle 30–60 Min.

Fernab jeder Kulturmetropole, nämlich inmitten eines malerischen Landschaftsschutzgebietes, ist das wohl bedeutendste Gesamtkunstwerk Norddeutschlands zu besichtigen. Unter Kunstkennern zwar kein Geheimtipp mehr, so ist die Kunststätte Bossard doch eine besondere Entdeckung für den Normal-Ausflügler.

Die Tour zur Kunststätte Bossard ist zugleich ein erholsamer Ausflug, denn sie liegt direkt am **Radrundkurs Nordheide** – und zwar an dem Abschnitt zwischen Buchholz und Handeloh, der sich auch von Fußwanderern bewältigen lässt, denn er ist nur etwa 15 Kilometer lang. Ob nun zu Fuß oder mit dem Rad – man verlässt Buchholz auf dem nahe dem Bahnhof entlangführenden Radrundkurs Nordheide über die Reindorfer Straße in östlicher Richtung und ist schon nach wenigen Minuten in der freien Natur.

Die Strecke führt über **Reindorf** und **Itzenbüttel** nach **Jesteburg**. Der in einer abwechslungsreichen Fluss- und Wiesenlandschaft gelegene Ort wurde vermutlich schon im 9. Jahrhundert gegründet. In der Ortsmitte sorgen malerische Reetdachhäuser unter alten Eichen für eine anheimelnde Atmosphäre.

Wer nicht gleich zum Kunstgenuss in den Süden des Ortes wandern oder radeln möchte, der sollte dem idyllischen **Kleckerwald** an

Kunststätte Bossard — Tour 41

der L 213 (Harburger Straße) Richtung Bendestorf einen Besuch abstatten. Hier befindet sich der **Märchenwanderweg** „Der Trickser". 3,2 Kilometer führt er an 15 interaktiven Stationen vorbei bergauf und bergab durch den Wald, in dem es uralte, verwunschene Fischteiche gibt.

Der Radrundkurs Nordheide führt direkt an der **Kunststätte Bossard** vorbei. Sie ist in ihrer Art ein einmaliges Gesamtkunstwerk, das Architektur, Bildhauerei, Malerei, Kunsthandwerk und Gartengestaltung zu einer Einheit zusammenführt. 2012 erhielt das Werk – und das Lebenswerk – des Professors für Bildhauerei Johann Michael Bossard (1874–1950) und seiner Frau Jutta (1903–1996) den europäischen Kulturerbe-Preis „Europa-Nostra". Über viele Jahrzehnte arbeitete das Ehepaar an der Anlage.

Bedeutendster Bestandteil des Gesamtkunstwerks ist sicher der 1926 errichtete **Kunsttempel**. Für diesen im expressionistischen Backsteinstil gehaltenen Bau wurden drei große Bilderzyklen geschaffen, jeweils einer ist ständig ausgestellt. Das Wohn- und Atelierhaus zeigt sich im Heimatschutzstil. Die von 4500 Fichten eingefasste Gartenanlage präsentiert neben idyllischen Obst-, Gemüse- und Steingärten einen Baumtempel und einen Baumkreis, der in der Form eines Omegas ausläuft. Abschließend sollte man der Monolithenallee einen Besuch abstatten – schon um sich an der dortigen Grabstätte zu verneigen, denn die Bossards haben hier ihre letzte Ruhestätte gefunden und sind somit Teil ihres selbst geschaffenen Kunstwerkes geworden.

Nach dem Besuch der Kunststätte führt der Weg ins Dörfchen Lüllau. Im bald darauf erreichten **Thelstorf** kann man kurz nach rechts abbiegen, um einen Blick auf die Seppenser Mühle zu werfen, eine alte Wassermühle, die vom Seppenser Mühlenbach angetrieben wird. An der nächsten Wassermühle, nämlich der Holmer Mühle, führt die Route direkt vorbei. Und dann ist auch schon unser Ziel **Handeloh** (▶ Seite 124) erreicht. Von hier können wir mit dem HVV-Fahrschein die Rückreise in die große Stadt antreten.

Gesamtkunstwerk der besonderen Art: Kunststätte Bossard

Märchenwanderweg „Der Trickser"
Lohof 1
21266 Jesteburg
Ganzjährig begehbar

Kunststätte Bossard
Für jeden Kunstliebhaber ist etwas dabei: Architektur, Bildhauerei, Malerei, Gartengestaltung und Kunsthandwerk bilden ein Gesamkunstwerk.
Bossardweg 95
21266 Jesteburg
Tel. (0 41 83) 51 12
www.bossard.de
März–Okt. Di–So 10–18 Uhr
Nov.–Feb. Sa/So 10–16 Uhr
8 €, erm. 5 €, Kinder frei
In der Sommersaison Café im Hof (Sa/So 10–18 Uhr, Juni–Sep. zusätzlich Di–Fr 13–17 Uhr)

Tour 42 | Wilsede

Heide-Romantik pur

> ▶ (Rad-)Wanderung (35 km): Handeloh – Undeloh – Wintermoor
> ★ Vom Planetenpfad zu den sagenhaften Orten in der Lüneburger Heide

Start
Bhf. Handeloh
RE 4/RB 41 bis Buchholz
alle 30–60 Min., weiter
mit **RB 38** bis Bhf. Handeloh Mo–Fr alle 60 Min.,
Sa/So alle 120 Min.

Rückfahrt
Bhf. Wintermoor (nicht im HVV)
RB 38 bis Buchholz
Mo–Fr alle 60 Min.,
Sa/So alle 120 Min.,
weiter mit **RE 4/RB 41**
bis Hbf. alle 30–60 Min.

Naturkundliches Museum Handeloh
Hauptstr. 42
Tel. (0 41 88) 74 13
Sa 14–17, So 10–12 und 14–17 Uhr, Gruppen nach Vereinbarung

Planetenlehrpfad Handeloh
www.astronomie-handeloh.de

St. Magdalenen-Kirche Undeloh
Tel. (0 41 89) 2 82
www.kirche-undeloh.de

Die Heide als Postkartenidylle – so präsentiert sich das Ziel dieses Ausflugs. Undeloh, Wilsede und der Wilseder Berg sind Hermann-Löns-Romantik in Reinkultur. Naturfreunde und Tourismus-Experten tun dann auch alles, damit das so bleibt.

Zu den Maßnahmen, um die ursprüngliche Schönheit der Landschaft zu erhalten, gehört besonders auch die Einschränkung des motorisierten Verkehrs. Uns als Radfahrer und Wanderer kann das nur recht sein, zumal man dank des nach Süden ausgedehnten Tarifgebietes des HVV bequem mit dem Fahrschein des Großraumtarifs nach Handeloh gelangt. Von hier führt ein Streckenabschnitt des Wümme-Radweges auf gerader Strecke durch schöne Landschaft direkt nach Undeloh, ins Herz des Naturschutzparks Lüneburger Heide.

Schon in **Handeloh** kann sich der Ausflügler in der „Alten Schmiede", einem **Naturkundlichen Museum**, mit der Tier- und Pflanzenwelt Norddeutschlands vertraut machen – allerdings nur zu eingeschränkten Öffnungszeiten. Jederzeit zugänglich ist der **Planetenlehrpfad**. Er stellt das Sonnensystem in einem Maßstab von 1:5 Milliarden dar; daraus ergibt sich eine Länge von 1,2 Kilometern. An jeder Planetenstation informiert eine Tafel über den jeweiligen Himmelskörper.

Auch in **Undeloh** bietet man dem interessierten Naturfreund Informationen. Im **Heide-Erlebniszentrum**, dem Informationshaus des Vereins Naturschutzpark, werden die Zusammenhänge zwischen Natur und Geschichte des Heidegebietes interaktiv und multimedial erlebbar gemacht. Wer sich für Architekturgeschichte interessiert, sollte die **St. Magdalenen-Kirche** in der Ortsmitte besichtigen. Diese alte Heidekirche gründet sich

Wilsede Tour 42

auf Findlingsmauern aus romanischer Zeit. Der Bau von 1198 besaß einst ein steinernes Chorgewölbe, das aber im Dreißigjährigen Krieg zerstört wurde. 1639 wurde der heutige Chorraum in Fachwerk-Bauweise ergänzt. Der frei stehende Glockenturm stammt aus dem 15. Jahrhundert. Im Innenraum befindet sich ein Triumphkreuz aus dem 13. Jahrhundert, auch die Renaissancekanzel von 1490 und zwei alte Glocken sind sehenswert. Von Juli bis September findet in der St. Magdalenen-Kirche an bestimmten Sonntagen um 17 Uhr ein Konzert der beliebten Reihe „Musik in alten Heidekirchen" statt.

Wir folgen dem Wümme-Radweg über die Wilseder Straße in südlicher Richtung aus Undeloh heraus. Der Weg führt uns durch eine reizvolle Heidelandschaft bis nach Wilsede. Radfahrer sollten jedoch darauf gefasst sein, ihren Drahtesel im Naturschutzgebiet auch einmal schieben zu müssen, da die Wege teils sandig sind. Wer will, kann auch von einem der vielen Angebote der Kutscher Gebrauch machen, die hier zahlreich das Personenbeförderungsgewerbe repräsentieren.

Hinter Undeloh beginnen sich Radfahrer und Wanderer die Wege zu teilen – Autos sind hier tabu. Das Fahrverbot gilt auch für den Ort **Wilsede,** der sein altes Ortsbild mit Reetdachhäusern, Feldsteinmauern, Treppenspeichern und den mächtigen alten Bäumen weitgehend erhalten konnte. Zum Gefühl, eine romantische Zeitreise angetreten zu haben, trägt auch ein Besuch des **Heimatmuseums Dat ole Huus** bei. Hier wird mit der typischen Einrichtung eines Heide-Bauernhofes gezeigt, wie man noch bis zum Anfang des vergangenen Jahrhunderts in den stillen, abgelegenen Heidedörfern lebte und arbeitete.

Heide-Erlebniszentrum
Wilseder Str. 23
21274 Undeloh
Tel. (0 41 89) 81 86 48
www.heide-erlebniszentrum.de
Do–Mo 12–17 Uhr

Hotel Heiderose
Spezialitäten: Heidschnucken- und Forellengerichte.
Wilseder Str. 13
21274 Undeloh
Tel. (0 41 89) 3 11
www.hotel-heiderose.de
Warme Küche tgl. 11.30–21 Uhr

Heidemuseum Dat ole Huus
Wilsede 9b
29646 Bispingen-Wilsede
Tel. (0 41 75) 80 29 33
Mai–Okt. tgl. 10–16 Uhr

Tour 42 — Süden

Tourist-Information
Zur Dorfeiche 27
21274 Undeloh
Tel. (0 41 89) 3 33
www.undeloh.de
Hier auch Infos zur Musik
in den alten Heidekirchen

via Tipp Kutschfahrten
Ganz gemütlich geht es
durch die Kulturlandschaft
von Undeloh nach Wilsede.
Hotel Heiderose
Wilseder Str. 13
21274 Undeloh
Tel. (0 41 89) 3 11
www.hotel-heiderose.de
Tgl. 15. Mai–15. Okt.
ab Undeloh 10 Uhr,
ab Wilsede 16.30 Uhr,
8,50 € p. P. pro Strecke.
Weitere Kutschfahrten ab
diversen Bauernhöfen und
Hotels oder vom Parkplatz
an der Wilseder Straße.

Die Heide ist eine Vegetationsform, die vorwiegend aus Zwergsträuchern besteht. Sie ist nicht durch nährstoffarme Böden entstanden, sondern infolge von Rodung, starker Beweidung durch Schafherden sowie durch Abtragung der oberen Humusschicht zum Düngen der Ackerflächen. Von der Bronzezeit bis zum 19. Jahrhundert herrschte die Heide vor, danach kam es zur Aufforstung mit Kiefern und Fichten sowie zur Ausdehnung der landwirtschaftlichen Gebiete. Die Heide setzt sich vornehmlich aus Beständen der Besenheide, der Glockenheide und der Krähenbeere zusammen. Hinzu kommen einige Ginsterarten, Gräser, Flechten und Moose. Häufig gesellen sich den Zwergsträuchern noch Wacholder und Besenginster hinzu, wodurch die Heide allerdings den Charakter der reinen Zwergstrauchheide verliert. Ihre Blütezeit – in der sie besonders schön anzusehen ist – ist von Mitte August bis Ende September.

Bevor man die Radwanderung fortsetzt, lohnt noch ein Abstecher in den südlich von Wilsede gelegenen **Totengrund,** einer Landschaft von unwirklicher Schönheit. Empfehlenswert ist auch der von Wilsede ausgehende **Pastor-Bode-Weg,** benannt nach Pastor Wilhelm Bode, dem es zu verdanken ist, dass die Lüneburger Heide unter Schutz gestellt wurde. So war er es, der verhinderte, dass der wildromantische Totengrund mit Ferienhäusern zugebaut wurde. An den populären Heidepastor und Naturschützer erinnern manche Namen und Gedenktafeln, ein Grab wird man jedoch vergebens suchen. Der Sohn Bodes erfüllte den letzten Wunsch seines Vaters: In einer stürmischen Nacht stieg er mit der Urne auf den Wilseder Berg und ließ die Asche vom Wind verwehen. Auch der 2012 neu eröffnete Heidschnuckenweg verläuft ein Stück auf dem Pastor-Bode-Weg. 223 Kilometer schlängelt sich dieser Qualitätswanderweg von der Fischbeker Heide (▶ Seite 108) bis Celle durch die Lüneburger Heidelandschaft.

Unsere Tour führt uns jedoch von Wilsede weiter zum **Wilse-**

Heidschnucken gelten als sehr genügsam

Wilsede — Tour 42

der Berg. Mit 169 Metern ist der Wilseder Berg tatsächlich ein Berg, jedenfalls für Norddeutschland. Die Tourismusprospekte preisen ihn als die höchste Erhebung der Norddeutschen Tiefebene. Haben wir erst einmal unseren Drahtesel bis nach oben geschoben, bietet sich uns ein wirklich phantastischer Rundblick über die sanft gewellte **Heidelandschaft.** Der Blick soll bei guten Sichtverhältnissen und Adleraugen sogar bis nach Lüneburg und Hamburg reichen, aber die Aussicht über die Heide genügt uns auch. Rund um den Wilseder Berg liegen die größten zusammenhängenden Heideflächen Europas. Um ein völliges Verschwinden der Heide zu verhindern, wurde sie schon 1921 unter Schutz gestellt und ist somit das älteste Naturschutzgebiet Deutschlands. Zudem ist es hier auffallend leise, denn im 23 000 Hektar großen Naturschutzgebiet ist jeder Kraftfahrzeug-Verkehr verboten.

Nach dem Abstieg folgen wir wieder dem Wümme-Radweg und erreichen bald die wenig befahrene Landstraße nach **Wintermoor,** von wo uns die Bahn wieder zurück ins geräuschvollere Hamburg bringt.

Lüneburger Heide zur Blütezeit Mitte August bis Ende September

Heide-Shuttle (Radbus)
Tgl. 15. Juli–15. Okt. Busangebot mit kostenloser Radbeförderung auf drei Ringlinien durch die Lüneburger Heide: Fahrpläne unter www.naturpark-lueneburger-heide.de

Restaurant Wilseder Hof
Die edlere Variante eines rustikalen Gasthofes, Spezialität – was sonst – Heidschnuckengerichte, Sommerterrasse.
Wilsede 2c
29646 Bispingen-Wilsede
Tel. (0 41 75) 3 11
www.wilseder-hof.de
Aug./Sep. tgl. geöffnet, in der übrigen Zeit von Mi–So geöffnet

Tour 43 | Finkenwerder

Eine Schifffahrt …

> ▸ **Spaziergang oder Radtour (6 km) durch Finkenwerder**
> ★ **Vorbei an Hafen, Docks & großen Pötten zum ehemaligen Fischerdorf gleich neben den fliegenden Giganten**

Start
Finkenwerder
S1 S2 S3 U3 bis Landungsbrücken alle 5–10 Min., weiter mit 🚢 62 bis Finkenwerder alle 15–30 Min.

Karten ▸ Seite 131
▸ Seite 153

Die stilvollste Art, das einstige Fischerdorf Finkenwerder zu besuchen, stellt sicher eine Schiffspassage dar. Schnell, billig und bequem geht das mit der Fähre 62. Und das Fahrrad fährt gratis mit.

Exakt 28 Minuten dauert die Fahrt von der Brücke 3 der Landungsbrücken nach Finkenwerder. Dabei macht unser Schiff vorher noch an den Anlegern Altona, Neumühlen und Bubendey Ufer fest. Längst hat sich die Attraktivität der Fährverbindung Linie 62 mit ihrer über 100-jährigen Tradition als Ausflugslinie herumgesprochen.

Der Blick übers Wasser wandert nach rechts – pardon: nach steuerbord – zum Elbufer bei **Övelgönne**. Jetzt können wir den schönen Ort (▸ Seite 154) einmal vom Fluss aus genießen. Auf der anderen Seite, also an der Backbordseite, erblickt man bald am Bubendey Ufer das **Seemannshöft**. Hier in der Lotsenstation befindet sich die Nautische Zentrale, die den Schiffsverkehr im Hafen überwacht.

In **Finkenwerder** geht es von Bord. Das einstige Fischerdorf, schon 1236 erstmals urkundlich erwähnt, ist heute ein Wohnviertel am Hafenrand. Bis zur Abdeichung der Süderelbe nach der Flutkatastrophe von 1962 war Finkenwerder eine Elbinsel. Vom 17. bis zum 19. Jahrhundert unterhielten die Finkenwerder Fischer eine große Flotte, und bis heute sind viele Finkenwerder Kutter auf der Nord- und Ostsee unterwegs.

Vom alten Finkenwerder hat sich noch manches erhalten, das sich bequem vom Anleger aus erreichen lässt. Am Finkenwerder Landscheideweg, der sich einen Kilometer südlich des Anlegers in Ost-West-Richtung durch Finkenwerder zieht, steht etwas abseits des Ortes die Kirche von

Finkenwerder — Tour 43

1881, die noch einige alte Ausstattungsstücke besitzt. Eine verwunschene Idylle ist der nahe gelegene Friedhof, schon 1844 angelegt und gerade einmal einen Hektar groß. Auffallend sind die überdachten Prunkpforten nach dem Vorbild der hölzernen Hofeinfahrten wohlhabender Bauern im Alten Land an seinen Eingängen.

Ein ganz anderes, sein jüngstes, aber gleichwohl grünes Gesicht zeigt Finkenwerder mit dem **Rüschpark**. Vom Anleger überquert man die Benittstraße, hält sich links und gelangt über Wriedestraße, Mesweg und Hein-Saß-Weg durch ein Gewerbegebiet in die Grünanlage. Der Park, ein in den 1970er-Jahren aufgegebenes Werftgelände, ist 21 Hektar groß. In der Elbuferböschung wurden Reste der Werftanlagen zu Aussichtsplattformen umgestaltet.

Wer den Rüschpark über den Rüschweg verlässt, stößt auf den Neßdeich. Im Haus Nr. 6 wurde Hans (eigentlich Johann) Kinau (1880–1916) geboren. Berühmt wurde er vor allem mit seinem 1913 unter dem Pseudonym Gorch Fock erschienenen realistischen Roman „Seefahrt ist not!".

Gegenüber dem **Gorch-Fock-Haus** dehnt sich das Gelände der Airbus-Werke aus. Und es dehnt sich immer weiter aus. Ins angrenzende – jetzt ehemalige – Naturschutzgebiet Mühlenberger Loch nämlich, einer flachen Bucht der Elbe. Das Gebiet des Mühlenberger Loches wurde zu großen Teilen zugeschüttet, um dort die Werksanlagen des Flugzeugkonzerns zu erweitern.

Finkenwerder Elbblick
Nahe dem Fähranleger, grandioser Ausblick über die Elbe von St. Pauli bis Teufelsbrück, verfeinerte Fisch- und Regionalküche.
Focksweg 42
Tel. (040) 7 42 51 91
www.finkenwerder-elbblick.de
Tgl. 11–22 Uhr

Landungsbrücke Finkenwerder
Am Anleger, Sommerterrasse mit Elbblick, gutbürgerliche Regionalküche mit Schwerpunkt – wen wundert's: Fisch.
Benittstr. 9
Tel. (040) 7 42 51 51
www.finkenland.de
Tgl. 11–22 Uhr

Die HVV-Fähre 62 bringt einen von den Landungsbrücken nach Finkenwerder

Tour 44 | Altes Land

Wo der Boskop blüht

> ▶ **(Rad-)Wanderung (20 km): Finkenwerder – Neugraben**
> ★ **Je nach Jahreszeit ist dies eine Tour voller weißer & rosafarbener Blütenpracht oder erlesenem Obstgenuss**

Start
Finkenwerder
S1 **S2** **S3** **U3** bis Landungsbrücken alle 5–10 Min., weiter mit 🚢 62 bis Finkenwerder alle 15–30 Min.

Rückfahrt
Neugraben
S3 **S31** alle 10–30 Min.
oder Fischbek
S3 **S31** alle 10–30 Min.

**Tourismusverein
Altes Land**
Osterjork 10
21635 Jork
Tel. (0 41 62) 91 47 55
www.tourismus-altesland.de
Mo–Fr 9–17,
Sa/So/Fei 10–15 Uhr

Für müde (Rad-)Wanderer:
Radwanderbus
Apr.–Anfang Okt. Sa/So/Fei zwischen Harsefeld und Balje
Tel. (0 41 61) 6 44 60
www.elbe-radwanderbus.de

Obstbäume so weit das Auge reicht. Das Alte Land ist Nordeuropas größtes zusammenhängendes Obstanbaugebiet. Ganz nebenbei ist es auch zu einem beliebten Ausflugsziel der Hamburger geworden – nicht nur, aber ganz besonders zur Obstblüte.

Zwischen der ehemaligen Elbinsel Finkenwerder und dem schon zum Alten Land gehörenden Ort Neuenfelde mündete früher die Süderelbe in den Hauptstrom der Elbe. Heute ist sie abgedämmt und endet als toter Arm vor dem Elbdeich. Über diesen Elbdeich führt unsere Strecke von Finkenwerder ins Alte Land.

Rein geografisch ist das Alte Land ein rund 30 Kilometer langer und bis zu sieben Kilometer breiter Marschgürtel. Er erstreckt sich vom Hamburger Stadtgebiet aus am Südufer der Unterelbe entlang bis nach Stade. Durch die Elbnebenflüsse Schwinge, Lühe und Este wird das Land in drei Gebiete, die sogenannten Meilen, aufgeteilt. Die hier beschriebene Tour bewegt sich auf der **Dritten Meile,** die von der Este zur Süderelbe reicht.

Das Alte Land wurde schon im 12. Jahrhundert von holländischen Einwanderern besiedelt. Aus ihrer Heimat brachten sie die Kunst der Entwässerung und des Deichbaus mit. Mönche der Stader Klöster waren die ersten, die Obstbäume pflanzten und somit das Fundament für das wirtschaftliche Aufblühen legten.

In **Neuenfelde,** einem lang gestreckten Straßendorf, steht die barock ausgestattete Kirche **St. Pankratius.** Sie besitzt eine bemalte hölzerne Tonnendecke, einen Kanzelaltar von 1688, vor allem aber eine herrliche, aus dem selben Jahr stammende Orgel des berühmten Orgelbauers Arp Schnitger. Arp Schnitger hatte hier einen Bauern-

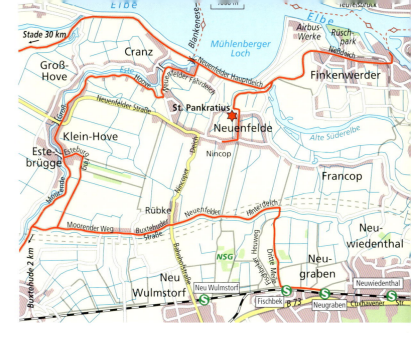

hof, und er ist in der Kirche begraben. Im landeinwärts gelegenen **Nincop,** einem Ortsteil von Neuenfelde, sind einige besonders gut erhaltene Bauernhäuser zu bewundern.

Der Neuenfelder Hauptdeich führt nach **Cranz.** Kurz vor dem Ort mündet die Este in die Elbe. Das Flüsschen überqueren wir nicht unbedingt, sondern radeln an seinem Ost-Ufer landeinwärts Richtung Buxtehude. Vor dem Este-Sperrweg geht es über den Neuen Fährweg und weiter auf dem Estedeich Groß Hove. Von hier bietet sich ein weiter Blick in die Obstgärten. Im April/Mai – zur Obstblüte – ist es besonders schön: Die märchenhafte Landschaft präsentiert sich wie schneebedeckt. Aber auch im Herbst lohnt der Weg dorthin. Allerorts sind dann Pflücker am Werk.

In **Estebrügge** biegen wir nach links in den Esteburgring, der uns zum Moorender Weg leitet, der in den Ort **Rübke** führt. Über die Buxtehuder Straße gelangen wir geradeaus in den Neuenfelder Hinterdeich, auf dem wir radeln, bis rechts der Fischbeker Heuweg abzweigt. Hier fahren wir rechts und gleich wieder links in den Weg „Dritte Meile", der uns nach **Neugraben-Fischbek** führt.

Feste im Alten Land
Erstes Mai-Wochenende:
Blütenfest in Jork mit Wahl der Blütenkönigin und Festumzug:
www.altlaender-bluetenkoenigin.de

Anfang Juli:
Altländer Kirschenwoche, die am 2. Juli-Sonntag mit Kirschmarkt in Jork endet

Zweites September-Wochenende:
Altländer Apfeltage mit Tag des offenen Hofes, Veranstaltungen rund um den Apfel allerorts

Zweites Oktober-Wochenende:
Apfel- und Kürbisfest in Jork

Tour 45 | Altes Land – Buxtehude

Hase und Igel

> ▸ (Rad-)Wanderung (22 km) von Finkenwerder nach Buxtehude
> ★ Deiche, Fleete, Flüsschen & eine märchenhafte Altstadt

Start
Finkenwerder
S1 **S2** **S3** **U3** bis Landungsbrücken alle 5–10 Min., weiter mit 🚢 62 bis Finkenwerder alle 15–30 Min.
oder Neugraben
S3 **S31** alle 10–30 Min.

Rückfahrt
Buxtehude
S3 alle 20–60 Min.

Karten ▸ Seite 131
▸ Seite 136

Stadtinformation Buxtehude
Breite Str. 2
21614 Buxtehude
Tel. (0 41 61) 5 01 23 45
www.buxtehude.de
Mo–Mi und Fr 10–17,
Do 10–18, Sa 10–15 Uhr

Landläufig ist von Buxtehude nur bekannt, dass sich dort Hase und Igel einen Wettlauf geliefert haben und dass die Hunde dort mit dem Schwanz bellen.

Natürlich stimmt beides nicht. Die Geschichte vom schlauen Igel, der beim Wettlauf den Hasen aussticht, entstammt der Märchenerzählung von Wilhelm Schröder aus dem Jahre 1840. Der Ursprung des Scherzwortes, wonach in Buxtehude die Hunde mit dem Schwanz bellen, geht auf holländische Siedler zurück. Diese versahen die alte Stadtglocke, im Holländischen „bell", mit einem besonders langen Seil, das sich „hound" nannte. Das einzige, was im Buxtehude von heute märchenhaft ist, das ist die Altstadt dieses beschaulichen Landstädtchens an der Este – abgesehen von der herrlichen Umgebung des Alten Landes natürlich.

Ein Besuch Buxtehudes lässt sich gut mit der Tour durchs Alte Land (▸ Seite 130) kombinieren. Wer mit der Fähre in **Finkenwerder** anlegt, vermeidet die Gefahr, sich zu verfahren, indem er sich immer am oder auf dem Deich hält: Finkenwerder Norderdeich, Neßdeich und Neuenfelder Hauptdeich lauten die Namen der Deichabschnitte bis **Cranz**. Dort, an der Mündung der Este in die Elbe, radelt man immer am Ostufer des Flüsschens entlang in südlicher Richtung (Wegbeschreibung bis Estebrügge ▸ Seite 131). In Estebrügge biegt man nicht nach links in den Esteburgring, sondern fährt geradeaus weiter auf der Moorender Straße – und kommt so im historischen Stadtkern von Buxtehude an.

Ausflügler, die am S-Bahnhof **Neugraben** starten, ignorieren die dortigen Straßenwegweiser nach Buxtehude und fahren zunächst ins nördlich von Neugraben – und schon mitten im Alten

Land – gelegene **Francop**. Von dort geht es in Ost-West-Richtung quer durch die schöne Landschaft des Alten Landes auf gut ausgeschilderten Wegen Richtung Buxtehude und nach **Neuland an der Este**. Von hier aus gelangt man dem Ufer der Este folgend über die Moorender Straße direkt in die Buxtehuder Altstadt.

Mittelpunkt der übersichtlichen **Buxtehuder Altstadt** ist die **St.-Petri-Kirche,** ein schon 1298 begonnener Backsteinbau mit einem hohen, schlanken Mittelschiff. Der achteckige, 72 Meter hohe Turm entstand nach einem Brand 1853 neu. Im großen Kircheninneren ist der um 1500 gestiftete Halepaghen-Altar bemerkenswert.

Am Estefleet in Buxtehude

In den engen Gassen um die Kirche herum gibt es prachtvolle alte Giebel, Dielen und Hinterhöfe zu sehen. Das grachtenartige **Estefleet,** an dem sich eine lange Giebelreihe entlangzieht, lässt Besucher an Holland denken. Nicht zu Unrecht, erinnert es doch an die niederländische Herkunft vieler Kolonisten dieser Gegend. Besondere Aufmerksamkeit verdienen in der Altstadt das Bürgerhaus in der Langen Straße 25 von 1548 und das Fachwerkhaus Fischerstraße 3.

Ein weiteres steinernes Zeugnis aus der rund 1000-jährigen Geschichte der Stadt, die in ihren besten Jahren sogar der Hanse angehörte, findet sich am nördlichen Rand des Stadtkerns, unweit des Estehafens: der **Zwinger**, ein Teil des alten Marschtores von 1539, also ein Rest der ehemaligen Stadtbefestigung. Vergleichsweise jung dagegen ist der Bau des Buxtehude-Museums für Regionalgeschichte und Kunst. Im Altbau von 1913 wird neben der modern gestalteten heimatkundlichen Ausstellung auch die Geschichte des Heimatmuseums selbst dokumentiert. Im angrenzenden Neubau sind zwei unterschiedliche Abteilungen untergebracht: „Sakrale Kunst – Geschichte und Restaurierung" und „Buxtehude in der Moderne".

Buxtehude-Museum
Museum für Regionalgeschichte und Kunst. Wird derzeit saniert und ist nur zu kleinen Teilen am Wochenende geöffnet.
Stavenort 2
Tel. (0 41 61) 5 01 23 33

Restaurant Abthaus
Spitzgiebelfachwerkhaus von 1399. Gehobene Regionalküche, im Sommer Biergarten im Innenhof.
Abtstr. 6
Tel. (0 41 61) 55 40 77
www.abthaus.de
Di–Fr 17–22, Sa/So 12–22 Uhr, Mo Ruhetag

Tour 46 | Altes Land – Stade

Holland lässt grüßen

> ▸ **Radtour (30 km): Cranz – Jork – Steinkirchen – Grünendeich – Hollern-Twielenfleth – Stade**
> ★ **Holländische Tradition in Fachwerk, Mühlen, Brücken & Kirchen**

Start
Cranz (Fähre)
S1 S11 bis Blankenese alle 10–20 Min., weiter ab Blankenese (Fähre) mit HBEL bis Cranz (Fähre) alle 60 Min.

Rückfahrt
Stade
S3 alle 20–60 Min. oder RE 5 alle 60 Min.

Karte ▸ Seite 136/137

Museum Altes Land
Westerjork 49
21635 Jork
Tel. (0 41 62) 57 15
www.jork.de
Nov.–März
Mi/Sa/So 14–17 Uhr,
Apr.–Okt. Di–So 11–17 Uhr

Holländermühle Aurora
Die Mühle „Jork"
Restaurant-Café.
Am Elbdeich 1
21635 Jork
Tel. (0 41 62) 63 95
www.diemuehlejork.de
Feb.–Dez. Mi–Mo 12–17
und 18–22 Uhr

Mit dem Rad auf dem Deich, die Elbe zur Rechten, das Alte Land zur Linken – vorbei an prächtigen Bauernhäusern, Leuchttürmen und Windmühlen. Im Frühjahr säumen blühende Apfelbäume unseren Weg, im Herbst zeigen sie uns ihre rotbackigen Früchte.

Für diese Tour durchs Alte Land starten wir in **Cranz**. Dorthin sind wir direkt mit der Fähre gelangt, oder wir haben schon von Finkenwerder aus den östlichen Teil der Region erkundet (▸ Seite 130). In Cranz überqueren wir die Este und fahren auf dem Deich entlang der Elbe. Zur Rechten geht der Blick dabei über den Fluss, zur Linken stehen Obstbäume, so weit das Auge reicht. Nicht umsonst gilt das Alte Land als größtes zusammenhängendes Obstanbaugebiet Nordeuropas.

Schon nach einer kurzen Strecke bietet sich ein Abstecher nach **Jork** an, dem Hauptort des Alten Landes. Hier ist in einem der vielen alten Fachwerkhäuser das **Museum Altes Land** untergebracht. Es dokumentiert die Technikgeschichte der Region. Darüber hinaus werden die Bedeutung des Wassers und die Geschichte der Landwirtschaft dargestellt, und der Besucher kann historische Möbel und Trachten bewundern. In der kleinen Barockkirche von 1709 heiratete übrigens Gotthold Ephraim Lessing. Bevor wir auf den Deich zurückkehren, bietet sich die Möglichkeit, in der **Galerie-Holländermühle Aurora** in Jork-Borstel einzukehren. Sie stammt aus dem Jahre 1860. Der Mahlbetrieb wurde allerdings 1961 eingestellt.

Zurück auf dem Deich radeln wir weiter Richtung Stade. 56 Leuchttürme säumen die Elbe von Hamburg bis zur Nordsee. Von Obstbäumen umgeben, grüßt uns zwischen Wisch und Lühe einer von ihnen: der rot-weiße, sechseckige Stahlgit-

Altes Land – Stade — Tour 46

Das Alte Land ist im Frühjahr besonders schön

ter-Leuchtturm **Oberfeuer Sommerfletherwisch**. Mit scinen 35 Höhenmetern gehört der 1907 erbaute Leuchtturm zu den mittelgroßen.

Kurz vor der Mündung des Flüsschens Lühe biegen wir links nach **Steinkirchen** ab und überqueren hier die Lühe über die im holländischen Stil erbaute **Hogendiekbrücke**. Anfang des 12. Jahrhunderts schloss der Erzbischof von Bremen mit dem holländischen Priester Henricus einen Vertrag über die Besiedelung der Marschen. In mehreren Generationen machten die holländischen Siedler und Experten in Sachen Deichbau das Land bewohnbar. Von Stade aus wurde es eingedeicht, entwässert und kultiviert. Abschnitt für Abschnitt entstand so aus dem „Alten Land" „Neues Land". Irgendwann konnte die gesamte Region bewirtschaftet werden, der Name Altes Land blieb jedoch erhalten.

Von Steinkirchen radeln wir in den Ort **Grünendeich**. Die **St. Marien-Kirche** aus dem 17. Jahrhundert ist die älteste der zehn Fachwerkkirchen der Region. Aufgrund des schweren Marschbodens steht der aus Holz errichtete Turm abgetrennt neben dem Kirchenschiff. Die Lühe entwässert einen großen Teil des Alten Landes, das seit

Touristikzentrale Altes Land
Osterjork 10
21635 Jork
Tel. (0 41 62) 91 47 55
www.tourismus-altesland.de
Apr.–Okt. Mo–Fr 9–17,
Sa/So/Fei 10–15 Uhr

Altländer Gästeführungen
Tel. (0 41 62) 13 33
www.tourismus-altesland.de/de/oeffentliche-fuehrungen
Apr.–Okt. Führungen an wechselnden Orten, Dauer 1,5 Std.

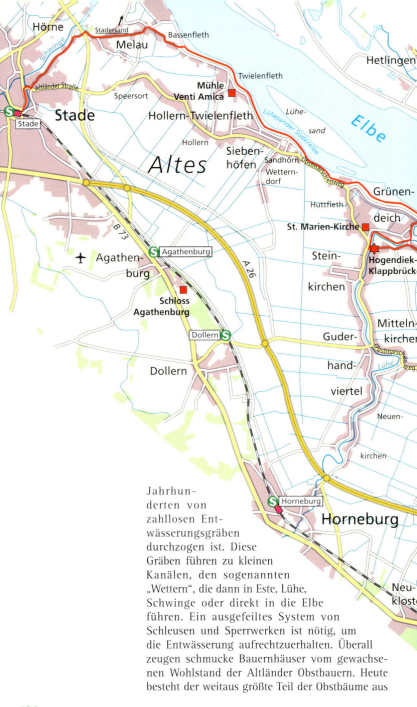

Jahrhunderten von zahllosen Entwässerungsgräben durchzogen ist. Diese Gräben führen zu kleinen Kanälen, den sogenannten „Wettern", die dann in Este, Lühe, Schwinge oder direkt in die Elbe führen. Ein ausgefeiltes System von Schleusen und Sperrwerken ist nötig, um die Entwässerung aufrechtzuerhalten. Überall zeugen schmucke Bauernhäuser vom gewachsenen Wohlstand der Altländer Obstbauern. Heute besteht der weitaus größte Teil der Obstbäume aus

Altes Land – Stade — Tour 46

Apfelbäumen. Jeder vierte Apfel, der in Deutschland verzehrt wird, stammt aus dem Alten Land. Wir kehren auf den Deich zurück und fahren nach **Hollern-Twielenfleth**. Auch in diesem beschaulichen Ort gibt es eine Windmühle. Ihr Name: „Venti Amica" – Freundin des Windes. Über **Bassenfleth** erreichen wir **Stade** (▶ Seite 138).

Windmühle Venti Amica
Mühlenstr. 16
21723 Hollern-Twielenfleth
www.muehlenverein-venti-amica.de

Tour 47 | Stade

Stade, die alte Hansestadt

> ▸ **Stadtbesichtigung – kombinierbar mit einer Radtour durchs Alte Land (▸ Seite 134)**
> ★ **Hafenstadtidyll & eine Vielzahl sehenswerter Museen**

Start
Stade
S3 alle 20–60 Min.
oder **RE 5** alle 60 Min.

Schwedenspeicher
Wasser West 39
Tel. (0 41 41) 79 77 30
www.museen-stade.de
Di–Fr 10–17,
Sa/So 10–18 Uhr
8 €, erm. 4 € (Verbundticket: gilt auch für das Freilichtmuseum und Kunsthaus Stade), bis 18 Jahre frei
Führungen So 16 Uhr, 10 €

Baumhaus-Museum
Wasser Ost 28
Tel. (0 41 41) 4 54 34
Apr.–Okt. Sa 15–17,
So 14–17 Uhr,
Nov.–März So 15–17 Uhr

Die alte Hafenstadt trägt ihren wiedererstandenen Hanse-Titel zu Recht. Frühbarocke Fachwerkhäuser säumen die Gassen der Altstadt, die sogar von einem Burggraben umgeben ist. Und für Museumsliebhaber ist die Stadt am Rand des Alten Landes ein wahres Paradies.

1601 von der Hanse ausgeschlossen, darf sich die Kleinstadt an der Elbe seit 2009 offiziell wieder Hansestadt nennen. Eine Wasserstadt mit zentraler Bedeutung war Stade immer, erst für den Handel, später als strategisches Kriegszentrum der Schweden. Nach dem Dreißigjährigen Krieg wurde Stade unter schwedischer Herrschaft zur Festung ausgebaut, deren Reste die Altstadt bis heute umringen. Ihre Silhouette wird von fern durch die Türme der Kirchen **St. Wilhardi** und **St. Cosmae** geprägt. Die meisten Gebäude der Altstadt entstanden nach 1659, als ein großer Brand zwei Drittel aller Häuser zerstörte. Der Besucher kann hier alte Gassen und idyllische Winkel bestaunen und sich in einem der Museen über die Geschichte der historischen Stadt informieren.

Das **Schwedenspeichermuseum** zeigt Funde der Vor- und Frühgeschichte sowie Zeugnisse der Stadtgeschichte vom Mittelalter bis in die 1870er-Jahre, darunter viele Erinnerungen an die Schwedenzeit. Stade kam 1648 in den Besitz der Schweden, 1719 fiel es an Hannover. In einem Fachwerkhaus am Wasser befindet sich das private **Baumhaus-Museum,** in dem ein leidenschaftlicher Sammler seine eigene – und etwas eigenartige – ortsgeschichtliche Sammlung vom 18. bis ins 20. Jahrhundert präsentiert. Der Name Baumhaus weist auf die historische Nutzung des Gebäudes hin. Es diente dem Hafenaufseher als Amtsstube.

Stade **Tour 47**

Am Alten Hafen in Stade

Mit einem großen Baum verschloss oder öffnete er in früheren Zeiten die Zufahrt in den Hansehafen am Fischmarkt. Beim großen Stadtbrand 1659 wurde das ursprüngliche Gebäude zerstört. Das heutige stammt aus dem Jahre 1774.

Und obwohl die Stader Altstadt ohnehin ein einziges Freilichtmuseum ist, gibt es noch das **Freilichtmuseum auf der Insel** im Burggraben. Das Museum mit Gebäuden des 18. Jahrhunderts präsentiert ländliches Kulturgut aus dem Alten Land und der Stader Geest: Altländer Haus, Prunkpforte, Göpelwerk und Bockwindmühle.

Ein weiteres Museum der Stadt ist das **Kunsthaus Stade**. Das 1667 errichtete Gebäude ist das höchste Haus in einer Reihe alter Fachwerkbauten. Zunächst diente es als Kaufmanns- und Speicherhaus. Früher wurde dort eine Gemäldesammlung der Worpsweder Gründergeneration gezeigt, heute laufen wechselnde Ausstellungen mit Werken namhafter Künstler.

Stade ist allseits von Wasser umgeben, vom Burggraben und den alten Hafenanlagen. Im historischen Hafen legen heute vor allem Sportschiffer an. Für die größeren Schiffe wurde draußen an der Elbe ein neuer Hafen – Stadersand – gebaut.

Freilichtmuseum auf der Insel
Auf der Insel 2
Tel. (0 41 41) 7 97 73 30
Mai–Sep. Di–Fr 10–17,
Sa/So 10–18 Uhr

Kunsthaus
Wasser West 7
Tel. (0 41 41) 7 97 73 20
Di/Do/Fr 10–17 Uhr,
Mi 10–19, Sa/So 10–18 Uhr
Bei Ausstellungswechsel geschlossen.
8 €, erm. 4 € (Verbundticket: gilt auch für das Freilichtmuseum und Schwedenspeicher),
bis 18 Jahre frei

Tour 48 | Stade – Agathenburg

Zum Schloss mit Ausblick

- **Radtour (50 km): Stade – Heinbockel – Fredenbeck – Agathenburg**
- ★ **Prachtvolle Mühlen, ein Traum für Eisenbahnfans & ein Schloss**

Start
Stade
S3 alle 20–60 Min.
oder **RE 5** alle 60 Min.

Rückfahrt
Agathenburg
S3 alle 20–60 Min.

Windmühle Amanda
Mühlenweg / B 73
21709 Düdenbüttel-Grefenmoor
www.windmuehle-amanda-grefenmoor.de

Gasthof Hellwege
Beliebtes Ausflugslokal mit regionalen Spezialitäten der Saison.
Alte Dorfstr. 25
21726 Heinbockel-Hagenah
Tel. (0 41 49) 4 05
www.gasthof-hellwege.de
Mo–Fr ab 17,
Sa/So ab 10 Uhr

Deutsches Feld- und Kleinbahnmuseum
Bahnhofstr. 3
21717 Deinste
Tel. (01 52) 55 91 23 23
Tel. Kleinbahnhof (0 41 49) 12 44 (nur an Fahrtagen)
www.kleinbahn-deinste.de
Fahrten an einigen Feiertagen sowie in der Vorweihnachtszeit

Südlich von Stade erstreckt sich eine Landschaft, die einst aus Mooren bestand. Heute sind daraus meist landwirtschaftliche Nutzflächen geworden, doch hat die Gegend viel von ihrer Urtümlichkeit bewahren können.

Heute fahren wir von Stade nach Agathenburg, denn so besteht die Möglichkeit, noch eine Stadtbesichtigung in Stade (▸ Seite 138) vorzunehmen und in Agathenburg den Ausflug mit einem Spaziergang im Schlosspark ausklingen zu lassen. Wir verlassen Stade auf dem **Nordseeküsten-Radweg**, der direkt am Bahnhof vorbeiführt. Bei der Siedlung Mittelsdorf zweigt links der Mühlenweg ab. Dieser Weg führt uns nach **Grefenmoor an der B 73**. Wir überqueren die B 73, wo der Mühlenweg in die Straße Weißenmoor übergeht und kommen an einer prachtvollen Windmühle vorbei. Es ist ein einstöckiger Galerie-Holländer aus dem Jahre 1896. Er wurde errichtet, nachdem die Mühle, die dort vorher stand, durch einen Blitz vernichtet worden war.

Wir bleiben auf dieser landschaftlich reizvollen Strecke, bis der Weg nach rechts Richtung **Heinbockel** führt, wo wir am Ortseingang Reste eines Großsteingrabes finden können. Von Heinbockel ist es nur noch ein Katzensprung ins drei Kilometer südlich gelegene **Hagenah**. Dort biegen wir rechts ab in den Kirchweg, um nach 200 Metern wieder halb links abzubiegen. Nach dem Ortsende fahren wir wieder links auf einen Fahrweg, der die B 74 kreuzt und in einigen Kurven Richtung **Mulsum** führt. Am Fredenbecker Mühlenbach kann man die erste Wassermühle dieser Tour entdecken.

Fredenbeck geht fast nahtlos in Deinste über, genauer in den Vorort **Deinster Mühle**. Auch hier gibt es einen Mühlenbach, doch von einer Mühle

selbst ist nichts zu erkennen. Dafür kann **Deinste** mit einer anderen Attraktion aufwarten: dem **Deutschen Feld- und Kleinbahnmuseum.** Das von Hobbyeisenbahnern getragene Museum sammelt und betreibt Feldbahnfahrzeuge auf 600mm-Spur. Um die Fahrzeuge vorführen zu können, wurde eigens eine 1,2 Kilometer lange Strecke von Deinste über Hagel bis Lütjenkamp gebaut. In Deinste befindet sich der Kleinbahnhof als Hauptstandort. In Lütjenkamp liegt das Museum.

Von Deinster Mühle verläuft unser Weg jetzt in nördlicher Richtung zum **Gut Hagener Mühle,** und hier ist tatsächlich noch eine Wassermühle an dem Flüsschen Steinbeck erhalten. Den Mühlteich zur Rechten, geht es nun über die Straße Zur Mühle nach **Hagen** hinein und über die Straße Odamm in östlicher Richtung nach **Agathenburg.** Hier hat ein schönes Schloss die Stürme der Zeit überdauert. Das **Schloss Agathenburg** wurde unmittelbar nach dem Dreißigjährigen Krieg am Geesthang mit Blick auf das Elbtal errichtet. Heute dient es als Kulturzentrum und bietet eine Dauerausstellung zur Geschichte des Hauses. Vom einst umfangreichen Schlosspark sind leider nur Teile erhalten, aber auch diese bieten lauschige Plätze und weite Blicke über das Elbtal.

Der Schlosspark grenzt an die Bahnstrecke Hamburg-Cuxhaven, und der S-Bahnhof Agathenburg liegt auch ganz in der Nähe.

via Tipp **Schloss Agathenburg**
Kulturzentrum und am Wochenende mit Schlosscafé. Toller Blick auf das Elbtal.
Hauptstr.
21684 Agathenburg
Tel. (0 41 41) 6 40 11
www.schlossagathenburg.de
1. März–3. Advent. Di–Fr 14–18, Sa/So/Fei 11–18 Uhr
4 €, 2 €, 0,50 €

Tour 49 | Buxtehude – Moisburg

Zur klappernden Mühle

> ▸ **Radtour (30 km): Buxtehude – Moisburg – Apensen – Buxtehude**
> ★ **Beschauliche Radwege durch die Geest & Mühlentradition**

Start
Buxtehude
S3 alle 20–60 Min.

Für die Ausflügler, die Buxtehude besuchen, sich aber nicht auf eine Stadtbesichtigung beschränken wollen, bietet sich eine Radtour südlich der Stadt an. Durch idyllische Landschaft geht es zur Museumsmühle in Moisburg.

Gleich südlich der Stadt beginnt der Geestrücken, während Buxtehude selbst noch in der Marschniederung liegt. Mit anderen Worten: Heute geht es ein wenig bergauf. Vom Bahnhof aus fahren wir über die Stader Straße Richtung Este. Wir überqueren diese, um über den Brillenburgsweg und den Alten Postweg nach Övelgönne zu gelangen. Von diesem unspektakulären Ort aus geht es über Ketzendorf in Richtung Ardestorf und Grauen. Vorbei an einigen Hünengräbern endet der Weg in **Moisburg.**

Der Ort ist eine wichtige Station auf der Niedersächsischen Mühlen(auto)straße, und auch der Radrundkurs Nordheide führt durch Moisburg. Zwar ist der Ort heute ein besseres Dorf, Moisburg war in der Vergangenheit jedoch als alter Amtssitz ein bedeutendes Zentrum der Region. Davon künden noch verschiedene Amtsbauten, zu denen auch die **Moisburger Wassermühle** gehört.

Heute ist in der Mühle das **Mühlenmuseum Moisburg,** eine Außenstelle des Freilichtmuseums am Kiekeberg (▸ Seite 106), untergebracht. In diesem kann sich der Besucher mit den technischen Abläufen des Mahlens in einer historischen Wassermühle vertraut machen und an Mahltagen dem Müller über die Schulter schauen. Im Café in der histori-

In der Moisburger Wassermühle befindet sich das Mühlenmuseum

Buxtehude – Moisburg — Tour 49

schen Mahlstube kann man sich bei Kaffee und Kuchen erholen. Besonders empfehlenswert: Für die Weiterfahrt kann sich der Radwanderer ein original Moisburger Amtsmühlenbrot mit auf den Weg nehmen.

Dieser Weg führt nun von Moisburg, wo man auch noch das **Amtshaus,** einen aufwendigen Fachwerkbau von 1711, und die evangelische Kirche, erbaut im Stil der Spätrenaissance und mit prachtvoller Innenausstattung versehen, besichtigen sollte, auf einem kleinen Stück des Radrundkurses Nordheide nach Apensen.

Zwischen Rahmstorf und Goldbeck liegt links der Strecke das **Hügelgräberfeld Goldbeck.** Etwa 70 vorzeitliche Gräber finden sich hier auf engstem Raum. In **Apensen** biegen wir nach links in die Neukloster Straße, die in den Neukloster Forstweg übergeht. Dieser reizvolle Weg führt in den Neukloster Forst, einen großen und besonders schönen Buchenwald, mit bis zu 200 Jahre alten Buchen- und Eichenbeständen.

Der Weg endet kurz vor dem Bahnhof Neukloster. Wir radeln auf dem Radweg „Am Mühlenbach", hintern Bahnhof in Neukloster, weiter nach Buxtehude (▶ Seite 132).

Wassermühle Moisburg

Die Moisburger Amtswassermühle an der Este wird schon um das Jahr 1379 erstmals urkundlich erwähnt. Doch gehen die Museumsleute davon aus, dass es sogar schon vorher hier eine Mühle gegeben hat. Das heutige Gebäude wurde allerdings erst 1723 errichtet. Die Mühle war schon früh eine Amtsmühle, auch Zwangsmühle genannt. Das bedeutete, dass alle Bauern des Amtes Moisburg hier ihr Korn mahlen lassen mussten. Erst im Jahre 1869, mit der Einführung der Gewerbefreiheit, fiel dieses Staatsmonopol.

Mühlenmuseum Moisburg
Auf dem Damm 10
21647 Moisburg
www.muehlenmuseum-moisburg.de
Mitte Apr.– Mitte Okt.
Sa/So/Fei 11–17 Uhr
Mahltage jeden So
13–16 Uhr
Weitere Infos übers Freilichtmuseum am Kiekeberg: Tel. (040) 79 01 76-0

Robbys House
Rustikales Steakhaus.
Cuxhavener Str. 147
21614 Buxtehude
Tel. (0 41 61) 70 28 00
Tgl. 11–23 Uhr

Tour 50 | Kehdinger Land

Auf Klinkern durchs Land

- ▶ **Radtour (30 bzw. 60 km): Stade – Wischhafen (– Stade)**
- ★ **Parallel zur Elbe, über Deiche & Fleete, Sperrwerks- & Klappbrücken bis ins gemütliche Wischhafen**

Start
Stade
S3 alle 20–60 Min.
oder **RE 5** alle 60 Min.

Rückfahrt
Wischhafen (nicht im HVV)
Elbfähre Wischhafen–Glückstadt alle 30 Min.
und ab Glückstadt
RB 61 alle 60 Min. (nicht im HVV)

Karte ▸ Seite 147

Festung Grauerort
Schanzenstr. 52
21683 Stade
Apr.–Okt.
So/Fei 10.30–17.30 Uhr

Museum Heimatstube Assel
Asseler Str. 42
21706 Drochtersen
Tel. (0 47 75) 89 82 65
www.museum-heimatstube-assel.de
Apr.–Okt. Fr 11–15,
So 14–17 Uhr sowie nach Vereinbarung

Durchs Kehdinger Land, eine alte bäuerliche Kulturlandschaft, führt diese Rundtour. Sie bietet zudem die Möglichkeit, auf die gegenüberliegende Seite der Elbe mit der Fähre von Wischhafen nach Glückstadt zu gelangen.

Wir beginnen unsere Tour in **Stade**, was schon insofern praktisch ist, als uns der Elberadweg direkt am S-Bahnhof abholt. Dieser Abschnitt des populären Radfernwanderweges ist sicher ein besonders schöner, führt er doch die meiste Zeit direkt am Strom entlang. Zunächst jedoch radelt man um die Altstadt Stade herum, die schon für sich einen Besuch lohnt (▸ Seite 138).

An **Bützfleth** vorbei geht es auf dem Elberadweg am Deich nach **Abbenfleth** mit seiner alten Elbfestung Grauerort. Diese wurde in den Jahren 1869 bis 1879 von den Preußen erbaut. Im Falle eines Krieges mit Frankreich sollten feindliche Schiffe davon abgehalten werden, bis in den Hamburger Hafen einzudringen. 1870/71 kam es zwar zum Krieg mit den Franzosen, Grauerort wurde aber nie in Kampfhandlungen verwickelt. Seit 1997 kümmert sich ein Förderverein um die Restaurierung der Festung. Heute wird sie als Museum und für Veranstaltungen genutzt.

Nachdem wir einen Blick auf die Elbfestung geworfen haben, lassen wir die Anlage hinter uns und begeben uns in das **Naturschutzgebiet Asseler Sand**. Wer bequem ist oder es eilig hat, der hält sich immer an den Elberadweg und genießt den Lauf des Stromes zur Rechten. Unternehmungslustigere haben aber auch die Möglichkeit, nach links ins Land abzubiegen. In der **Heimatstube Assel** gibt es vollständig eingerichtete Räume aus der guten, alten Zeit – Utensilien

Kehdinger Land — Tour 50

Wie geht eigentlich ein Seemannsknoten? Üben in Wischhafen

aus Haushalten und Handwerksbetrieben, eine Schuster-, Tischler-, Radio- und Fernsehtechnikwerkstatt. In **Drochtersen** steht noch einer der Ringöfen, die so typisch für das Kehdinger Land waren. In ihnen wurden die berühmten bläulich schimmernden Klinker gebrannt, die halb Hamburg früher sein nobles architektonisches Gesicht verliehen. Noch heute finden sich im Kehdinger Land viele Straßen, bei denen diese Klinker als Pflasterung dienen.

Vom Ort **Krautsand** kann man an Wochenenden geradeaus Richtung Wischhafen fahren. Eine Sperrwerksbrücke (Öffnungszeiten beachten!) führt über die Wischhafener Süderelbe. Diese Süderelbe, die natürlich nichts zu tun hat mit der Hamburger Süderelbe, verläuft parallel zum Elbestrom zwischen Wischhafen und Drochtersen und ist eigentlich nur ein breiterer Graben. Dennoch sorgt sie dafür, dass das Gebiet Krautsand genau genommen immer noch eine Insel ist, aufgespült vom mitgeschwemmten Schlick der Elbe. Der kilometerlange, breite Sandstrand der Elbinsel lädt zum Beobachten der rund 13 000 Seeschiffe ein, die aus aller Welt jährlich in den Hamburger Hafen einlaufen. An Wochentagen und wenn

Elbdeichtreff Radler-Rast
Imbiss-Biergarten mit Billard und Trampolin, 400 Meter hinter der Festung Grauerort.
Am Elbdeich 20
21706 Drochtersen, OT Wethe
Tel. (0 41 48) 15 27
März–Sep.

Tour 50 — Süden

Kehdinger Küstenschiffahrts-Museum
Unterm Deich 7
21737 Wischhafen
Tel. (0 47 70) 71 79
www.kuestenschiffahrts-museum.de
Sa/So/Fei 10–12 und 13–18 Uhr,
Juli–Okt. tgl. außer Mo

Elbfähre Wischhafen–Glückstadt
Abfahrt alle 30 Min., bei Bedarf alle 20 Min.
Tel. (0 41 24) 24 30
www.elbfaehre.de

Restaurant Fährhaus Wischhafen
Fährstr. 16
21737 Wischhafen
Tel. (0 47 70) 71 72
www.faehrhaus-wischhafen.de
Mo/Di/Fr/Sa 12–13.30 und 18–21, So 12–14 und 17.30–21 Uhr

die Klappbrücke geschlossen ist, biegt man von Krautsand Richtung Dornbusch ab und befindet sich ab hier bereits auf dem anderen Ufer der Süderelbe, um nach **Wischhafen,** dem Scheitelpunkt der Rundtour, zu radeln.

Wischhafen ist ein Ort, der vor allem aus dem Fähranleger für die Fähre nach Glückstadt besteht. Daneben kann der Ort mit dem **Küstenschiffahrts-Museum** punkten. Das ehrenamtlich geführte Museum ist in einem denkmalgeschützten Getreidespeicher am Hafen untergebracht und zeigt Originalgegenstände aus der großen Zeit der Kehdinger Küstenschifffahrt.

In Wischhafen fällt die Entscheidung, ob man mit der dortigen Fähre nach **Glückstadt** (▶ Seite 180) übersetzt und von dort mit der Regionalbahn (nicht im HVV) zurückfährt oder die Rundroute fortsetzt und durchs Binnenland nach Stade zurückradelt. Der Rückweg verläuft dann zunächst auf einer Variante des Elberadweges über Neulandermoor, Wolfsbruchermoor und Dornbuschermoor nach Süden. Wir folgen aber nicht der Ausschilderung nach Dornbusch, sondern folgen dem Weg immer weiter geradeaus über **Buschhörne** nach **Aschhorn**. Die Orte bestehen jeweils nur aus wenigen Gehöften, und wenn man sich hinter Aschhorn weiter geradeaus hält, verläuft der Weg nur noch über freies Feld – bis er schließlich in **Stade** endet. Hier kann man noch in eines der gemütlichen Altstadtlokale einkehren – oder gleich bis zum Bahnhof weiterrollen.

Neben dem Museum Heimatstube in Assel steht die Dorfkirche

Kehdinger Land — Tour 50

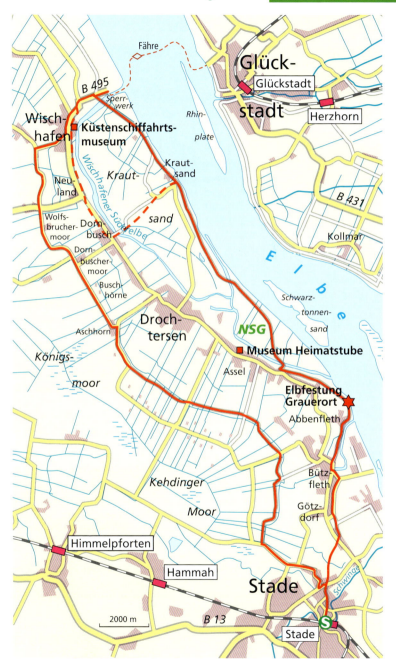

Tour 51 | Freiburg

Der Wind, das Wasser & man selbst

▸ **Radtour (50 km): Wischhafen – Freiburg – Hörne – Wischhafen**
★ **Radeln am Deich, durch unbewohntes Terrain, immer entlang der Elbmündung, mit frischer Nordseeluft in der Nase**

Start
Wischhafen (nicht im HVV)
RB 61 bis Glückstadt alle 60 Min. (nicht im HVV) und **Elbfähre** Glückstadt–Wischhafen alle 30 Min.

Auf dieser etwa 50 Kilometer langen Rundtour trägt die eine oder andere Nordseebrise Radfahrer durch die weite Marschlandschaft mit alten Häfen, schmucken Reetdachhäusern und ausgedehnten Vogelrastgebieten. Naturfreunde und Erholungssuchende kommen hier voll auf ihre Kosten.

Ausgangspunkt der Tour ist Wischhafen (▸ Seite 147), und sie verläuft auch heute wieder auf einem Abschnitt des Elberadweges – zunächst jedenfalls. Nach acht Kilometern Fahrt direkt am Wasser ist der Flecken **Freiburg/Elbe** erreicht. Bei einem Bummel durch den Ortskern Freiburgs sind das Hafenensemble mit historischem Kornspeicher und Spülschleuse sowie die auf einer Wurt liegende St. Wulphardi-Kirche mit einer in kräftigen Farben bemalten Decke lohnenswerte Ziele.

Die nächsten 22 Kilometer des **Elberadwegs** – und unseres Weges – verlaufen nun ab Freiburg durch ganz und gar unbesiedeltes Terrain. Schöneworth-Außendeich, Wechtern Außendeich und Baljer Außendeich nennen sich die von Entwässerungsgräben durchzogenen Landschaftsabschnitte. Erst in der Siedlung **Hörne Außendeich** hat die Zivilisation uns wieder. Von hier aus könnte man auf dem – dem inneren Elbdeich folgenden – Radweg, der parallel zum Elberadweg verläuft, zurück in Richtung Freiburg radeln. Aber erst besuchen wir das **Natureum Niederelbe,** das wir erreichen, indem wir dem Elberadweg bis zum Ufer der Oste folgen (Oste-Sperrwerkszeiten beachten!). Hier liegt das Natureum zwischen Watt- und Wiesenflächen auf einer 20 Hektar großen Halbinsel zwischen Ostemündung und Elbe.

Natureum Niederelbe
Viele Infos zur Küstennatur mit ihrer typischen Pflanzen- und Tierwelt. Mit Café-Bistro.
Neuenhof 8
21730 Balje
Tel. (0 47 53) 84 21 10
www.natureum-niederelbe.de
März–Okt. Di–So 10–18, Juli/Aug. tgl. 10–18 Uhr
März–Okt. 8 €, erm. 5 €
Nov.–Feb. 6 €, erm. 4 €

Der einmalige Lebensraum mit seiner Natur, seiner Umwelt und mehr als 1 000 Jahren Siedlungsgeschichte durch den Menschen ist Thema des Natureums. Das Museumsgebäude umfasst 800 Quadratmeter Ausstellungsfläche und wird im Sommer noch durch eine Sonderausstellungshalle ergänzt. Noch interessanter sind die diversen unterschiedlichen Biotope, die hier angelegt wurden. Acht verschiedene Lehrpfade machen die Natur zum Erlebnis. Eine Freilichtausstellung behandelt das Thema „Urzeit zwischen Elbe und Weser", und vom Aussichtsturm können ornithologisch Interessierte mit Fernrohren den Mündungstrichter der Elbe überblicken. Mehr als 100 Vogelarten zeigen sich im Verlauf des Jahres vor den Beobachtungsstationen.

Nach dem Besuch des Natureums geht es auf den Rückweg von Hörne über **Balje** am Elbdeich entlang nach **Krummendeich**. Hier kann man geradeaus gleich weiter bis nach Freiburg radeln oder nach rechts abbiegen. Man kommt dann nach **Kamp** und radelt auf einem kleinen Stück des **Obstmarschenwegs** – auch eine zu Recht beliebte Radwanderstrecke – nach Freiburg. In Freiburg haben wir dann die Wahl zwischen drei Wegen: mittig weiter auf dem Obstmarschenweg, südlich von Freiburg über Landesbrück, Larkenburg und Hollerdeich durchs „Binnenland" oder wieder auf dem schon von der Hinfahrt bekannten Elberadweg am Fluss entlang. Egal wie wir uns entscheiden: Alle Wege führen zurück nach Wischhafen.

Oste-Sperrwerk Balje–Hörne
Apr.–Sep. Di–Do 10–17,
Sa/So 10–18 Uhr,
Okt.–März Di–Do 10–17,
Sa/So 10–17 Uhr

Hotel und Restaurant Zwei Linden
Regionale Küche, Wild- und Fischspezialitäten.
Itzwördener Str. 4
21730 Balje-Hörne
Tel. (0 47 53) 8 43 00
www.hotel-zwei-linden.de
Fr/Sa 18–21, So 11.30–14 und 18–21 Uhr

Café Hofenhaus
Direkt am Elberadweg.
Am Deich 2
21729 Freiburg/Elbe
Tel. (0 47 79) 8 99 45 58
Im Sommer 9–18 Uhr,
Di Ruhetag

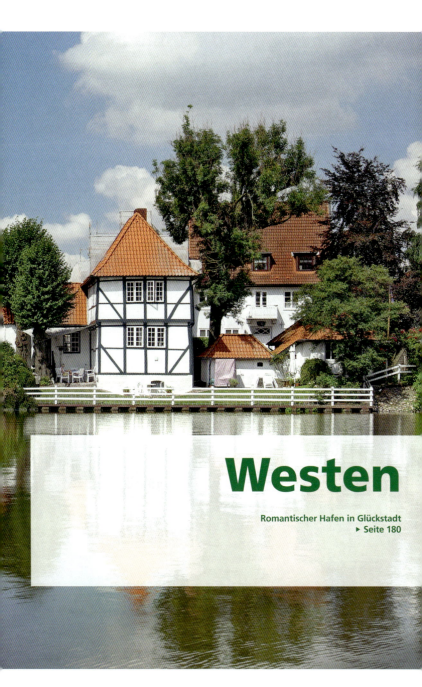

Westen

Romantischer Hafen in Glückstadt
▶ Seite 180

Tour 52 | Elbuferweg 1

Am grünen Strand der Elbe

- ▸ Spaziergang: Altonaer Museum, Altonaer Balkon, Elbufer, Museumshafen Övelgönne & Teufelsbrück
- ★ Elbblick, Fischerhäuser & Museumshafen

Start
Bhf. Altona
S1 S2 S3 S11 S21
S31 alle 10–20 Min.

Rückfahrt
Teufelsbrück
Bus 21 bis Klein Flottbek
alle 30–60 Min.,
weiter mit S1 S11
alle 10–20 Min.

Der Bahnhof Altona als Ausgangspunkt für eine Wanderung ins Grüne? Nein, hier liegt kein Irrtum vor. Wer weiß, wo's lang geht, ist schon nach wenigen Minuten von Blumen und Bäumen umgeben.

Der **Platz der Republik** ist der Beginn einer grünen Achse vom Altonaer Bahnhof zur Elbe. Tatsächlich ist der Platz ein Park, eine gärtnerische Schmuckanlage, die sich an die Platzgestaltung des 19. Jahrhunderts anlehnt. Die typischen repräsentativen Stadtplätze dieser Zeit waren meist von Straßen umgeben und im Inneren mit Flanierwegen, Zierbeeten und Sitzbänken reich ausgestattet. Die mächtigen Blutbuchen und Platanen auf dem Platz der Republik stammen noch aus dem vorletzten Jahrhundert. In den 1970er-Jahren des 20. Jahrhunderts wurde die Anlage neu gegliedert, eine Staudenbepflanzung eingefügt und nach außen, also zu den immer verkehrsreicher gewordenen Straßen hin, durch Büsche abgeschirmt. Im nördlichen Teil des Parks befindet sich außerdem eine imposante, mehrfigurige Brunnenanlage mit Wasserspiel – der Stuhlmannbrunnen.

Wenn wir uns beim Gang über den Platz der Republik rechts halten, gelangen wir zum **Altonaer Museum** für Kunst und Kulturgeschichte. Nicht nur Freunde des Maritimen kommen hier auf ihre Kosten, auch Besucher, die sich für die Kulturgeschichte und die Landeskunde des norddeutschen Küstengebietes interessieren, finden eine umfangreiche Ausstellung vor. Besonders stolz ist das Museum auf seine Vierländer Kate, ein Haus aus dem 18. Jahrhundert, das Stein für Stein in den Vierlanden ab- und hier im Inneren des Museums wieder aufgebaut wurde.

Altonaer Museum
Museumstr. 23
Tel. (040) 4 28 13 50
www.altonaermuseum.de
Di–So 10–17 Uhr
8,50 €, 5 €, bis 18 Jahre frei

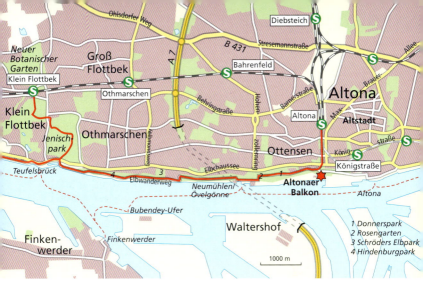

Wer nach dem Museumsbesuch auf Kurs bleibt und sich weiterhin steuerbord – ach was: rechts – hält, gelangt zu einer kleinen Grünanlage am Ottenser Marktplatz. Mittelpunkt der Anlage ist die **Christianskirche,** ein einfacher, aber reizvoller Backsteinbau von 1738, benannt nach dem dänischen König Christian VI. Auf dem die Kirche umgebenden alten Friedhof, heute Teil der Grünanlage, liegt auch der Dichter Friedrich Gottlob Klopstock (1724–1803) begraben. Sein von einem schmiedeeisernen Zaun eingefriedetes Grab findet sich an der der Elbe zugewandten Seite des Friedhofs unter einer alten Buche.

Als Abschluss der grünen Achse vom Altonaer Bahnhof zur Elbe thront der **Altonaer Balkon** hoch über dem Strom. Von hier bietet sich ein eindrucksvoller Blick über die Hafenanlagen, die kühn geschwungene Köhlbrandbrücke und das Treiben auf der Elbe. Die Anlage schafft eine Verbindung zwischen dem Zentrum Altonas und dem Elbuferwanderweg.

Am Ufer der Elbe reihen sich jetzt an unserem Weg stromabwärts zahlreiche Parks und Grünanlagen aneinander. Alle gehen sie zurück auf einst private Parks der reichen Kaufleute und Reeder, der sprichwörtlichen Pfeffersäcke, die sich hier ihre Prachtvillen errichten ließen. Nicht umsonst gilt die Elbchaussee, die oberhalb unseres We-

Le Canard Nouveau
Restaurant in einem Hightech-Neubau oberhalb des Museumshafens.
Elbchaussee 139
Tel. (040) 88 12 95 31
www.lecanard-hamburg.de
Di–Sa 12–14.30 und
18.30–22.30 Uhr

Landhaus Scherrer
Die rustikale Variante eines Edelrestaurants mit traditionellem Ambiente.
Elbchaussee 130
Tel. (040) 8 83 07 00 30
www.landhausscherrer.de
Mo–Sa 12–15 und
ab 18.30 Uhr

Tour 52 — Westen

ges parallel auf dem Hochufer verläuft, als die schönste Straße Hamburgs.

Bei dem ersten Elbufer-Park auf unserem Weg, der **Rainville-Terrasse,** handelt es sich um den Überrest der Anlage, die einst als öffentlicher Park von Lubin Claude Rainville geschaffen wurde – als Anziehungspunkt für den französischen Landgasthof, den er hier betrieb. Wir gelangen in den **Heine-Park,** der erst vor 20 Jahren öffentlich zugänglich wurde. Er erhielt seinen Namen durch den Bankier Salomon Heine, der das Grundstück Anfang des 19. Jahrhunderts erwarb.

Es folgt der **Donnerspark,** der auf einen Lustgarten des frühen 17. Jahrhunderts zurückgeht. Seinen Namen verdankt er dem Kaufmann Conrad Heinrich Donner, der das Gelände 1820 kaufte. Der benachbarte Park heißt **Rosengarten,** weil hier zum 250-jährigen Stadtjubiläum Altonas im Rahmen einer Gartenbauausstellung ein Rosengarten angelegt wurde. Durch alle vier ineinander übergehenden Parks führt der Schopenhauer Weg. Diesen Weg sollte man wählen, denn noch verlaufen direkt unten am Elbufer die großen Straßen Kaistraße bzw. Neumühlen. Am Lüdemannsweg, in den der Schopenhauerweg mündet, aber geht es steil bergab nach Övelgönne.

In **Övelgönne,** am Fuße des steilen Geesthanges, führt der schmale Fußweg parallel zur Elbe zwischen den malerischen Häuschen und den dazugehörenden Gärten entlang. Zuerst lebten hier Fischer. Im 17. Jahrhundert entwickelte sich das Gebiet zu einem frühen Industriestandort mit Trankochereien und Leimsiedereien, also zu einem Industriestandort der unangenehmen Art. Schließlich siedelten sich Lotsen an, deren Dienste auf der Elbe wegen der immer größer werdenden Schiffe unentbehrlich wurden. Die Lotsenhäuser, ein- und zweigeschossige Fachwerk- und Backsteinhäuser, prägen noch heute das Gesicht Övelgönnes und machen den besonderen Reiz dieser Idylle aus.

Ein Anziehungspunkt für alle Schifffahrtsbegeisterten weit über Hamburg hinaus ist der **Museumshafen Övelgönne,** der 1977 von einem privaten Verein am Anleger Neumühlen eingerichtet wurde. Viele historische Schiffe haben hier

---

Museumshafen Övelgönne
Anleger Neumühlen
Tel. (040) 41 91 27 61
www.museumshafen-oevelgoenne.de
Ganzjährig geöffnet, jederzeit frei zugänglich

Museumshafen-Café
Neben Kaffee und Kuchen auch Fischgerichte und andere Klassiker der norddeutschen Küche.
Auf der D.E.S. „Bergedorf"
Anleger Neumühlen
Tel. (040) 39 73 83
www.museumshafencafe.de
Mi–Sa 12–21, So 10–21 Uhr

Strandperle
Kultkneipe mit traumhafter Lage und toller Atmosphäre.
Am Strand von Övelgönne
Tel. (040) 8 80 11 12
www.strandperle-hamburg.de
Mo–Fr ab 11,
Sa/So ab 10 Uhr

– endgültig – Anker geworfen, so das legendäre Feuerschiff Elbe 3, der schwimmende Leuchtturm in der Elbmündung und viele Segler, die früher den Hauptteil des Verkehrs auf der Elbe bewältigten.

Die weitere Wanderung führt unmittelbar am Ufer entlang. Zur Linken geht der Blick über die Elbe, zur Rechten hinauf zu **Schröders Elbpark**. Das dicht mit alten Eichen bestandene Parkgelände ist der Rest eines riesigen Gartens, den Johann Heinrich Freiherr von Schröder Anfang des 19. Jahrhunderts anlegen ließ, „damit er in den Sommermonaten der Erholung und Pflege des Familienlebens diene". Wohl um den Garten mit Leben zu füllen, zeugte Schröder zwölf Kinder. Einer seiner vielen Nachfahren, der Londoner Bankier Helmut Schröder, verschenkte das Gelände in den 1950er-Jahren schließlich an die Stadt Hamburg (das freiherrliche „von" scheint schon vorher abhandengekommen zu sein). Nur ein Stück weiter das Hans-Leip-Ufer entlang treffen wir auf den sich nun gut einen Kilometer am Ufer hinziehenden **Hindenburgpark**. Ihn musste die – damals noch nicht zu Hamburg gehörende – Stadt Altona im Jahre 1928 teuer kaufen.

Teufelsbrück, unser Ziel, ist gleich hinter dem Hindenburgpark erreicht. Vielleicht ist Teufelsbrück nur ein Etappenziel, denn nahtlos lässt sich der nächste Abschnitt des Elbuferwanderweges bis Blankenese anschließen (▶ Seite 160). Man kann auch den hier beginnenden und sich ins „Landesinnere" erstreckenden **Jenischpark** (▶ Seite 158) erkunden, um dann zum S-Bahnhof Klein Flottbek zu gehen. Wer wirklich früh aufgestanden ist, schafft womöglich auch noch den dort gelegenen **Loki-Schmidt-Garten** (▶ Seite 156). Oder man besteigt am Anleger Teufelsbrück die Fähre und setzt nach Finkenwerder über, der ehemaligen Elbinsel, die ebenfalls erkundet werden will (▶ Seite 128).

Malerischer Elbstrand in Övelgönne

Café Elbterrassen
Café in schöner Lage mit Blick auf den Museumshafen.
Övelgönne 1
Tel. (040) 3 90 34 43
www.cafe-elbterrassen.de
Apr.–Okt. tgl. 10–23 Uhr,
Okt.–Apr. nur
Sa/So 12–18 Uhr je nach Witterung

Restaurant Engel
Thront wie ein Gewächshaus auf dem Anleger, hervorragende Aussicht.
Auf dem Fähranleger Teufelsbrück
Tel. (040) 82 41 87
www.restaurant-engel.de
Mo–Sa ab 12,
So/Fei ab 10 Uhr,
So/Fei Brunch 10–14.30 Uhr

Tour 53 | Loki-Schmidt-Garten
Klingende Hölzer

> ▸ **Spaziergang durch den Neuen Botanischen Garten**
> ★ **Exotische Pfanzen erleben, durch Bambuswälder schreiten & Nutzpflanzen mit anderen Augen sehen**

Start
Klein Flottbek
S1 S11 alle 10–20 Min.

Am 23. Oktober 2012 wurde der „Neue Botanische Garten" nach der verstorbenen Umweltschützerin Loki Schmidt umbenannt. Die Gattin von Altkanzler Helmut Schmidt hatte sich für den Erhalt und Ausbau der Grünanlage engagiert.

Eröffnet wurde der „Neue Botanische Garten" 1979. Angelegt ist er auf dem Gelände des Nordparks der berühmten „Ornamented Farm" von Johann Caspar Voght (▸ Seite 158). Im Zentrum des Gartens befindet sich seit 2012 eine **Phylogenetische Zeituhr,** eine kreisförmig gestaltete Anlage, in der 300 Millionen Jahre der Pflanzenevolution in Form einer Uhr dargestellt werden. Am Anfang der Zeitreise steht der Ginkgobaum, der als ältestes lebendes Fossil gilt.

Wer sich beim Rundgang nach rechts wendet, trifft in der Nähe des Eingangs auf einen **Nutzpflanzengarten**. Alle europäischen Nutzpflanzen von Kohlgewächsen bis Zwiebeln sind hier angebaut. Je nach Jahreszeit sieht man den Wachstumsstatus unserer Grundnahrungsmittel. Gleich dahinter schließen sich Giftpflanzen an – Kinder bitte an die Hand nehmen! Es folgen ein **Rosengarten** und ein **Steingarten** mit blau leuchtenden, pyramidenförmigen Gewächshäusern.

Loki-Schmidt-Garten – Botanischer Garten der Universität Hamburg
Ohnhorststr.
22609 Hamburg
Tel. (040) 42 81 64 76
www.bghamburg.de
Tgl. 9 Uhr bis 1,5 Stunden vor Sonnenuntergang
Von Anfang Mai bis Ende Okt. sonntags um 10 Uhr kostenlose Führungen

Loki-Schmidt-Haus
Ohnhorststr. 18
Tel. (040) 42 81 65 83
www.biologie.uni-hamburg.de/bzf/museum/index.htm
März–Okt. Di–Do/Sa 13–17, So/Fei 10–17 Uhr

Weiter geht es durch die Flora von **Süd- und Nordamerika.** Zum Ausruhen lädt der **Japanische Garten** ein, der neben Pflanzen auch die japanische Gartenkunst repräsentiert. Von einer schattigen Bank aus kann man auf die **zentralasiatische Steppe** schauen. Wer sich lieber in der **alpinen Landschaft** aufhalten möchte, muss nur ein paar Schritte weiter gehen und kann fast wie in den Alpen an kleinen Bächen verweilen und den Molchen bei der Futtersuche zuschauen.

Die Wüste lebt: in den Gewächshäusern des Loki-Schmidt-Gartens

Beim Weg zurück zum Ausgang lohnt noch eine Wanderung durch den **Rhododendronhain** und den **Bambuswald** mit bis zu sechs Meter hohen Stämmen. Auch ein Abstecher in den **Bauern-** und den **Arzneipflanzengarten** ist lohnenswert. Die Abteilung für **Mittelmeerflora,** durch die der Rest des Rundweges führt, präsentiert unter anderem einen uralten, knorrigen Olivenbaum.

Tipp: Im Frühjahr zur Krokusblüte den Garten besuchen, wenn in der Nähe des Eingangs unzählige Blüten den Rasen an der linken Seeseite in ein blaues Meer verwandeln.

Das **Loki-Schmidt-Haus,** ein Museum für weltweit wachsende Nutzpflanzen, setzt die Tradition des Botanischen Museums zu Hamburg nach dem Umzug aus der Marseiller Straße fort und erfüllt sie im Sinne der Namensgeberin mit neuem Leben. Hier kann nicht nur geschaut, sondern auch angefasst werden. Die Vielfalt und Bedeutung der Nutzung pflanzlicher Ressourcen wird kleinen und großen Besuchern begreifbar gemacht. Produkte aus Nutzpflanzen, die uns alltäglich begegnen, gibt es zu entdecken. Von Äpfeln bis Zucchini wird alles genau unter die Lupe genommen. Auf abrufbaren Steckbriefen gibt es Informationen zu Anbaugebieten, Verwendung, Hauptproduzenten und ökonomischer Bedeutung. Auch Loki Schmidts Entwicklungsgeschichte als Forscherin und Botschafterin für die Natur wird in einer Ausstellung ausführlich dargestellt.

Riech-, Hör- und Tastgarten
Auf keinen Fall sollte man den Botanischen Garten verlassen, ohne den Riech-, Hör- und Tastgarten besucht zu haben. Hier können sich die Besucher nicht nur an den Duftorgeln mit diversen pflanzlichen Düften zudröhnen, sondern auch das Dendrophon ausprobieren – eine Art Instrument, mit dem sich die verschiedenen Holzarten nach dem Klang unterscheiden lassen. Verblüffend, wie unterschiedlich die Hölzer der einzelnen Bäume klingen!

Tour 54 | Jenischpark

Ein Park mit Aussicht

> ▸ **Stadtausflug: Instenhäuser, Ernst-Barlach-Haus & Jenisch Haus**
> ★ **Parklandschaft in englischem Stil & ein Juwel des Klassizismus**

Start
Klein Flottbek
S1 S11 alle 10–20 Min.

Karte ▸ Seite 161

Der vielleicht schönste, auf jeden Fall der bekannteste Park an der Elbchaussee ist der Jenischpark. Dabei geht er eigentlich auf einen Bauernhof zurück.

Allerdings war dieser Bauernhof kein gewöhnlicher Landwirtschaftsbetrieb, sondern eine „Ornamented Farm". Der reiche Hamburger Kaufmann Johann Caspar Vogt ließ 1797, inspiriert von seinen Englandreisen, diese Mischung aus Mustergut und Landschaftsgarten anlegen. Der ursprüngliche Park war sehr viel größer als der heutige Jenischpark, dieser umfasst nur den ehemaligen Süderpark. Auf anderen Teilen der „Farm" entstanden unter anderem der Loki-Schmidt-Garten (▸ Seite 156) und ein Golfplatz. Dem Begründer kam es darauf an, das Schöne mit dem Nützlichen zu verbinden und eine Ackerreformwirtschaft mit einer empfindsamen, „der Natur abgelauschten" Gestaltung zu verknüpfen.

Dass sich Vogts Reformgedanken nicht auf die Botanik beschränkten, sondern auch den Menschen einbezogen, davon kann man sich schon auf dem Weg vom S-Bahnhof Klein Flottbek über die zum Park führende Baron-Vogt-Straße überzeugen. Mit der Hausnummer 52 stehen hier die sogenannten **Instenhäuser**, die Vogt ab 1786 hatte bauen lassen. Die elf erhaltenen Häuser stellen eine frühe Reihenhaussiedlung dar. Durch die geschickte Raumaufteilung ließ es sich in den einheitlich gehaltenen Häuschen für eine Familie recht behaglich wohnen, obwohl die Wohnfläche nicht einmal 30 Quadratmeter beträgt. Heute sind die vorbildlich restaurierten Häuser eine begehrte Adresse bei Singles.

Die Instenhäuser stehen am Nordrand des heutigen Jenischparks. Bevor man die ganze Parklandschaft in ihrer Weite genießt, bietet sich ein

Ernst-Barlach-Haus
Baron-Vogt-Str. 50a
Tel. (040) 82 60 85
www.barlach-haus.de
Di–So/Fei 11–18 Uhr
7 €, erm. 5 €, bis 18 Jahre frei

Jenisch Haus
Museum für Kunst und Kultur an der Elbe.
Baron-Vogt-Str. 50
Tel. (040) 82 87 90
www.jenisch-haus.de
Di–So/Fei 11–18 Uhr
6,50 €, erm. 4 €, bis 18 Jahre frei

Jenischpark — Tour 54

Das Jenisch Haus ist ein Juwel des Klassizismus

Besuch des **Ernst-Barlach-Hauses** an. Das Haus beherbergt eine Holzskulpturensammlung, 400 Zeichnungen, das druckgrafische Werk und ein Archiv des expressionistischen Bildhauers, Zeichners und Schriftstellers.

Majestätisch auf einer kleinen Anhöhe gelegen, präsentiert sich das **Jenisch Haus** in strahlendem Weiß. Das im Jahre 1832 für den Senator Martin Johann Jenisch nach Plänen von Gustav Forsmann und Karl Friedrich Schinkel errichtete Landhaus ist ein Juwel des Klassizismus. Heute ist das Jenisch Haus eine Außenstelle des Altonaer Museums, es zeigt Mobiliar und Einrichtungen von der Spätrenaissance bis zum Jugendstil.

Als Jenisch, übrigens der Patensohn des Johann Caspar Voght, den Besitz seines Patenonkels kaufte, wurde der Süderpark entsprechend dem damaligen Zeitgeschmack weiterentwickelt. Allerdings bewahrte Jenisch die Ackerstrukturen, den Solitärbaumbestand und eine Waldparzelle im Herzen des Parks und legte sein eigenes Konzept quasi wie ein zweites Netz darüber. Dieser klassische Landschaftsgarten mit seinen noch immer ablesbaren Felderkammern ist bis heute weitgehend erhalten geblieben.

Café im Jenisch Haus
Im ehemaligen Billardzimmer des Senators, wird vom Hotel Louis. C. Jakob betrieben. Außenbereich bei schönem Wetter.
Tel. (040) 82 29 08 22
Di–Fr 12–18,
Sa/So 11–18 Uhr

Tour 55 | Elbuferweg 2
Für Strandläufer

> ▸ Spaziergang: Elbschlösschen, Hirschpark & Blankenese Fähranleger (Fortsetzung von Elbuferweg 1 ▸ Seite 152)
> ★ Berühmte Treppen, edles Ambiente & jahrhundertealte Linden

Start
Teufelsbrück
S1 **S11** bis Klein
Flottbek alle 10–20 Min.,
weiter mit
Bus 21 bis Teufelsbrück
alle 30–60 Min.

Rückfahrt
Blankenese
S1 **S11** alle 10–20 Min.

Die Schuhe in die Hand nehmen und mit den Füßen im Wasser waten – das kann man tatsächlich auf dem Weg zwischen den beiden Fähranlegern Teufelsbrück und Blankenese.

Wanderer, denen das Wasser zu kalt ist oder die den Beteuerungen zur Wasserqualität der Elbe misstrauen, können selbstverständlich trockenen Fußes auf dem gut ausgebauten Weg nach Blankenese kommen. So rechte Urlaubsstimmung will aber nur bei einer Wasserwanderung aufkommen. Andererseits lohnt es sich auch, der Landseite einige Aufmerksamkeit zu widmen.

So führt schon kurz hinter Teufelsbrück die Elbschlosstreppe hoch zur Elbchaussee. Und dort zum **Elbschlösschen,** einem kleinen klassizistischen Bau von 1804, der unter Denkmalschutz steht. Entworfen wurde er von dem berühmten dänischen Architekten Christian Frederik Hansen.

Kaum zurück am Strand geht schon wieder eine Treppe nach oben, die **Jacobstreppe.** Sie führt zu dem bekannten gleichnamigen Restaurant mit seiner noch bekannteren Lindenterrasse. Max Liebermann hat sie gleich auf zwei Gemälden verewigt. Angelegt wurde die Terrasse von dem französischen Kunstgärtner Daniel Louis Jacques, nachdem er die Witwe des 1790 gestorbenen Wirtshausbesitzers Nicolaus Paridom Burmester geheiratet hatte.

Hotel Louis C. Jacob
Eines der berühmtesten Restaurants der Stadt mit der legendären Lindenterrasse.
Elbchaussee 401–403
22609 Hamburg
Tel. (040) 82 25 50
www.hotel-jacob.de
Mi–So 19–21.30,
Sa/So auch 12.30–14 Uhr

Über dem Elbuferweg ragt bald das satte Grün des Hirschparks auf. Ein Abstecher hinauf zu dieser Anlage lohnt auf jeden Fall. Fast 25 Hektar groß ist der **Hirschpark** und bietet damit Gelegenheit zu ausgedehnten Spaziergängen. Aber der beliebte Park hat noch mehr zu bieten. Berühmt ist die 200 Jahre alte Lindenallee: Uralte, frei stehende Bäume, Solitärbäume, schmücken die groß-

zügigen Freiflächen. Manche ihrer Äste berühren den Boden und dienen Kindern als Klettergerüst. Seinen Ursprung hat der Park in den Aktivitäten Johann Cesar VI. Godeffroys. Auf diesen schwerreichen Kaufmann geht auch das Hirschgehege zurück. Godeffroy war leidenschaftlicher Jäger, doch blieb ihm wenig Zeit, in den Wäldern zwischen Rissen und Blankenese auf die Pirsch zu gehen. Wenn der Jäger nicht zum Hirsch kommt, muss eben der Hirsch zum Jäger kommen. Heute landen die Tiere natürlich nicht mehr vor den Flinten der Pfeffersäcke, sondern können von den Besuchern bestaunt werden. Architektonisches Schmuckstück des Parks ist das **Witthüs,** ein reetgedecktes Haus nahe der Elbchaussee. Von 1950 bis zu seinem Tode 1959 wohnte hier Hans Henny Jahnn, der berühmte Dramatiker, Schriftsteller und Orgelbauer; heute ist darin ein Restaurant untergebracht.

Neben dem Hirschpark nimmt sich der nächste Park, der **Baurs Park,** fast bescheiden aus. Er reicht bis zum Strandweg hinab – diesen Namen hat unser Elbuferweg mittlerweile angenommen. Statt der einst berühmten Kleinarchitektur, mit der sein Schöpfer Georg Friedrich Baur die Anlage schmückte, markiert heute ein im klassischen Rot-Weiß gehaltener Leuchtturm den Baurs Park.

Gleich hinter dem Baurs Park beginnt das **Treppenviertel** von Blankenese (▶ Seite 162). Wer sich bis jetzt vorm Treppensteigen gedrückt hat, wird womöglich auch hier vor der Anstrengung fliehen – und zwar mit der Fähre vom Anleger Blankenese ins Alte Land nach Cranz (▶ Seite 131).

Witthüs Teestuben
Nicht (nur) Teestube mit Sommerterrasse, sondern auch Restaurant der gehobenen Kategorie. Im plüschigen Ambiente Gerichte der verfeinerten Regionalküche.
Im Hirschpark
Elbchaussee 449a
22587 Hamburg
Tel. (040) 86 01 73
www.witthues.de
Di–Sa 14–23,
So/Fei 10–23 Uhr,
Restaurant ab 19 Uhr

Tour 56 | Blankenese

Treppauf, treppab

> ▶ **Spaziergang: Goßlers Park, Hessepark & Süllberg**
> ★ **Pittoreske Fischerhäuser, unzählige Treppen zum Auf- und Absteigen & ein wunderschöner Elbblick**

Start
Blankenese
S1 **S11** alle 10–20 Min.

▶ Hörabschnitt Nr. 1–6 siehe HVV-Netzplan Klappe hinten im Umschlag und
▶ Hörabschnitt Nr. 7–19 siehe Karte Seite 163

Jede Wette, dass Sie sich bei diesem Ausflug mindestens einmal verlaufen werden. Das Treppenviertel des Blankeneser Süllbergs ist ein wahres Labyrinth – allerdings ein äußerst malerisches.

Nach der Ankunft am Blankeneser S-Bahnhof bietet sich vor der Erkundung des Treppenviertels zunächst ein Besuch des benachbarten **Goßlers Parks** mit dem Goßlerhaus an. Wie auf einer Bühne erhebt sich auf einer sanften, rasenbewachsenen Anhöhe der klassizistische weiße Prachtbau.

Wenn man die **Blankeneser Bahnhofstraße** hinunterbummelt, zweigt links der Mühlenberger Weg ab, wo am Markt die **Blankeneser Kirche** steht. Die Backsteinkirche im neugotischen Stil wurde 1896 eingeweiht. Wieder auf der Blankeneser Bahnhofstraße, zweigt kurz darauf ein Weg nach rechts zum **Hessepark** ab. Wie Goßlers Park ist auch der Hessepark in den 1920er-Jahren von der Gemeinde Blankenese erworben worden und steht seitdem der Öffentlichkeit zur Verfügung.

Vom Hessepark ist es nur ein Katzensprung zur Erkundung des Treppenviertels und zur Besteigung des Süllbergs. Der **Süllberg** ist eine steil zum Elbufer abfallende Anhöhe von 75 Metern. Zweimal wurde hier in fernen Zeiten eine Burg errichtet, aber beide Male hatte sie nur wenige Jahre Bestand. Der Berg blieb ungenutzt und unbewohnt. Im Jahre 1837 erkannte schließlich ein cleverer Gastronom den Wert der exponierten Lage mit dem herrlichen Ausblick und eröffnete hier einen Milchausschank, aus dem sich bald ein bekanntes Ausflugslokal entwickelte. Der Bau mit seinem runden Aussichtsturm sollte an eine alte Burg erinnern. Nach aufwendiger Renovierung bietet die Anlage anspruchsvollen und betuchten

Blankenese

Tour 56

Ausflüglern in verschiedenen Restaurants angenehme Rast. Unweit befindet sich auch der **Waseberg** (▶ Seite 164).

Bedingt durch die Lage am Hang sind viele Wege in Blankenese als Treppen angelegt. Die Namen erinnern an die Bewohner der Häuser, zu denen sie führten: Bartmanns Treppe, Bornholdts Treppe, Schlagemihls Treppe, Schnudts Treppe. Kröger, Lesemann und Möller haben ebenso ihre eigene Treppe wie die Broers und die Oestmanns. Die längste Treppe ist die Strandtreppe, die von der Blankeneser Hauptstraße hinunter zum Elbstrand führt. Ein Besuch dieses **Treppenviertels** lohnt auf jeden Fall. Schön anzusehen und meist vorbildlich gepflegt sind die vielen alten, zum Teil reetgedeckten Häuser, in denen früher die Lotsen, Kapitäne und Schiffbauern lebten. In einem alten **Fischerhaus,** einem sogenannten Twehuis, befindet sich heute ein Museumszimmer, das Ausstellungsstücke aus der Geschichte Blankeneses zeigt.

Für den Fremden stellt sich das Treppenviertel allerdings als dreidimensionales Labyrinth dar. Wenn man sich verlaufen hat, ist es am einfachsten, sich immer bergab zu halten. So gelangt man irgendwann zwangsläufig zum **Strandweg** am Ufer der Elbe.

Unterhalb des Süllbergs liegt der **Fähranleger,** von dem aus die Fähre ins Alte Land nach Cranz verkehrt (▶ Seite 131). Wer keine Lust auf eine Schifffahrt hat, fährt mit der „Bergziege" (▶ Seite 164).

Deck 7
Auf dem Gipfel des Süllberges gelegen, mit entsprechendem Ausblick, Sommerterrasse.
Süllbergsterrasse 12
Tel. (040) 86 62 52 77
www.karlheinzhauser.de
Mo–Fr 12–23,
Sa/So 7.30–23 Uhr

Wochenmarkt
Frische Leckereien u. v. a. m. in der Blankeneser Bahnhofstr.
Di 7.30–14, Fr 7.30–18, Sa 7.30–13.30 Uhr
www.blankeneser-wochenmarkt.net

Fischerhaus Blankenese-Museum
Elbterrasse 6
Tel. (040) 86 40 53
www.blankenese.de/das-fischerhaus.html
Mai–Okt. jeden 1. So im Monat 14–17 Uhr

Hörabschnitte der Audiotour

Hörabschnitt Nr. 1–6 von Altona bis Blankenese:
▶ Klappe hinten

- ❼ S-Bahnhof Blankenese
- ❽ Goßlers Park
- ❾ Hessepark
- ❿ Waseberg
- ⓫ Strandweg
- ⓬ Fischerhaus (Blankenese Museum)
- ⓭ Süllberg
- ⓮ Treppenviertel
- ⓯ Fähranleger
- ⓰ Jollenhafen
- ⓱ Blankeneser Bahnhofstraße
- ⓲ Markt
- ⓳ Blankeneser Kirche am Markt

— Bus 48

Tour 57 | Bus 48

Eine Bergziegentour

> ▸ **Bustour durch Blankenese: Baurs Park – Strandtreppe – Elbterrassen – Leuchtturm – Römischer Garten**
> ★ **Vorbei an Villen & Fischerhäusern, immer mit Blick auf die Elbe**

Start
Blankenese
S1 **S11** alle 10–20 Min.

Der SchnellBus 48 fährt ab Ⓢ Blankenese alle 10–30 Min.

Karte ▸ Seite 163

Hamburgs ungewöhnlichste Buslinie ist mit Sicherheit die Linie 48, eine Ringlinie, die vom S-Bahnhof Blankenese startet. Und warum die kleinen Busse Bergziege genannt werden, wird auf der Fahrt schnell klar.

Seit 1959 fährt die Bergziege dieselbe attraktive und spektakuläre Strecke durch Blankenese. Die Bergziegen sind kleine, wendige Busse, eigens für diese Strecke angefertigt, damit sie gut durch die engen Gassen des **Treppenviertels** (▸ Seite 162) kommen. Seit Oktober 2014 fahren sie außerdem besonders umweltfreundlich – nämlich elektrisch. Und Steigungen schafft die Bergziege spielend: Den **Waseberg** mit immerhin 15 Prozent Steigung nimmt sie, ohne zu meckern.

Eine Rundfahrt mit dem originellen Bus sollte sich kein Blankenese-Besucher entgehen lassen. Angefangen am S-Bahnhof Blankenese geht es zunächst ins Villenviertel um die Oesterleystraße.

Die nächste Station heißt Auguste-Baur-Straße und erschließt den nebenan liegenden **Baurs Park**. Der verdankt seinen Namen dem Altonaer Kaufmann Georg Friedrich Baur. Dieser ließ den Park anlegen und bestückte ihn mit allerlei Schmuckarchitektur: Mehrere Tempel, eine künstliche Turmruine, eine Orangerie und diverse Grotten gehörten dazu. Ein chinesischer Turm befand sich dort, wo heute ein moderner Leuchtturm steht. Von all den Bauten blieb nichts erhalten. Auch von der ursprünglichen Parkanlage ist nur noch ein Rest übrig, eben der heutige Baurs Park.

An der Haltestelle **Strandtreppe** sollte aussteigen, wer das Treppenviertel erkunden will. Die Strandtreppe ist die längste der zahlreichen Treppen und führt – man kann es sich denken – hinunter bis zum Strand. Es soll im Treppenviertel

Der Süllberg in Blankenese

4864 Stufen geben – amtlich gezählt. An der Haltestelle Beckers Treppe bietet sich die Möglichkeit, **Sagebiels Fährhaus** zu besuchen und von dort einen herrlichen Blick über die Elbe zu werfen. Einen ähnlich schönen Blick hat man von den **Elbterrassen,** zu denen man von Krögers Treppe aus gelangt, einer der nächsten Haltestellen der Bergziege. Von den Elbterrassen kann man ein kleines Stück hinunter zum „Rutsch" gehen. Das ist eine der längsten Treppen in Blankenese, und sie endet genau am Strandweg an der Haltestelle Krumdal. Eine ideale Abkürzung also.

Wer nicht an Krögers Treppe aussteigt, der lässt sich mit der Bergziege hinunterfahren zur Landungsbrücke von Blankenese. Sie wird auch „Bull'n" genannt, nach einem kleinen, flachbödigen Transportschiff, das hier einst als improvisierte Landungsbrücke diente. Die nächste Haltestelle, Krumdal, liegt direkt an einem **Leuchtturm.** Der steht zwar schon im Wasser der Elbe, doch kann man trockenen Fußes vom Strand aus über einen Steg auf die Aussichtsplattform gelangen.

Am Falkentaler Weg klettert die Bergziege vom Elbufer hinauf zum Elbhöhenweg. Nach einem steilen Aufstieg ist bald der **Waseberg** erklommen. Am Waseberg liegt auch der Bismarckstein, ein 87 Meter hoher Aussichtsberg mit weitem Blick nach Westen. Über die Richard-Dehmel-Straße und schließlich wieder über die Oesterleystraße gelangt man zurück zum Ausgangspunkt, dem S-Bahnhof Blankenese.

Kaffeegarten Schuldt
Kleines Traditionscafé mit traumhaftem Blick über das Treppenviertel und die Elbe. Hier kann man sein Kaffeepulver auch selbst mitbringen.
Süllbergsterrasse 30
Tel. (040) 86 24 11
www.kaffeegarten-schuldt.de
Mai–Sep. Di–Fr 14–20,
Sa/So 13–20 Uhr,
Okt.–Apr. Fr–So 13–18 Uhr

Tour 58 | Falkensteiner Ufer

Wandern am Strom

> ▸ **Wanderung (10 km): Blankenese – Falkensteiner Ufer – Wedel**
> ★ **Eine frische Brise, ein weiter Blick über Elbe & Elbinseln, landschaftliche Vielfalt & ein Abstecher ins Puppenmuseum**

Start
Blankenese (Fähre)
S1 **S11** bis Blankenese
alle 10–20 Min., weiter
mit **SchnellBus 48** bis
Blankenese (Fähre)
alle 10–30 Min.

Rückfahrt
Wedel
S1 alle 10–20 Min.

Karte ▸ Seite 169

Die Elbe weist den Weg: zu sehr imposanten Hochufern, zu verborgenen historischen Gärten und urwüchsigen Naturschutzgebieten.

Am Blankeneser Fähranleger bietet sich die Möglichkeit, über eine Reling gebeugt auf Elbwellen zu schauen: Rechts vor uns schweift der Blick über die mittlerweile zusammengewachsenen, unbewohnten Elbinseln Neßsand und Schweinesand ins Alte Land – und links über das Mühlenberger Loch. Besser: über die Reste des einstigen Biotops. Denn große Teile des Mühlenberger Lochs wurden mit Milliardenaufwand zugeschüttet, um dort die Erweiterungsbauten der Finkenwerder Flugzeugfabrik von Airbus Industries zu errichten. Das **Falkensteiner Ufer** rechts von uns ist vor allem aufgrund des kilometerlangen Sandstrands im Sommer ein beliebter Ausflugsort vieler Hamburger und ist bei Sonnenschein fast immer gut besucht. Auf dem Weg nach Wedel lässt sich jedoch noch einiges andere entdecken.

Zunächst wandern wir entlang des Flusslaufes auf dem **Strandweg**, der bald in den Falkensteiner Uferweg übergeht. Abseits des Uferwanderwegs führen teilweise sehr steile Wege hinauf zu Aussichtspunkten und malerischen Panoramablicken über die Elbe. Zudem werfen die Hänge zwischen den Baumkronen und Hecken Streiflichter auf die prächtigsten Hamburger Villen. Einst als kleines Fischerdorf bekannt, in dem Kapitäne und Lotsen ihre Zeit an Land genossen, hat sich Blankenese inzwischen zu einem großbürgerlichen Villenviertel entwickelt. Die Geschichte des **Treppenviertels** (▸ Seite 162) lässt sich an Sonntagen über die Möllerstreppe, die vom Strandweg zu den Elbterrassen führt, im Museumszimmer des **Fischer-**

Falkensteiner Ufer — Tour 58

Strandfeeling an der Elbe: Falkensteiner Ufer

hauses erkunden. Das Gebäude wurde 1967 von Hamburgs erstem Bürgermeister Max Brauer als Altentagesstätte eröffnet, ist inzwischen kultureller Treffpunkt und wird seit 2003 ehrenamtlich mit einer beachtlichen Menge privat gespendeter Gegenstände ausgestattet. Anhand skurriler und typischer Exponate gewinnen wir einen Einblick in vergangene Zeiten des Stadtteils. Nach dem kleinen Abstecher in die Geschichte kehren wir zurück hinab zum Strandweg.

Dort, wo bei Ebbe zwei Schiffswracks aus dem Wasser ragen, führt unser Weg über einige Treppenstufen hangaufwärts zum **Römischen Garten**. Bereits Mitte des 19. Jahrhunderts begann die Gestaltung des Geländes am Hang des Kösterbergs als Park. Die erste Obergärtnerin Deutschlands, Else Hoffa, vollendete die Gestaltung der Terrassenanlage im Auftrag der Familie des berühmten jüdischen Kunstkritikers Aby Warburg. Die mehrteilige Anlage nach italienischem Vorbild, auf der in den 1920er- und 30er-Jahren ausgiebige Gartenfeste gefeiert wurden, ist in dieser Form leider nicht mehr komplett erhalten. Drei umliegende Gebäude gehörten einst ebenso zur Parkanlage wie ein aufwendig gestalteter Rosengarten. Der

Museum des Fischerhauses
Elbterrasse 6
Tel. (040) 86 40 53
Mai–Okt. jeden 1. So im Monat 14–17 Uhr

Tour 58 — Westen

**Restaurant
Zum Falkenstein**
Kösterbergstr. 105
22587 Hamburg
Tel. (040) 86 13 42
www.zum-falkenstein.de
Tgl. ab 11 Uhr

begehbare Teil des immergrünen Parks umfasst heute eine wunderschöne Rasenfläche mit Seerosenbecken, Blumenbeeten und einer mächtigen, girlandenartigen Thujahecke. Nachdem die Warburgs 1938 vertrieben worden waren, diente der Kösterberg zur Zeit des Nationalsozialismus als Wehrmachtslazarett. Nach der Rückkehr der Warburgs 1945 errichteten sie auf dem Gelände für viele jüdische Waisenkinder, die den Holocaust überlebten, einen Zufluchtsort. Dort konnten sie am Elbhang spielen, bis die Ausreisegenehmigungen nach Palästina ausgestellt wurden. Das Gelände wurde im Tauschhandel 1951 schließlich der Stadt Hamburg geschenkt und als öffentlich begehbarer Park eingerichtet.

Heute erblickt der Besucher auch ein terrassenartiges Naturtheater, das sich etwas hangabwärts befindet. Auf den Grasbänken des Mini-Amphitheaters können bis zu 200 Personen unter freiem Himmel Theaterstücke genießen. In den vergangenen Jahren wurde das Theater in den Sommermonaten auch wieder mit Leben gefüllt und einige Aufführungen inszeniert. Na, haben Sie Lust bekommen auf eine Shakespeare-Szene?

Zurück auf dem Falkensteiner Uferweg wandern wir nun weiter gen Westen und biegen auf

Der Römische Garten bietet einen tollen Ausblick

Falkensteiner Ufer — Tour 58

den Falkensteiner Weg ab, den wir hinaufwandern, um uns im Restaurant Zum Falkenstein für den weiteren Weg zu stärken. Wanderer, die noch genug Zeit haben, legen die Strecke nach Wedel nicht unten am Strand zurück, sondern folgen zunächst dem Grotiusweg hin zum **Sven-Simon-Park**. Dort wartet neben dem landschaftlichen Reiz auch ein Museum der besonderen Art auf die Besucher: Das **Puppenmuseum** zieht mit seinen mehr als 300 Exponaten nicht nur kleine Kinder in seinen Bann und ist dazu noch in einer der prächtigen Villen Blankeneses beherbergt.

Ein letztes Naturerleben bietet sich im **Naturschutzgebiet Wittenberger Heide**, ein 67 Hektar großes Areal, das neben dem höchsten Hamburger Elbhang auch eine Binnendüne umfasst und vielfältige Tier- und Pflanzenwelten offenbart. Nahe der Naturlandschaft am Ufer befindet sich auch der rund 30 Meter hohe Leuchtturm, der seit 2004 unter Denkmalschutz steht. Danach beginnt hinter der Grenze nach Schleswig-Holstein ein Industriegebiet. Eine Ölraffinerie und ein Heizkraftwerk verstellen den Weg. Das „Industriedenkmal" umgehen wir am besten über den Tinsdaler Weg. Danach fällt die Entscheidung schwer, ob wir auf diesem über die Bahnhofstraße ins historische Zentrum Wedels und zur S-Bahn laufen, oder ob wir uns wieder Richtung Elbe auf den Elbwanderweg begeben, der an der Schiffsbegrüßungsanlage Willkomm Höft endet (► Seite 172).

Puppenmuseum Falkenstein – Sammlung Elke Dröscher
Grotiusweg 79
Tel. (040) 81 05 82
www.elke-droescher.de
Di–So/Fei 11–17 Uhr
6 €, Kinder 3 €
Zweimal im Jahr Sonderausstellungen

Tour 59 | Klövensteen

Nicht nur für Pferdefreunde

> ▶ **(Rad-)Rundwanderung (12 km): Rissen – Klövensteen – Rissen**
> ★ **Zwischen dichtem Wald & Pferdekoppeln zu malerischen Teichen**

Start
Rissen
S1 alle 10–20 Min.

Der Klövensteen, ein großes Wald- und Weidegebiet im Westen der Hansestadt, ist ein traditionelles Ausflugsgebiet der Hamburger. Nicht nur für Reiter ist er ein Eldorado.

Tatsächlich lassen sich die landschaftlichen Schönheiten dieses Gebietes an der westlichen Stadtgrenze besonders gut vom Sattel aus erleben. Aber ein richtiges Pferd braucht es dazu nicht, ein Drahtesel leistet ebenso gute Dienste. Ein besonderer Vorteil ist natürlich, dass wir das Fahrrad bequem in der S-Bahn bis zum Bahnhof Rissen mitnehmen können. Versuchen Sie das mal mit einem Pferd.

Vom S-Bahnhof ist man über den nahen Klövensteenweg schon bald in einem Kiefernwald. Am Walderholungsplatz sollte man nach links in den Feldweg 84 einbiegen, über den man zum **Wildgehege** kommt. Rechter Hand befinden sich das Schnaakenmoor und ein Reitweg. Auf dem Feldweg 84 gelangt man zum östlichen Eingangsgatter des Geheges. Uhus, Wildschweine, Hirsche und Rehe kann man hier aus nächster Nähe beobachten. Wer einen besonders guten Einblick in die einzelnen Gehege haben möchte, der besteigt eine kleine Aussichtsplattform und entdeckt so womöglich noch einige scheuere Exemplare. Im südlich des Wildgeheges liegenden Waldgebiet stößt der Spaziergänger auf malerische Teiche.

Beschauliche Landschaft: der Klövensteen

Klövensteen — Tour 59

Zurück auf dem Klövensteenweg kommt man bald auf den meist gut besuchten Waldspielplatz Klövensteen. Nördlich davon, am Babenwischenweg, befindet sich die **Ponywaldschänke,** ein beliebtes Familienausflugslokal.

Gestärkt geht es auf den gut ausgeschilderten Wirtschaftswegen in nördlicher Richtung in den eigentlichen **Staatsforst Klövensteen.** Auf dem Weg wechseln immer wieder kleinere Waldgebiete mit Pferdekoppeln ab. Zahlreiche private Reitställe verteilen sich über den Klövensteen.

Spätestens auf der Fahrt über die ruhigen Waldwege des Klövensteens sollte man sich überlegen, ob der Ausflug zurück nach Rissen führen soll, oder ob **Wedel** das Ziel der Fahrt ist.

Wer sich für Wedel entscheidet, lernt noch eine andere schöne Landschaft kennen: das ausgedehnte **Moorgebiet,** das sich auf schleswig-holsteinischem Boden an den Klövensteen anschließt. Krabatenmoor, Buttermoor, Butterbargsmoor und Sandbargsmoor heißen die einzelnen, ineinander übergehenden Moore. Auf gut befestigten Wegen, auf denen man auch unbedingt bleiben sollte, erreicht man mit dem Rad in südlicher Richtung mühelos die Wedeler Vororte Magdalenenhof und Haidehof.

Wer nicht ganz so weit fahren will, nimmt die Straßen Wespenstieg und Sandmoorweg und gelangt so nach einem waldreichen Tag zurück zum Ausgangspunkt Rissener Bahnhof.

Ponywaldschänke
Babenwischenweg 28
22559 Hamburg
Tel. (040) 81 23 53
www.ponywaldschaenke.de
Sommer tgl. 11–22 Uhr, im Winter bis 21 Uhr

**Restaurant
Reitstall Klövensteen**
Biergarten, Fisch- und Wildgerichte.
Uetersener Weg 100
22869 Schenefeld
Tel. (040) 8 30 69 92
www.restaurant-reitstall-kloevensteen.de
Di–Sa 10–24, So/Fei 10–22, Biergarten Di–Fr ab 12, Sa/So/Fei ab 11 Uhr

Tour 60 | Wedel & Fährmannssand

Da kommt Fernweh auf!

> ▶ (Rad-)Wanderung (12 km): Wedel – Fährmannssand
> ★ Durch Wedel spazieren, in Willkomm Höft Schiffe begrüßen & an der Elbe Schafe sehen

Start
Wedel
S1 alle 10–20 Min.

Karte ▸ Seite 179

Willkomm Höft
Wer vom Fernweh gepackt werden möchte, der ist hier richtig.
Tgl. 10–18 Uhr, im Winter bis Einbruch der Dunkelheit.

Restaurant
Schulauer Fährhaus
Regionale und mediterrane Küche, Fischspezialitäten.
Parnaßstr. 29
22880 Wedel
Tel. (0 41 03) 9 20 00
www.schulauer-faehrhaus.de
Mo–So 11–23,
So/Fei 9.30–12 Uhr Frühstücksbuffet

Diese Discjockeys arbeiten nicht nachts, und sie spielen auch nicht die neuesten Hits, sondern lassen jeden Tag bis zum Sonnenuntergang Nationalhymnen erklingen. Doch bevor wir in Willkomm Höft dem Begrüßen und Verabschieden der Schiffe lauschen, besuchen wir erst einmal den historischen Part der westlichen Nachbarstadt Hamburgs – gleich hinter dem Wedeler S-Bahnhof.

Die Kirche, das Pastorat und weitere gepflegte Bauten bilden den Kern des alten Wedels. Zentrum ist der Roland, eine etwas ungeschlachte Sandsteinfigur. Der Sage nach war Roland ein Ritter im Dienste Karls des Großen. Der Roland steht als Symbol für verliehene Handels- und Marktrechte. Der Reichsapfel ist ein Zeichen des Marktfriedens und der Marktgerechtigkeit. Die einstige wirtschaftliche Bedeutung Wedels gründete sich auf den Ochsenmarkt, der – 1212 erstmals urkundlich erwähnt – im 16. und 17. Jahrhundert seine Blüte erlebte. Bei Wedel gab es eine Furt, auf der die Herden durch die Elbe getrieben werden konnten. Tausende von Tieren, die von Jütland heruntergetrieben wurden, wechselten hier im Frühjahr alljährlich den Besitzer. So sollen im Jahr 1601 allein 20 000 Ochsen verschifft worden sein. Von Wedel aus gelangten die Tiere weiter nach Mitteldeutschland und nach Holland. Als zu Beginn des 18. Jahrhunderts vermehrt Tiere der Lungenseuche zum Opfer fielen, nahm der rege Handel jedoch schnell ab. Noch heute erinnert daran der stets im April stattfindende Wedeler Ochsenmarkt. Nur reisen die Tiere inzwischen bequem im Hänger an, und es sind auch nicht mehr nur Rinder, sondern immer mehr Pferde. Eines ist aber immer noch so wie früher:

Wedel & Fährmannssand — Tour 60

der Verkauf per Handschlag nach alter Tradition. Wer beim Auftrieb dabei sein will, muss früh aufstehen, denn zwischen 5.30 und 6.00 Uhr geht es los. Wer dem Handel mit den Vierbeinern nicht beiwohnen möchte, kann im Festzelt ein mehrtägiges Programm miterleben. Aus dem historischen Ochsenweg ist inzwischen der gleichnamige Radfernweg geworden. Er beginnt in Wedel und endet nach 245 Kilometern im dänischen Viborg.

Das **Stadtmuseum** Wedel zeigt geschichtliche Aspekte von der ersten urkundlichen Erwähnung des Ortes im Jahre 1212 bis ins 20. Jahrhundert: Elbschifffahrt, Industrialisierung, Arbeiterbewegung und Nationalsozialismus. Sein Domizil hat das Museum in einem spätklassizistischen Schulhaus von 1829 in der Küsterstraße. Bereits seit 1912 dient das Gebäude mit einigen Unterbrechungen als Museum. Sonderausstellungen aus den Bereichen Kulturgeschichte, Volkskunde und Kunst sowie ein Museumsgarten mit wechselnden Veranstaltungen ergänzen die Dauerausstellung. Ein wahres Kleinod ist das **Reepschlägerhaus** von 1758. Bis 1964 wurden dort Taue für Großsegler hergestellt. Mehr als zehn Jahre war das unter Denkmalschutz stehende Gebäude ungenutzt, bis man es in den 1970er-Jahren aufwendig renovierte. Heute dient es als Teestube und Ort für kulturelle Veranstaltungen, aus der alten Reeperbahn ist ein lauschiger Garten geworden.

Ein bekanntes Ausstellungshaus lockt Besucher von weit her nach Wedel: das **Ernst-Barlach-Museum** im Geburtshaus Ernst Barlachs (1870–1938) in der Mühlenstraße. Das Museum zeigt eine repräsentative Sammlung nicht nur des plastischen, sondern auch des grafischen, zeichnerischen und literarischen Schaffens des Künstlers. Eine umfangreiche Fotodokumentation veranschaulicht die verschiedenen Lebensstationen Barlachs, dessen Werke im Nationalsozialismus als „entartet" gebrandmarkt waren (für Barlach-Fans gleichfalls ein Muss: das Ernst-Barlach-Haus am Jenischpark ▶ Seite 158). Das Museum präsentiert zudem wechselnde Sonderausstellungen, in denen bildende Künstler und Schriftsteller der klassischen Moderne sowie Kunst und Literatur der Gegenwart ausgestellt werden.

Stadtmuseum Wedel
Küsterstr. 5
Tel. (0 41 03) 1 32 02
www.stadtmuseum.wedel.de
Do–Sa 14–17, So 11–17 Uhr

Ernst-Barlach-Museum
Mühlenstr. 1
Tel. (0 41 03) 91 82 91
www.ernst-barlach.de
Di–So 11–18 Uhr
8 €, erm. 6 €

via Tipp Reepschlägerhaus
Lauschige Teestube mit Ausstellungen und Kulturveranstaltungen.
Schauenburgerstr. 4
22880 Wedel
Tel. (0 41 03) 8 50 57
www.reepschlaegerhaus.de
Di–So 15–22 Uhr,
Mo Ruhetag

Der Roland von Wedel

Tour 60 — Westen

Hier tönt die Musik: Nationalhymnen aus aller Welt

Nun geht es endlich runter zur Elbe. Über die Bahnhofstraße und die Straße Rollberg gelangen wir zur **Schiffsbegrüßungsanlage Willkomm Höft** am Schulauer Fährhaus. Seit 1952 werden hier täglich Schiffe, die in den Hamburger Hafen einlaufen oder über die Elbe in die Weltmeere hinausfahren, begrüßt und verabschiedet. Über 150 Nationalhymnen haben die sechs Discjockeys, die sich den Job „Begrüßungskapitän" teilen, auf ihrem Computer abrufbereit. Schiffe, die kleiner als 1 000 Bruttoregistertonnen sind oder den nationalen Küstenbereich nicht verlassen, werden nur mit dem Dippen (Senken) der Flagge der Hansestadt empfangen. Emotionaler wird es bei der Verabschiedung, wenn das Lied „Auf Wiedersehn, auf Wiedersehn, bleib nicht so lange fort ..." ertönt. Da kommt auch bei der letzten Landratte Fernweh auf. Unter deutscher Flagge fahrende Schiffe werden auch mal mit „Muss I denn, muss I denn zum Städtele hinaus" auf dem Weg in die Nordsee begleitet. Wer das Treiben auf der Elbe vom Restaurant oder der Terrasse des Schulauer Fährhauses beobachtet, der bekommt eine Menge Informationen zu jedem „dicken Pott" über den Lautsprecher verkündet: zu Herkunft, Länge, Breite, Geschwindigkeit, Bruttoregistertonnen und Reiseziel des Ozeanriesens. Dazu greifen die Begrüßungskapitäne eine ihrer 16 000 Karteikarten heraus. Auch der tägliche Hafenbericht gehört zu ihrer Informationsquelle.

Wer die auslaufenden Schiffe noch ein Stück begleiten will, begibt sich auf einen Deichausflug auf der Deichstraße Richtung Fährmannssand. Wie weit der Ausflug gehen soll, hängt von der Zeit, der Ausdauer und dem Fortbewegungsmittel ab. Die langsamen Fußgänger wandern auf der Deichkrone und können die schöne Aussicht sowohl über die Elbe, als auch über die Wedeler Marsch genießen. Links und rechts an der Deichböschung verlaufen gerade, ebene, asphaltierte Wege, die ideal zum Radfahren sind. Auch Inline-

Gasthaus Fährmannssand
Fährmannssand
Tel. (0 41 03) 23 94
www.faehrmannssand.de
Mi–So 11–20 Uhr
Im Winter Öffnungszeiten vorher telefonisch erfragen.

Wedel & Fährmannssand — Tour 60

skater haben den Deich zu ihrem Revier erklärt. Wer auf Rädern oder Rollen unterwegs ist, mag sich also aussuchen, welcher Blick ihm lieber ist: der über das satte Grün der Marsch oder der auf die Ozeanriesen, die auf der Elbe zum Greifen nah vorbeifahren. Am besten auf der einen Seite des Deiches hin und auf der anderen zurück! Lästiges Hindernis allerdings sind die Schafgatter, die in regelmäßigen Abständen zum Bremsen zwingen. Die Schafe selbst lassen sich von den Ausflüglern nicht beeindrucken.

Fußgänger können sich als Ziel die Schäferei und Gaststätte **Fährmannssand** ausgucken. Radfahrer sind wie im Fluge viele Kilometer weit vom Ausgangspunkt entfernt. Je weiter die Fahrt geht, desto menschenleerer wird die Landschaft. Aber Vorsicht: Genügend Zeit für den Rückweg einkalkulieren! Denn auf dem bewahrheitet sich bestimmt die alte Radlerregel: Der Wind kommt immer von vorn. Wer vor der Heimreise noch in kühlendes Nass eintauchen, sich mit einer Massage verwöhnen oder in der Sauna relaxen möchte, sollte im Sport- und Erlebnisbad **Badebucht** einen Stopp einlegen.

Badebucht Wedel
Am Freibad 1
22880 Wedel
Tel. (0 41 03) 91 47-0
www.badebucht.de
Mo 14–20 (in den Ferien ab 6.30 Uhr),
Di–Fr 6.30–20,
Sa/So/Fei 10–20 Uhr
Sauna: Mo–Fr 9–22,
Sa/So/Fei 10–22 Uhr
Erwachsene ab 6 €,
Kinder (ab 3 Jahre) ab 3,50 €, Sauna ab 19,50 €

Willkomm Höft: Schiffsbegrüßungsanlage für große Pötte

Tour 61 | Haseldorfer Marsch

Im Reich des Wachtelkönigs

> ▸ **Radtour (35 km): Wedel – Fährmannssand – Hetlinger Schanze – Haselau – Haseldorf – Hetlingen – Wedel**
> ★ **Natur pur, viele Vögel, Schafe & ein Backsteinkirchlein**

Start
Wedel
S1 alle 10–20 Min.

Karte ▸ Seite 179

Nordwestlich von Wedel dehnt sich – von Gräben und Wasserläufen durchzogen – die Haseldorfer Marsch aus, eine Landschaft von urwüchsiger Schönheit. Und ein Eldorado für Radwanderer, Naturfreunde und Ornithologen.

Der Start zu einer Rundfahrt durch die Haseldorfer Marsch ist schon beim vorigen Ausflugstipp Wedel & Fährmannssand (▸ Seite 172) beschrieben: Es geht auf oder am Elbdeich zwischen Schafen hindurch zum Gasthaus und zur Schäferei **Fährmannssand**.

Für die Rundfahrt geht es nun von Fährmannssand weiter am Elbdeich entlang, bis ein schmaler Weg zur **Carl-Zeiss-Vogelstation** des NABU (Naturschutzbund Deutschland) abzweigt. Von eigens für die Besucher eingerichteten Beobachtungsposten aus kann man zu jeder Jahreszeit die unterschiedlichsten Vogelarten beobachten.

In dem 2 160 Hektar großen **Naturschutzgebiet Haseldorfer Binnenelbe mit Elbvorland**, das der eigentlichen Haseldorfer Marsch vorgelagert ist, brüten zahlreiche Vogelarten, darunter auch gefährdete wie Bakassine, Uferschnepfe, Blaukehlchen, Tüpfelsumpfhuhn, Rohrdommel, Eisvogel, Rohrweihe, Neuntöter und der Wachtelkönig. Wen diese Aufzählung der Ornithologen nicht beeindruckt, der ist vielleicht mit dem Hinweis, dass sich hier sogar der Seeadler, das Wappentier Deutschlands, wieder angesiedelt hat, von dem ökologischen Wert des Gebietes zu überzeugen.

Die Entstehung der heutigen Marschlandschaft, über die man bei der Weiterfahrt vom Deich aus blickt, ist geprägt durch die Dynamik der Elbe. Der Fluss hat im Laufe der Zeit ständig sein Bett

NABU Carl-Zeiss-Vogelstation
Liegt inmitten der Kleientnahmestelle Fährmannssand.
Tel. (040) 64 85 52 53
Mi/Do/Sa/So/Fei 10–16 Uhr
Veranstaltungen unter
www.hamburg.nabu.de

NABU Naturzentrum Scholenfleth
Hafenstr.
25489 Haseldorf
Tel. (0 41 29) 9 55 49 11
www.schleswig-holstein.nabu.de
Apr.– Sep. So 11–16 Uhr

Elbstrand und große Pötte gibt's auch an der Hetlinger Schanze

verlagert; noch vor wenigen Jahrhunderten war die Haseldorfer Binnenelbe das Hauptstrombett. Durch das Absetzen von Schwebstoffen als Folge von Ebbe und Flut bildete sich die nährstoffreiche Marsch. Es entstanden vielfältige, einmalige Lebensräume. Als in den 1970er-Jahren im Rahmen von Hochwasserschutzmaßnahmen auch an der Elbe neue Landesschutzdeiche errichtet wurden, änderten sich die Wasserverhältnisse und damit die natürlichen Lebensräume grundlegend. Große Teile der Flussmarsch wurden dem Einfluss der Gezeiten entzogen. Als Folge verschwanden die an den Gezeitenwechsel angepassten Pflanzenarten wie Wibelsschmiele und Schierlings-Wasserfenchel, die weltweit nur an der Elbe vorkommen, aus diesem Gebiet.

Als Nächstes passieren wir die **Hetlinger Schanze**. Auf einer damaligen Elbinsel errichteten die Dänen 1659 eine Festung, die Hetlinger Schanze, die zusammen mit dem Fort in Glückstadt die Schifffahrt auf der Elbe sichern sollte. Heute ist von den 1764 geschleiften Anlagen nichts mehr zu sehen. Hätte sich nicht der Name erhalten, wäre diese Episode der dänischen Geschichte wohl weitgehend der Vergessenheit anheimgefallen.

Elbmarschenhaus
Hauptstr. 26
25489 Haseldorf
Tel. (0 41 29) 95 54 90
www.elbmarschenhaus.de
Mi–So 10–16 Uhr

Café Grote
Beliebte Bäckerei und Konditorei, mit Außenterrasse.
Deichstr. 3
25489 Haselau-Hohenhorst
Tel. (0 41 29) 2 90
www.cafe-grote.de
Di–Sa 6–18, So 7–18 Uhr,
Jan.–März Di–Fr 12–14 Uhr geschlossen

Tour 61 — Westen

Zu den Sperrwerken Pinnau und Krückau siehe Glückstadt ▶ Seite 180

Haselauer Landhaus
Ausflugslokal in einem schönen, alten Strohdachhaus.
Dorfstr. 10
25489 Haselau
Tel. (0 41 22) 9 87 10
www.hauselauer-landhaus.de
Tgl. außer Mi 12–22 Uhr

Nach weiteren fünf Deichkilometern passiert man eine zweite Einrichtung unserer Vogelfreunde vom NABU, das **Naturzentrum Scholenfleth** am Deich bei Haseldorf. Bald darauf ist die Pinnau erreicht, ein Flüsschen, dem die Stadt Pinneberg, durch die es fließt, ihren Namen verdankt. Man könnte jetzt die Pinnau über ein Sperrwerk passieren und weiter den Deich entlang bis nach Glückstadt radeln. Allerdings muss man die ungünstigen Zeiten berücksichtigen, zu denen die Pinnau passierbar ist. Für die nach weiteren fünf Kilometern in die Elbe mündende Krückau gilt dasselbe (Sperrzeiten ▶ Seite 180).

Wer nicht nach Glückstadt möchte, der fährt am Ufer der Pinnau landeinwärts und schlägt dann einen Bogen über **Haselau** nach **Haseldorf,** dem Hauptort der Marsch. Die Wasserburg, die sich einst hier befand, gehörte von 1494 bis 1736 den Grafen Ahlefeldt, die das Land eindeichen ließen. Die Burg wurde 1805 durch das heutige Herrenhaus ersetzt. Der meist verwendete Titel „Schloss" für das vergleichsweise schlichte Bauwerk scheint etwas prahlerisch. Der zwischen den Deichen eingebettete Schlosspark ist malerisch und reich an seltenen Bäumen. Allerdings sind Haus und Park noch heute in Privatbesitz der Grafenfamilie, die ihr Anwesen auch als solchen ausschildert und nicht als touristischen Besichtigungspunkt betrachtet. Am Rande der Schlossparkanlage steht die evangelische **Pfarrkirche St. Gabriel**, die in ihren Ursprüngen auf das Jahr 1195 zurückgeht und die eine Besichtigung lohnt.

Über den Hetlinger Deich führt der Weg nach **Hetlingen,** einem Zentrum des Obstanbaus. Auf dem letzten Abschnitt der Rückfahrt von Hetlingen durch die Wedeler Marsch nach Wedel finden sich noch einige Reste der Korbweiden, denen die Region einst den Namen Korbweidenland verdankte. Noch 1960 gab es hier 80 Betriebe, in denen Weidenkörbe geflochten wurden. Heute stehen die letzten Korbweiden nur noch in der schönen Gegend herum und erinnern an ein ausgestorbenes Handwerk.

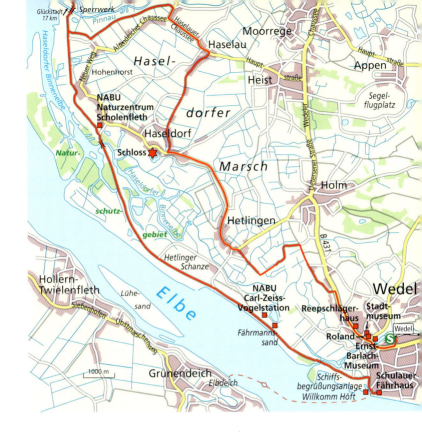

Pfarrkirche St. Gabriel

Der Bau der Pfarrkirche St. Gabriel zeigt sich heute als spätromanische Backsteinkirche. Im Jahre 1599 wurde eine Gruftkapelle für den ermordeten Gutsherren Detlef von Ahlefeldt angebaut. Das Innere der kleinen Kirche ist ein Schmuckkästlein der Sakralkunst. Der Triumphbogen zwischen Altarraum und Kirchenschiff legt Zeugnis ab von den Anfängen dieses Gotteshauses. Darunter hängt das älteste Stück der Kirche: ein frühgotisches Triumphkreuz aus dem frühen 13. Jahrhundert, im Originalzustand erhalten. Sofort ins Auge fällt dem Besucher das Patronatsgestühl. Diese prachtvolle Loge des Gutes Haseldorf wurde 1731 auf Veranlassung des Patronatsherrn Andreas von Schilden eingebaut. Sie steht auch heute noch den jeweiligen Besitzern des Gutes Haseldorf zur Verfügung.

Tour 62 | Glückstadt

Die Stadt, das Glück und der König

> ▸ **Radtour und Stadtbesichtigung (35 km einfach):**
> **Wedel – Glückstadt – Marktplatz – Hafenstraße**
> ★ **Am nördlichen Elbufer über die Sperrwerke nach Glückstadt**

Start
Wedel
S1 alle 10–20 Min.

Rückfahrt
Bhf. Glückstadt
(nicht im HVV)
RB 61 alle 60 Min.

Karten ▸ Seite 179
▸ Seite 183

Sperrwerk Pinnau
Öffnungszeiten:
Mai–Sep.
Sa/So/Fei 9–13 und 14–18,
Mo–Mi 8.45–15.45,
Do 8.45–13.45,
Fr 8.45–12.45 Uhr
Jede Std. auf Min. 45

Sperrwerk Krückau
Öffnungszeiten:
Mai–Sep.
Sa/So/Fei 9–13 und 14–18,
Mo–Mi 9.15–15.15,
Do 9.15–14.15,
Fr 9.15–12.15 Uhr
Jede Std. auf Min. 15

Im Winter sind die Sperrwerke durchgehend geschlossen! Der Weg verlängert sich um ca. 30 km.

Glückstadt, das malerische Städtchen an der Elbe, sollte vor allem einem Glück bringen: dem dänischen König Christian IV.

Dieser Monarch, der sich durch eine Reihe von Stadtgründungen auszeichnete und ohnehin eine beeindruckende Bauwut an den Tag legte, hatte Großes vor mit Glückstadt. Die Stadt sollte sein Tor zur Welt werden und dabei die schon damals bedeutende Handelsmetropole Hamburg überflügeln. Wie wir wissen, kam es dazu nicht. Ein Besuch lohnt sich trotzdem!

Ein Fahrradausflug nach Glückstadt bietet sich als Ergänzung der Tour in die Haseldorfer Marsch (▸ Seite 176) an. Statt an der Pinnau nach Haseldorf abzubiegen, führt der Weg dann ganz einfach immer weiter an der Elbe entlang auf dem Deich nach Glückstadt. Dabei fährt man über die **Sperrwerke von Pinnau und Krückau.** Aber Achtung! Die Öffnungszeiten sind nicht ganz unproblematisch. Besonders die Rückfahrt mit dem Rad auf dem Deich nach Wedel ist wegen der frühen Schließzeiten der Sperrwerke an Werktagen für einen Ausflug mit Stadtbesichtigung sehr ungünstig. Über die Pinnau führt schon in Neuendeich eine Brücke, der Umweg beträgt neun Kilometer. Um die Krückau zu überqueren, muss man außerhalb der Sperrwerkszeiten jedoch einen 20 Kilometer langen Umweg bis nach Elmshorn einplanen.

Am Wochenende im Sommerhalbjahr kann man diesen möglichen Umweg allerdings erheblich verkürzen und dabei auch noch ein nostalgisches Highlight der besonderen Art genießen: mit der historischen **Fähre Kronsnest.** Zwischen **Neuendorf** und **Seestermühe** überquert man die Krückau in der kleinsten Fähre Deutschlands.

Glückstadt — Tour 62

Auch das Fahrrad darf mit auf der einzigen handbetriebenen Fähre in Schleswig-Holstein.

Dieser Flussübergang war jahrhundertelang das Verbindungsglied zwischen zwei Teilen eines alten Handelsweges. Hier wurden Menschen, Tiere und Güter über die Krückau befördert. Im Jahre 1968 lohnte der Fährbetrieb nicht mehr und wurde eingestellt. Doch seit 1993 ist die vermutlich kleinste Personenfähre Deutschlands wieder in Betrieb, um das tideabhängige Flüsschen zu überqueren. Bei Niedrigwasser ist die Krückau nur einen Meter tief. Bei Hochwasser können es bis zu vier Meter sein. Dann hat der Fährmann kräftig zu arbeiten, um der Strömung zu trotzen. In Ruhezeiten wartet er auf der Neuendorfer Seite in einem umgebauten Bauwagen auf Passagiere. Auf die gegenüberliegende Seite wird er mittels einer Glocke oder durch ein freundliches „Hol över" herübergerufen. Diesen Namen erhielt 1993 auch die Fähre.

Blick auf die Hafenstraße in Glückstadt

Einerlei, ob man nun mit Fahrrad und Fähre von Wedel nach **Glückstadt** kommt oder mit der Regionalbahn anreist: In der Altstadt mit Markt und Hafen kann man sich leicht orientieren und findet die steinernen Zeugnisse der Vergangenheit dicht beieinander. 1617 hatte Christian IV. die Stadt mit ihren zwölf sternförmig vom **Marktplatz** abgehenden Straßen befestigen lassen. Mittelpunkt der Stadt ist die **Kirche am Markt.** Der Bau von 1618 ist die erste nach der Reformation errichtete Kirche Holsteins und wird auf der Turmspitze von der Glücksgöttin Fortuna geziert, die eine dänische Königskrone trägt. Die Kirche ist in einem einheitlichen Barock gehalten, ganz in Grau, Weiß und Schwarz. Jünger als die Kirche ist das **Rathaus.** Es wurde erst 1872 errichtet, allerdings nach dem Muster des Vorgängerbaus aus dem Jahre 1642. Im Stil erinnert es an die Renaissancebauten Christians IV. in Kopenhagen.

In der **Hafenstraße,** die unter Denkmalschutz steht, hat sich etwas von der alten Glückstäd-

Fähre Kronsnest
Lustige Fahrt mit der vielleicht kleinsten Fähre Deutschlands über das Flüsschen Krückau.
Tel. (0 41 21) 2 13 99
(ab 18 Uhr)
www.faehre-kronsnest.de
Mai–Okt. Sa/So/Fei 9–13 und 14–18 Uhr, wochentags nach Absprache

Restaurant Aal-Kate
Fischspezialitäten.
Kuhlworth 21
25436 Neuendeich
Tel. (0 41 22) 22 64
www.aal-kate.de
Apr.–Okt. Di–Sa 12–22,
So 9–22 Uhr,
Nov.–Feb. Mo/Di Ruhetag

Tour 62 — Westen

Vorsicht, Schafe! Auf dem Deichweg nach Glückstadt

ter Mischung erhalten, die eine starke dänische Prägung auszeichnet. Hingewiesen sei auf das Haus Nr. 46, das sich ein königlicher Proviantkommissar im Jahre 1697 bauen ließ. Jetzt beherbergt es eine Galerie. Die Nr. 40 war von Christian IV. eigentlich als königliches Wohnhaus gedacht, dann schenkte er es aber seiner Geliebten Wiebeke Kruse. Zwei weitere Bauten aus Glückstadts großer Zeit lohnen wegen ihrer architektonischen Pracht eine Besichtigung: das **Palais Brockdorff**, Am Fleth 43, im Jahr 1631 für den dänischen Statthalter und Schwiegersohn Christians IV. errichtet, und das **Palais Wasmer** in der Königstraße 36, in dem in früherer Zeit das Obergericht für Holstein untergebracht war. Von 1893 bis 1976 wurde in Glückstadt die Heringsloggerei betrieben. Von Mai bis Juli fuhren die Segellogger auf die Nordsee hinaus und machten Jagd auf den kleinen Fisch. Das Gebäude der Heringsfischerei am Hafen ist längst einer modernen Jugendherberge gewichen. Aber im **Detlefsen-Museum** im Palais Brockdorff ist dieses Kapitel des Ortes noch nachvollziehbar. Auch heute wird in Glückstadt der Hering noch zum Matjes und ist eine Delikatesse, die man vor Ort verkosten sollte. Und jedes Jahr am zweiten Donnerstag im Juni beginnen die Glückstädter Matjeswochen mit dem traditionellen Matjes-Anbiss auf dem Marktplatz.

Nicht vom alten Hafen, sondern vom etwas nördlicher gelegenen Anleger startet eine Fähre nach Wischhafen am anderen Elbufer. Die Fahrt dauert nicht einmal eine halbe Stunde. Was wir jedoch schmerzlich vermissen, ist eine Fährverbindung nach Hamburg, die sich eigentlich anböte. Aber vielleicht hat Glückstadt mit der alten Konkurrentin noch immer nicht ihren Frieden gemacht.

Detlefsen-Museum
(im Palais Brockdorff)
Geschichte des Walfangs und der Heringsfischerei.
Am Fleth 43
25348 Glückstadt
Tel. (0 41 24) 93 05 20
www.detlefsen-museum.de
Mi 14–17 Uhr, (Juni–Aug. 14–18 Uhr), Do–Sa 14–18, So 14–17 Uhr

Restaurant Kandelaber
Von Mai bis Sep. tgl. vorzügliches Matjesbuffet.
Am Markt 14
25348 Glückstadt
Tel. (0 41 24) 93 27 77
www.restaurant-kandelaber.de
Di–Sa 11.30–14.30 und ab 18 Uhr, So ab 11.30 Uhr
Nov.–Feb. Mo Ruhetag

Glückstadt

Tour 62

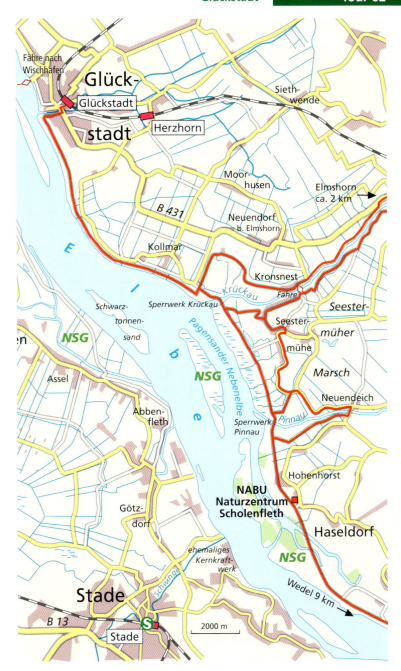

Tour 63 | Uetersen

In die Rosenstadt

▶ **Radtour (20 km): Pinneberg – Uetersen – Tornesch**
★ **Stadtbesichtigung Uetersen: Rosarium, Klosterhof, Museum**

Start
Pinneberg
S3 alle 10–20 Min.

Rückfahrt
Bhf. Tornesch
RB 61 alle 60 Min.

In Uetersen führen alle Wege zum Rosarium, dem berühmten Rosengarten. Daneben lohnen aber auch die weniger bekannten Anlagen des historischen Klosters und des Museums Langes Tannen einen Besuch.

Zunächst führt der Weg des Radwanderers von Pinneberg nach Uetersen. Am Bahnhof fährt man auf dem Weg An der Mühlenau in nordwestlicher Richtung nahe des Flüsschens entlang, das sich später mit der Pinnau vereinigen wird. Vorher biegen wir in die Mühlenstraße ein und fahren dann über die Hauptstraße, die bald zu einer Landstraße wird, zum Dorf **Appen**. Am Dorfende biegen wir rechts nach **Unter-Glinde** ein. Einen Kilometer weiter, in **Ober-Glinde**, führt die Pinneberger Chaussee nach kurzem Weg ins Städtchen Uetersen hinein.

Rosarium
Wassermühlenstr. 7
25436 Uetersen
Tel. (0 41 22) 71 40
www.rosarium-uetersen.de
Ganzjährig geöffnet

In **Uetersen** führen tatsächlich alle Wege zum **Rosarium,** das in der Ortsmitte liegt. Die Rosenzucht im Raum Uetersen hat eine Tradition, die bis weit ins 19. Jahrhundert zurückreicht. In Uetersen selbst war es der Gärtnermeister Ernst Ladewig Meyn, der 1880 eine Baumschule gründete und mit der Veredelung und Zucht der Rosen begann. Das großzügig gestaltete Rosarium konnte im Sommer 1934 eröffnet werden. Zwei weltbekannte Rosenzüchter des Gebietes, Wilhelm Kordes aus Sparrieshoop und Mathias Tantau aus Uetersen, waren die Initiatoren. In einer bunt gestaffelten Schaupflanzung wird heute ein breites Sortiment alter und neuer Park-, Beet-, Kletter- und Hochstammrosen gezeigt.

Im Rosarium werden unterschiedlichste Rosenarten präsentiert

Auch außerhalb des Rosariums begegnen uns in Uetersen immer und überall Rosen. Während Verkehrsinseln in anderen Städten mit dauergrünen sogenannten Bodendeckern bepflanzt sind, blühen in Uetersen prächtige Rosenbüsche.

Der ehemalige **Klosterbereich** mit seinen historischen Gebäuden inmitten einer parkähnlichen Anlage lohnt für Garten- wie für Architekturfreunde gleichermaßen einen Besuch. Bedeutendstes Bauwerk ist die spätbarocke Klosterkirche, 1748 bis 1749 aus Backstein errichtet. Kunstinteressierte sollten nicht versäumen, den Innenraum zu besichtigen, den ein Deckenfresko des italienischen Meisters Giovanni Battista Innocenzo Colombo schmückt.

Das dritte grüne Ausflugsziel Uetersens liegt nördlich des Stadtkerns, ist aber mit dem Rad in wenigen Minuten zu erreichen, auch zu Fuß braucht man kaum länger. Es handelt sich um Langes Tannen. Das Anwesen, das ursprünglich Langes Neue Mühle hieß, beherbergt seit 1985 das **Museum Langes Tannen**. 1979 traf Werner Lange kurz vor seinem Tode die Entscheidung, seinen traditionsreichen Familiensitz der Stadt Uetersen zu vererben, mit der Maßgabe, ihn zu einem Museum umzuwandeln. Die Museumsanlage besteht aus dem ehemaligen Wohnhaus der Familie, einer Fachwerkscheune aus dem Jahre 1762 und den Überresten einer Mühle von 1796. Die Bauten dienen als Museum – Wald, Wiesen und Park als Erholungsgebiet. In den Räumen des Herrenhauses wird heute die liebevoll aufbereitete Schausammlung des Museums zur Geschichte der bürgerlichen Wohnkultur in Norddeutschland von 1790 bis 1920 präsentiert.

Nach dem Besichtigungsprogramm in Uetersen sind wir froh, dass Uetersen und das nordöstlich gelegene **Tornesch** fast ineinander übergehen. So ist man in kürzester Zeit am dortigen Bahnhof.

via Tipp **Museum Langes Tannen**
Der ehemalige Familiensitz von Werner Lange zeigt traditionelle Wohnkultur in Norddeutschland.
Heidgrabener Str. 3
25436 Uetersen
Tel. (0 41 22) 97 91 06
www.langes-tannen-uetersen.de
Mi/Sa/So 14–18 Uhr

Café Langes Mühle
Selbstgebackener Kuchen und kleine herzhafte Gerichte. Auf dem Gelände des Museums.
Heidgrabener Str. 3
25436 Uetersen
Tel. (0 41 22) 90 05 67
www.cafe-langes-muehle.de
Mo/Mi, Fr–So 14–18 Uhr

City & Hafen

Tradition trifft auf Moderne in der HafenCity
▸ Seite 194

Tour 64 | Stadtpark Winterhude

Grüne Oase mit Sternensicht

- Spaziergang durch den Hamburger Stadtpark
- ★ Bezaubernde Gartenarchitektur, riesige Spielwiese & die Sterne zum Greifen nah

Start
Alte Wöhr
S1 S11 alle 10–20 Min.

Rückfahrt
Borgweg
U3 alle 5–10 Min.

Mit knapp 150 Hektar zählt der Stadtpark zu den größten Grünflächen Hamburgs. 2014 konnte der Park seinen 100. Geburtstag feiern. Über der beliebten Stadtparkwiese erhebt sich gut sichtbar der ehemalige Wasserturm. Er beherbergt das Planetarium, das zum Erkunden der Sternenwelten einlädt.

Als Fritz Schumacher (1869–1947) 1909 zum Baudirektor berufen wurde, sollte es nur ein Jahr dauern, bis er den Plan für einen „sozialen Park" entwickelt hatte. 1914 wurde der Volkspark im Stadtteil Winterhude schließlich eröffnet. Ein Teil des Areals, das Sierichsche Gehölz, hatte zuvor als das private Jagdrevier eines Hamburger Geschäftsmanns gedient.

Wir betreten den Park von der Straße Alte Wöhr aus und befinden uns bald auf der **Platanenallee**. Einst eine beliebte Flaniermeile, wurde diese Querachse 2002 wiederhergestellt und ist neben der markanten Wasserturmachse in Ost-West-Ausrichtung ein wichtiger Bestandteil der Parkgestaltung. Im östlichen Teil grenzt die **Freilichtbühne** an, auf der den ganzen Sommer hindurch zahlreiche Konzerte stattfinden. Der Weg zum **Stadtparksee** führt durch den Rosengarten. Im Jahr 1925 nach Plänen von Otto Linne (1869–1937) angelegt, wurde er anlässlich des 100. Parkgeburtstags mit 4 000 neuen Rosen bepflanzt. Hinter dem Pinguin-Brunnen liegt hinter hohen Hainbuchenhecken der **Adam und Eva-Garten** mit zwei Marmorstatuen des Hamburger Bildhauers Oscar E. Ulmer versteckt. Den östlichen Abschluss der Ost-West-Achse bildet das **Modellbootbecken**, an dem sich fast immer die Liebhaber der Miniaturschiffe tummeln. Wir flanieren zur Liebesinsel und weiter am Rand der Stadtparkwiese vorbei. Der zentrale Ort

Naturbad Stadtparksee
Südring 5b
22303 Hamburg
Mai–Aug. tgl. 10–20 Uhr, bei schönem Wetter bis 21 Uhr

Minigolf
Die Minigolfanlage befindet sich südlich der Festwiese, oberhalb des Südringes.
Tel. (01 76) 35 75 75 65
www.minigolf-in-hamburg.de
Mo–Fr ab 14,
Sa/So ab 11 Uhr

in der grünen Oase wird zum Chillen, Picknicken, Spielen und Sonnenbaden genutzt. Mit seinen fast 65 Metern ist das **Planetarium** nicht zu übersehen, das seit 1930 in dem ehemaligen Wasserturm untergebracht ist. Moderne Multimediashows erklären den Kosmos und der Sternenhimmel wird auf die große Kuppel über dem Planetariumssaal projiziert. Eine Plattform in Höhe von 42 Metern sorgt für eine herrliche Aussicht. Letzte Station des Spaziergangs ist der 1915/16 entstandene Kurgarten nebst **Trinkhalle**. Nach den Vorstellungen von Baudirektor Schumacher sollten die Hamburger vor der eigenen Haustür in den Genuss einer Kur kommen, statt in ferne Orte zu reisen. Und so konnten die Bürger mit dem eigenen Trinkglas in der Hand verschiedene Heilwässerchen zu sich nehmen. Von der denkmalgeschützten Trinkhalle aus schaut man über einen Senkgarten, an dessen gegenüberliegender Seite die Bronzefigur „Diana mit Hunden" von Artur Bock (1875–1957) thront. Sie ist eine von knapp zwei Dutzend im Stadtpark befindlichen Skulpturen. Die Ausgestaltung des Parks mit Kunstwerken geht auf eine Anregung des ehemaligen Direktors der Hamburger Kunsthalle Alfred Lichtwark (1852–1914) zurück, einem wichtigen Förderer des Stadtparks.

Von der Trinkhalle aus ein Stück entlang des Südrings und rechts in den Borgweg eingebogen, erreicht man schnell die gleichnamige U-Bahn-Station, um den Heimweg anzutreten.

Planetarium Hamburg
Linnering 1 (Stadtpark),
22299 Hamburg
Tel. (040) 4 28 86 52-10
www.planetarium-hamburg.de
Kasse:
Di 9–17, Mi/Do 9–21,
Fr 9–22, Sa 12–22,
So 10–22 Uhr, in den Schulferien auch Mo 9–17 Uhr
Aussichtsplattform:
Während der Kassenöffnungszeiten und bis Einbruch der Dunkelheit
Je nach Veranstaltung ab 11 €, erm. ab 7 €

Trinkhalle im Stadtpark
Café mit Biergarten in historischer Umgebung.
Südring 1
22303 Hamburg
www.trinkhalle-hamburg.de
Di–Fr 11–18,
Sa/So 10–18 Uhr

Tour 65 | Planten un Blomen

Plattdeutsche Pflanze

▶ **Stadtausflug: Schaugewächshäuser & Japanischer Garten**
★ **Von den Tropen bis nach Japan & zum Wasserlichtkonzert**

Start
Stephansplatz
U1 alle 5–10 Min. oder
St. Pauli
U3 alle 5–10 Min.

Planten un Blomen heißt Hamburgs meistbesuchte Grünanlage. Das ist Plattdeutsch und heißt Pflanzen und Blumen. Als Hamburger weiß man das. Und man weiß wahrscheinlich auch, dass sich kein Ausflugsziel der Stadt so bequem erreichen lässt.

Planten un Blomen ist heute der Oberbegriff für den Grüngürtel zwischen Millerntorplatz und Dammtorbahnhof – ein Ausflugsziel ins Grüne also, das mitten in der Stadt liegt und daher mit den öffentlichen Verkehrsmitteln aus allen Richtungen schnell und mühelos zu erreichen ist. Dieser Grüngürtel setzt sich zusammen aus dem Gelände der im Jahre 1935 veranstalteten „Niederdeutschen Gartenschau Planten un Blomen" – quasi dem Ur-Planten un Blomen –, dem Alten Botanischen Garten, den Kleinen und den Großen Wallanlagen. Auch für die drei nachfolgenden Internationalen Gartenbauausstellungen (IGA) in den Jahren 1953, 1963 und 1973 war die Anlage Hauptausstellungsfläche. Wer heute Planten un Blomen besucht, den erwartet ein themenreicher, aufwendig gestalteter Park mit hohen ästhetischen Ansprüchen, zahllosen botanischen Raritäten und Freizeitattraktionen, die anderswo nur gegen hohes Eintrittsgeld zu sehen sind.

Die Vergangenheit des Geländes als Schutzwallanlage der alten Stadt Hamburg lässt sich an manchen Stellen noch erahnen. So am Zugang Stephansplatz, wo der Blick über einen tiefliegenden See schweift, der ein Überrest des einstigen Wallgrabens ist. Heute ist der See malerischer Mittelpunkt des **Alten Botanischen Gartens.** Attraktion in diesem Bereich des Parks sind die **Schaugewächshäuser.** Anlässlich der internationalen Gartenbauausstellung des Jahres 1963 errichtet, gehören sie auch nach fünf Jahrzehnten

Planten un Blomen
Tel. (040) 4 28 54 47 23
www.plantenunblomen.
hamburg.de
Parköffnungszeiten:
Apr. tgl. 7–22 Uhr,
Mai–Sep. tgl. 7–23 Uhr,
Okt.–März tgl. 7–20 Uhr
Tropengewächshäuser:
März–Okt. Mo–Fr 9–16.45,
Sa/So/Fei 10–17.45 Uhr,
Nov.–Feb. Mo–Fr 9–15.45,
Sa/So/Fei 10–15.45 Uhr

noch zu den weltweit interessantesten. Sie sind eine Einrichtung der Universität Hamburg. Der Rundgang durch die einzelnen Gewächshäuser, die miteinander verbunden sind, wird zu einer Reise durch mehrere Erdteile und Klimazonen. Gleich zu Anfang, in den Tropen, gerät der Besucher ins Staunen und Schwitzen: Die Pflanzen des tropischen Regenwaldes, unter denen der Weg hindurchführt, scheinen fast das Glasdach des Gewächshauses durchschlagen zu wollen. Tatsächlich täten sie das auch, wären nicht alpinistisch geschulte Gärtner damit beschäftigt, sie regelmäßig zu kappen.

Ähnlich exotisch anmutend ist der Besuch des Japanischen Gartens in Richtung Fernsehturm, der sich ohnehin gut zur Orientierung eignet, weil er den ganzen Park überragt. Allerdings steht der Heinrich-Hertz-Turm schon nicht mehr auf dem Gelände von Planten un Blomen. Der **Japanische Garten** wurde von dem berühmten Professor Yoshikuni Araki im traditionellen japanischen Stil gestaltet. Pflanzen, Steine und Wasser bilden das verkleinerte und stark idealisierte Abbild einer natürlichen Landschaft. Der Garten fügt sich trotz seiner in sich geschlossenen, strengen Form überraschend harmonisch in die Parklandschaft Planten un Blomens ein. Mittelpunkt dieses authentischen Stückes Japan mitten in Hamburg bilden das Teehaus und die beiden Wasserläufe, die in einen stillen Teich münden. Japanische Gartenkunst und Lebensphilosophie werden hier anschaulich.

Ein besonderer Anziehungspunkt des Parks ist die **Wasserlichtorgel**. 1935 im Parksee installiert, ist sie bis heute in ihrer Größe und Art der Ausstattung weltweit einzigartig. Die farbigen Wasserlichtkonzerte sind schon seit Generationen ein beliebtes Sommernachtsvergnügen der Hamburger.

Grüne Idylle in der City – Planten un Blomen

via Tipp Wasserlichtkonzerte
Farbenfrohe Wasserlichtspiele vor beeindruckender Kulisse am Parksee. Ideal für ein romantisches Picknick.
Mai–Aug. tgl. 22 Uhr, Sep. tgl. 21 Uhr

Musikpavillon
Konzerte von Mai bis Sep. jeden So und an weiteren Terminen.

Tour 66 | Park Fiction

Chillen mit Hafenblick

▸ **Stadtausflug: Park Fiction, U-Bootmuseum & Fischmarkt**
★ **Palmen aus Stahl & ein toller Blick auf Elbe, Docks & Hafen**

Start
Landungsbrücken
S1 S3 U3
alle 5–20 Min.

Rückfahrt
Fischmarkt (Altona)
🚌 62 bis Landungs-
brücken alle 15–30 Min.

(Platz-) Not macht erfinderisch: Mitten im dicht besiedelten St. Pauli liegt ein ungewöhnlicher Park, der zum Chillen und Schiffegucken einlädt. Park Fiction, eine Mischung aus Kunst und Natur, ist auf einem minimalen Freiraum und unter Beteiligung der Anwohner entstanden.

Der schönste Weg zum Park führt ab den Landungsbrücken über die Promenade Hohes Elbufer. Das ausgewiesene Wegesystem beginnt an den St. Pauli Landungsbrücken und führt bis nach Schulau an die Grenze zu Schleswig-Holstein. Schon am Beginn des Spaziergangs – entlang des Weges „Bei der Erholung" – lässt sich die unverbaute Sicht auf die Elbe genießen.

Restaurant Fischerhaus
Fischgerichte in allen Variationen. Im Erdgeschoss mit einer Gaststube von 1898, im 2. Stock Restaurant mit fantastischer Aussicht auf die Elbe.
St. Pauli Fischmarkt 14
20359 Hamburg
Tel. (040) 31 40 53
www.restaurant-fischer-
haus.de
Tgl. 11.30–22.30 Uhr

Antonipark heißt die urbane Oase zwischen Hafen und St. Pauli, unweit der ehemals besetzten Häuser in der Hafenstraße, offiziell. So ist es auch auf den Hinweisschildern zu lesen. Im Stadtteil wird die 7 500 Quadratmeter große Grünfläche jedoch **Park Fiction** genannt. Echte Bäume sind Mangelware, dafür gibt es eine Mischung aus

Park Fiction — Tour 66

Kunst und Natur, zu der künstliche Palmen ebenso zählen wie ein begraster fliegender Teppich.

Bemerkenswert ist die Entstehungsgeschichte dieses winzigen, dafür aber umso kreativer gestalteten Parks: Mitte der 1990er-Jahre wehrten sich Anwohner gegen den weiteren Bau von Wohnhäusern und Büros auf dem Kiez. Sie entwickelten Ideen und entwarfen Skizzen, wie sie sich einen künftigen Park vorstellten. Die eingereichten Vorschläge dienten den Künstlern und Architekten schließlich als Vorlage für ihre Entwürfe. Im Jahr 2002 wurde das Projekt auf der Dokumenta 11 in Kassel ausgestellt, 2005 war der Park endlich fertig. Von der Aussichtsterrasse, die sich auf dem Dach einer Halle befindet, kann man den Blick ausgiebig über Elbe und Hafen schweifen lassen.

Wir verlassen den Park über die Hafentreppe. Linker Hand befand sich der Golden Pudel Club, eine bekannte Musik-Location, die leider 2016 einem Brand zum Opfer fiel und seither auf ihren Wiederaufbau wartet. An der Hafenpromenade angekommen, flanieren wir weiter Richtung Fischmarkt. Wer sich für Technik interessiert und gern noch einen Blick in das Innere eines stillgelegten russischen Jagd- und Spionage-U-Boots werfen will, hat dazu im **U-Bootmuseum** Gelegenheit. Immerhin mehr als 90 Meter misst das schwarze Ungetüm mit Baujahr 1974, das knapp über der Wasseroberfläche aus der Elbe herausragt. Am Anleger Fischmarkt steigen wir in die Fähre und schippern gemütlich zurück zu den Landungsbrücken.

Unter Palmen aus Stahl: im Park Fiction an der Elbe

U-Bootmuseum Hamburg
St. Pauli Fischmarkt 10
20359 Hamburg
Tel. (040) 32 00 49 34
www.u-434.de
Mo–Sa 9–20, So 11–20 Uhr
9 €, erm. 7 €,
6–12 Jahre 6 €

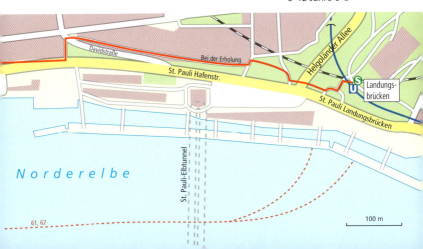

Tour 67 | HafenCity
Zwischen Tradition und Moderne

> ▸ **Zwei Spaziergänge durch HafenCity & Speicherstadt**
> ★ Sandtorpark, Störtebeker-Denkmal, östliche Speicherstadt, Magellan-Terrassen, westliche Speicherstadt, Elbphilharmonie

Start
Überseequartier
`U4` alle 10 Min.

Rückfahrt
Spaziergang 1:
Meßberg
`U1` alle 5–10 Min.

Spaziergang 2:
Baumwall
`U3` alle 5–10 Min. oder
Elbphilharmonie Fähranleger
🚢 72 bis St. Pauli Landungsbrücken, alle 30 Min.

Karte ▸ Seite 196/197

Nein, grün ist es eher nicht in der HafenCity. Aber der eine oder andere Glaspalast, der als Büro- oder Wohngebäude in den letzten Jahren zwischen Hamburger Innenstadt und Elbe gewachsen ist, hat auch seinen Reiz. Wir haben zwei Routen mit interessanten Besichtigungsstopps zusammengestellt.

Vieles, was sich derzeit in der Hamburger HafenCity im Bau befindet, muss sich erst noch in einen stolzen Schwan verwandeln. Und vieles wird in den nächsten Jahren noch hinzukommen, auch wenn inzwischen mancher Glasturm bewundernde oder zumindest interessierte Blicke auf sich lenken kann. Bis circa 2025 soll sich die Hamburger Innenstadt um 40 Prozent erweitert haben. Auf 157 Hektar wird es eine Mischung aus Wohnen, Arbeiten, Kultur und Natur geben. 12 000 Menschen werden zukünftig hier leben und 45 000 ihren Arbeitsplatz haben. Die HafenCity wird von Westen nach Osten und von Norden nach Süden entwickelt. 59 Projekte sind fertiggestellt, weitere 53 im Bau oder in der Planung.

Nach fünf Jahren Bauzeit nahm im Dezember 2012 die neue U-Bahn-Linie U4 von Billstedt über den Jungfernstieg bis zur HafenCity ihren Betrieb auf. Überseequartier und HafenCity Universität heißen die beiden neuen Bahnhöfe.

Wir nehmen die U-Bahn bis zum Überseequartier und fühlen uns nach dem Aussteigen auch erst einmal wie im Meer oder unter der Elbe, zumindest aber unter Wasser. Wie ein Taucher, der langsam aus 18 Metern Tiefe wieder an der Oberfläche auftaucht, begeben wir uns vom dunklen Blau in immer hellere Farbtöne, die schließlich silbrig schimmern. Oben angekommen, stören noch einige Baukräne das einheitliche Bild der

HafenCity — Tour 67

Lohnenswert: Bootstour durch die Speicherstadt

neuen Glasgiganten, von denen der 55 Meter hohe Marco-Polo-Wohn- und Gewerbeturm mit den ineinander verschränkten Stockwerken und das ökologisch konzipierte Unilever-Gebäude mit transparenter Außenfassade in der Nähe der Marco-Polo-Terrassen am spektakulärsten wirken. Am Langnese-Café an den **Marco-Polo-Terrassen** stehen im Sommer Liegestühle mit Elbblick. Sollte gerade ein Kreuzfahrtschiff am **Cruise Center** HafenCity angelegt haben, hat man von hier beste Sicht und kann ein bisschen von Urlaub träumen. Die meisten musealen Attraktionen befinden sich allerdings nicht in der HafenCity, sondern in der alten Speicherstadt mit ihren roten Backsteinfassaden, die durch die Straße Am Sandtorkai von den modernen Glasbauten getrennt ist.

Da das gesamte Areal unmöglich in einem Tag zu erkunden ist, zumindest nicht, wenn man sich das eine oder andere Bauwerk und Museum ansehen möchte, sollte man sich spätestens an der U-Bahn-Station (Ausgang Hübenerstraße/Elbphilharmonie) entscheiden, ob man den östlichen oder westlichen Teil des Gebietes auskundschaften möchte.

Tour 67 — City & Hafen

NachhaltigkeitsPavillon Osaka 9
Osakaallee 9
(am Magdeburger Hafen)
20457 Hamburg
Tel. (040) 37 47 26 60
www.hafencity.com
Di–So 10–18 Uhr

Internationales Maritimes Museum Hamburg
Koreastr. 1
Tel. (040) 30 09 23 00
www.imm-hamburg.de
Tgl. 10–18 Uhr
13 €, erm. 9,50 €

Spaziergang 1: Östliche HafenCity

Wir schlendern den Großen Grasbrook entlang und wandern nach rechts über den **Sandtorpark**, die erste Grünfläche, die 2011 in der HafenCity angelegt wurde. Anschließend geht es über die Tokiostraße Richtung Osakaallee. Nachdem wir sie überquert haben, treffen wir links von der Busan-Brücke auf einen alten Bekannten: Das **Störtebeker-Denkmal** aus der Straße Großer Grasbrook hat hier einen neuen Standort gefunden. Die Bronzestatue des Künstlers Hansjörg Wagner erinnert an den Piraten Klaus Störtebeker, der 1401 als Anführer der Likedeeler (Gleichteiler) auf dem Grasbrook enthauptet wurde. An der Uferpromenade des Magdeburger Hafens informiert der **HafenCity NachhaltigkeitsPavillon Osaka 9** über ressourcenschonende und umweltverträgliche Stadtentwicklung.

Im **Maritimen Museum** wird auf neun Decks im ältesten noch erhaltenen Speicher der Stadt, dem

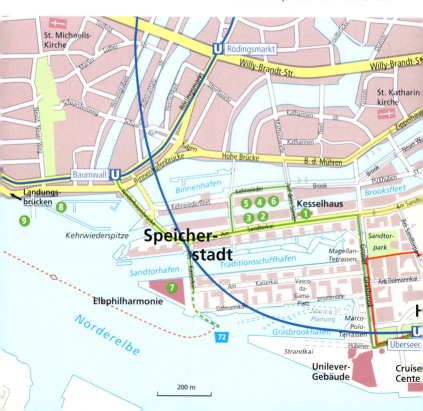

HafenCity

Tour 67

Kaispeicher B aus dem Jahre 1878, die Privatsammlung des Hamburger Professors Peter Tamm gezeigt, dessen Sammelleidenschaft als 6-Jähriger begann. Tausende Exponate von Segelschiffen, Dampfern, U-Booten, Schiffsmodellen aus verschiedenen Materialien vom 16. Jahrhundert bis in die Gegenwart, über Seekarten, Navigationsgeräte und Schiffseinrichtungsgegenstände lassen den Betrachter staunen. Wem der Sinn mehr nach Autos statt nach Schiffen steht, der macht im **Automobilmuseum Prototyp** in der Shanghaiallee eine Zeitreise durch die Welt der Rennwagen.

Auch wenn oder gerade weil das Hamburger Freihafen-Privileg, das bis auf das Jahr 1881 zurückgeht, am 1. Januar 2013 komplett aufgehoben wurde, lohnt der Besuch des **Deutschen Zollmuseums** im alten Zollamt Kornhausbrücke in der Straße Alter Wandrahm. Lebensmittel, Zier- und Gebrauchsgegenstände sind beliebte Verstecke für Rauschgift, Schmuck, Waffen oder Munition.

Automobilmuseum Prototyp
Shanghaiallee 7
Tel. (040) 39 99 69 70
www.prototyp-hamburg.de
Di–So 10–18 Uhr
13,50 €, 4–14 Jahre 8 €

Deutsches Zollmuseum
Erlebnismuseum rund um das Thema Zoll und kuriose Schmuggelverstecke.
Alter Wandrahm 16
Tel. (040) 30 08 76 11
www.museum.zoll.de
Di–So 10–17 Uhr

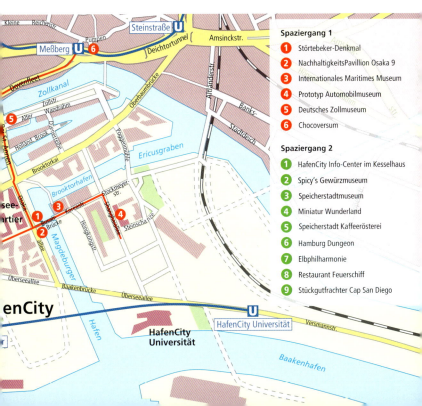

Spaziergang 1
1. Störtebeker-Denkmal
2. NachhaltigkeitsPavillion Osaka 9
3. Internationales Maritimes Museum
4. Prototyp Automobilmuseum
5. Deutsches Zollmuseum
6. Chocoversum

Spaziergang 2
1. HafenCity Info-Center im Kesselhaus
2. Spicy's Gewürzmuseum
3. Speicherstadtmuseum
4. Miniatur Wunderland
5. Speicherstadt Kaffeerösterei
6. Hamburg Dungeon
7. Elbphilharmonie
8. Restaurant Feuerschiff
9. Stückgutfrachter Cap San Diego

Tour 67 — City & Hafen

Chocoversum
Meßberg 1
20095 Hamburg
Tel. (040) 4 19 12 30-0
www.chocoversum.de
Mo–So 10–18 Uhr

HafenCity InfoCenter
Im Kesselhaus
Am Sandtorkai 30
Tel. (040) 36 90 17-99
www.hafencity.com
Di–So 10–18,
Sep.–Mai 10–20 Uhr

Spicy's Gewürzmuseum
Am Sandtorkai 34
Tel. (040) 36 79 89
www.spicys.de
Di–So/Fei 10–17 Uhr,
Juli–Okt. auch Mo
Ab 15 Jahre 5 €,
4–14 Jahre 2 €

Speicherstadtmuseum
Am Sandtorkai 36
Tel. (040) 32 11 91
www.speicherstadt-museum.de
März–Nov. Mo–Fr 10–17,
Sa/So/Fei 10–18,
Dez.–Feb. Di–So 10–17 Uhr

Miniatur Wunderland
Eine fesselnde Welt im Maßstab 1:87.
Kehrwieder 2–4
Tel. (040) 3 00 68 00
www.miniatur-wunderland.de
Mo–Do 9.30–18, Di bis 21,
Fr bis 19, Sa 8–21, So/Fei
8.30–20 Uhr (abw. Öffnungszeiten in den Ferien)
13 €, bis 16 Jahre 6,50 €

Wieder zurück auf dem Festland, können wir auf dem Weg zur U-Bahn-Station Meßberg noch in die Welt des Genusses eintauchen. Im **Chocoversum** dreht sich alles nur um Schokolade. Auf 1 200 Quadratmetern kommen wir dem Geheimnis vom Weg der Kakaobohne bis zur fertigen Tafel auf die Spur. Im Aroma-Atelier können wir zum Abschluss sogar unsere eigene Schokolade kreieren.

Spaziergang 2: Westliche HafenCity

Wer sich für den westlichen Teil der Hafen-City entscheidet, gelangt von der U-Bahn-Station Überseequartier über den Großen Grasbrook zu den **Magellan-Terrassen**. Hier blickt man auf den **Traditionsschiffhafen** mit alten Seglern und Dampfern, der eingerahmt ist von den unterschiedlichsten architektonischen Projekten, hinter deren schillernden Fronten sich Büros und Wohnungen verbergen.

Links um die Ecke im **Kesselhaus**, Am Sandtorkai 30, informieren wir uns über neueste Bauaktivitäten in der HafenCity. Hier wird alles präsentiert, was sich zwischen Elbbrücken und Kehrwiederspitze tut. Mittels Computern, Hörstationen, Filmen und Broschüren kann man sich mit Vergangenheit und Zukunft der zehn wachsenden Quartiere auseinandersetzen.

Am Sandtorkai 34 riecht es hingegen nach Gewürzen. Im **Spicy's** kann man etwa 50 Rohgewürze fühlen, riechen und schmecken. Über 800 Exponate erzählen Gewürzgeschichte vom Anbau bis zum Fertigprodukt. Am Sandtorkai 36 hat sich das **Speicherstadtmuseum** niedergelassen. Im authentischen Rahmen eines Lagerhauses aus dem 19. Jahrhundert zeigt das Museum, wie die Quartiersleute früher hochwertige Importgüter gelagert, bemustert und veredelt haben. Auch die Baugeschichte der Speicherstadt wird illustriert. Das Besondere des Museums sind Tee- und Kaffeeverkostungen, die an verschiedenen Wochenenden stattfinden.

Gleich drei Attraktionen gibt es in der Parallelstraße Kehrwieder: Im **Miniatur Wunderland** lässt sich der Eisenbahnfan im Maßstab 1:87 begeistern. Auf 12 Kilometern Gleislänge bahnen sich über 800 Züge ihren Weg durch Landschaften in Deutschland, Österreich, der Schweiz, Skandinavien und den USA. In der **Speicherstadt Kaffeerösterei** nebenan kann man beim Rösten zuschauen und auch an Verkostungen teilnehmen. Schauspieler entführen im **Hamburg Dungeon** mutige Erwachsene und Kinder ab 10 Jahren ins 18. und 19. Jahrhundert, als Sturmflut, Pest und Feuersbrünste die Hansestadt heimsuchten.

Ein Stück weiter biegen wir links in die Straße Am Kaiserkai und kommen so zum Platz der Deutschen Einheit mit dem wohl berühmtesten Bauwerk der HafenCity – der **Elbphilharmonie**. Nach langer Verzögerung wurde das Megaprojekt Anfang 2017 endlich fertiggestellt und feierlich eröffnet. In dem Gebäudekomplex befinden sich drei Konzertsäle, ein Hotel und 45 Wohnungen. In dem großen Konzertsaal finden 2 100 Besucher Platz, denen hier ein abwechslungsreiches Programm und eine erstklassige Klangerfahrung geboten werden. Außerdem gibt es einen frei zugänglichen Platz in 37 Metern Höhe, der fantastische Ausblicke auf den Hafen bietet. Die sogenannte **Plaza** erreicht man über eine geschwungene Rolltreppe. Allerdings muss man Tickets erwerben. Für einen Plaza-Besuch am selben Tag gibt es je nach Verfügbarkeit kostenlose Tickets. Wer aber an einem bestimmten Tag zu einer bestimmten Uhrzeit die Plaza besichtigen möchte, sollte vorab online Tickets für 2 Euro buchen.

Zurück Richtung Speicherstadt und über die Straße Niederbaumbrücke ist die U-Bahn-Station Baumwall schnell erreicht. Aber was wäre ein Besuch in der HafenCity ohne eine Schifffahrt? Also verlassen wir die HafenCity vom Fähranleger Elbphilharmonie. Von Bord der Fähre 72 sieht man das rote **Feuerschiff**, den Stückgutfrachter **Cap San Diego** und den Großsegler Rickmer Rickmers im Hafenbecken dümpeln und nimmt Kurs auf die St. Pauli Landungsbrücken.

Perle der HafenCity: die Elbphilharmonie

Speicherstadt Kaffeerösterei
Kehrwieder 5
Tel. (040) 5 37 99 85
www.speicherstadt-kaffee.de
Tgl. 10–19 Uhr
Kaffeeverkostung So nach Voranmeldung: 13 €

Hamburg Dungeon
Kehrwieder 2
Tel. (040) 36 00 55 20
www.thedungeons.com
Tgl. 10–18,
Juli–Aug. 10–19 Uhr
Online-Tickets ab 17,50 €,
10–14 Jahre ab 14,30 €
Kinder unter 8 Jahren erhalten keinen Zutritt.

Elbphilharmonie
Platz der Deutschen Einheit 4
Tel. (040) 35 76 66-0
www.elbphilharmonie.de
Plaza tgl. 9–24 Uhr

Tour 68 | Auswandererwelt BallinStadt

Ab nach Amerika!

> ▶ **Stadtausflug: Auswandererwelt BallinStadt**
> ★ **Nacherleben, wie es Auswanderern erging**

Start
Veddel (BallinStadt)
S3 **S31** alle 10–20 Min.

An dem Ort der historischen Auswandererstadt auf der Veddel steht heute die BallinStadt. Hier kann man die Geschichten der Auswanderer nacherleben, die über Hamburg in eine neue und unbekannte Welt aufbrachen.

Mit der S3 oder S31 geht es bis zur Station Veddel (BallinStadt). Von dort sind es fünf Minuten Fußweg zur **Auswandererwelt**. Noch interessanter, aber auch teurer ist es, mit der Hafenbarkasse anzureisen. Alle zwei Stunden fährt die Maritime Circle Line ab Landungsbrücke 10 direkt zum Anleger BallinStadt am Ballin-Park.

„Hallo! Ich heiße Maria und wohne in einem kleinen Dorf in Österreich. Ich bin neun Jahre alt und habe vor 155 Jahren gelebt, ich wurde nämlich 1857 geboren. Meine Eltern wollen nach Amerika ziehen. Sie sagen, dass es dort besser ist. Aber Amerika ist sehr weit weg …"

So wie Maria mit ihren Eltern und Geschwistern brachen zwischen 1850 und 1939 über fünf Millionen Menschen von Hamburg aus in eine neue Heimat auf. Die meisten zog es Richtung Nordamerika, aber auch Brasilien, Argentinien, Neuseeland oder Australien waren Ziele. Durch sprechende Puppen erfahren Besucher der Ausstellung von Träumen, Hoffnungen und Wünschen, die die Menschen damals bewegten.

Auswandererwelt BallinStadt
Veddeler Bogen 2
Tel. (040) 3 19 79 16-0
www.ballinstadt.de
Apr.–Okt. tgl. 10–18 Uhr
Nov.–März
tgl. 10–16.30 Uhr
12,50 €, erm. 10 €,
5–12 Jahre 7 €

„Nach Amerika"
Im Pavillon 3 befindet sich das Restaurant.
Sommer tgl. 11–17.30 Uhr
Winter tgl. 11–16.30 Uhr

1901 wurden die **Auswandererhallen** eingeweiht. Albert Ballin, Generaldirektor der Reederei Hamburg-Amerikanische Packetfahrt-Actiengesellschaft (HAPAG) ließ sie für die Emigranten, die mit den Schiffen der HAPAG befördert wurden, auf der Veddel bauen. In 30 Gebäuden waren Schlaf- und Wohnpavillons, Bäder, Speisehallen, Räume für ärztliche Untersuchungen, Kirchen und Synagogen untergebracht. Zweck der Auswande-

Auswandererwelt BallinStadt — Tour 68

rerstadt war es, den meist armen Menschen, die auf ihre Überfahrt warteten, einen sicheren Ort zur Verfügung zu stellen und die Ausbreitung von Krankheiten zu vermeiden. Unterkunft und Verpflegung waren im Preis der Passagiertickets enthalten. Die Einrichtungen zeichneten sich für die damalige Zeit durch sehr gute hygienische Verhältnisse aus.

In Haus 1 befindet sich die Kasse, und hier startet das Auswandererspiel „Simmigrant" – eine interaktive Simulation, die es erlaubt, sich selbst in einen Auswanderer zu versetzen.

Haus 2 ist das Herzstück der BallinStadt. Hier erfährt man, warum Menschen ihre Heimat verließen und den Start in eine ungewisse Zukunft wagten. Man lernt den Gründer Albert Ballin kennen, und endlich beginnt die große Überfahrt. Schließlich zeigt die Ausstellung die Ankunft auf Ellis Island, der Einwandererstation im Hafen von New York. Nun kann man die Ankommenden auf ihrem Weg in die neue Heimat begleiten und verfolgen, ob sich Wünsche und Hoffnungen erfüllten. So wie bei Maria, dem Mädchen vom Beginn der Ausstellung: „Hello! Ich bin Maria aus Österreich. Aber jetzt heiße ich Mary. Wir sind tatsächlich ausgewandert. Die Überfahrt dauerte vier Wochen. Das Schiff war schrecklich voll mit Menschen. Obwohl ich es mir zuerst nicht vorstellen konnte, bin ich jetzt doch froh, dass wir nach Amerika ausgewandert sind."

Im Haus 3 kann man durch den großen rekonstruierten Schlafsaal gehen und im Familienforschungszentrum kostenlos nach Familienmitgliedern, die einst ausgewandert sind, suchen. Dafür stehen unter anderem die Hamburger Passagierlisten der Schiffe von 1850 bis 1934 und Daten der amerikanischen Volkszählung von 1930 zur Verfügung. Im Restaurant „Nach Amerika" speist man wie vor 100 Jahren: Die Tische und Bänke sind Originalnachbauten von 1910.

Museums-Hafenbarkasse
Ab Landungsbrücke 10 als Hop-On Hop Off-Rundtour direkt zum Ballin-Park.
Nov.–März Sa/So 11, 13 und 15 Uhr
Apr.–Okt. tgl. 10.55, 12.55 und 14.55 Uhr
16 €, 7–15 Jahre 8 €
(2 Kinder bis 6 Jahre pro Erw. frei)
Tel. (040) 28 49 39 63
www.maritime-circle-line.de

Im Haus 3 der Auswandererwelt befindet sich auch das Familienforschungszentrum

Tour 69 | Wilhelmsburger Inselpark

Von der Gartenschau zum Volkspark

- ▶ Spaziergang durch den Wilhelmsburger Inselpark
- ★ Beeindruckende Gartenarchitektur & Abwechslung pur – Ruhe oder Bewegung, Wiesen oder Wasser

Start
Wilhelmsburg
S3 S31 alle 10–20 Min.

Karte ▶ Seite 205

Wälderhaus
Am Inselpark 19
Tel. (040) 302 15 65 30
www.waelderhaus.de
März–Okt. 10–18 Uhr
Nov.–Feb. 10–17 Uhr

Restaurant Wilhelms im Wälderhaus
Vorzugsweise regionale Produkte, raffiniert zubereitet.
Im Sommer große Außenterrasse mit Blick auf weitere IBA-Projekte.
Tel. (040) 302 15 66 00
Tgl. 6–22 Uhr

„In 80 Gärten um die Welt" lautete das Motto der Internationalen Gartenschau (IGS), die im Oktober 2014 ihre Tore schloss. Nach dem Umbau ist auf dem frei zugänglichen Gelände in unmittelbarer Nachbarschaft der neuen Wilhelmsburger Mitte ein attraktiver Volkspark entstanden, der viel Raum für Spiel und Bewegung bietet.

Nur acht Minuten mit der S-Bahn sind es vom Hamburger Hauptbahnhof bis zum neu gestalteten S-Bahnhof Wilhelmsburg. Ab hier, vorbei am schwungvoll bunten Gebäude der Behörde für Stadtentwicklung mit seinem dreizehngeschossigen Hauptturm, dem größten Hochbauprojekt der IBA (▶ Seite 206), ist der Haupteingang des Parks nach wenigen Schritten erreicht.

Er liegt in der neuen Mitte Wilhelmsburg, dem IBA-Quartier im Herzen der Elbinsel. Vis-à-vis der fünf von einem Kanal umgebenen Water-Houses befindet sich die Inselparkhalle mit dem neuen Schwimmbad. Besonderheit der Freizeiteinrichtung: Im Sommer lässt sich die Südseite, bestehend aus einer Front verschiebbarer Glaselemente, vollständig öffnen. Sie schafft freien Zugang zu den Liegewiesen – das Hallenbad wird zum Freibad. Wer mag, unternimmt vor dem Parkspaziergang einen Abstecher in das **Wälderhaus**, dessen Fassade und Gebäudestruktur mit dem nachhaltigen Material Holz gestaltet wurde. Mit einer Dauerausstellung macht die Schutzgemeinschaft Deutscher Wald die Ökologie des Waldes, seine Wichtigkeit für Wasser und Klima sowie seine kulturelle Bedeutung erfahrbar.

Weiter geht es in die am östlichen Parkrand gelegene **Welt der Bewegung**, bestehend aus elf Gärten. Klein und Groß, Alt und Jung, Menschen

Wilhelmsburger Inselpark — Tour 69

Blütenpracht im Wilhelmsburger Inselpark

mit und ohne Handicap können hier die Lust an sportiver Betätigung entdecken. Besonders beliebt ist die 1500 Quadratmeter große Skater-Anlage mit Bowl- und Streetbereich. Ein Eldorado für Kletterfreaks stellt die 850 Quadratmeter große **Nordwandhalle** mit Innen- und Außenkletterwänden dar. Sie ist das erste Null-CO_2-Kletterzentrum Deutschlands. Gleich dahinter bietet ein Hochseilgarten Kletterspaß in fünf Schwierigkeitsstufen.

Exotisch erscheinender Blickfang in der **Welt der Kontinente** ist der Sansibar-Felsen, ein vier Meter hoher, wie vom Wind verformter Steinbrocken, auf dem eine 25 Jahre alte Schwarzkiefer thront. In den westlich davon gelegenen einstigen **Naturwelten** entwickelt sich eine Schilffläche, im Süden entstehen zahlreiche neue Schrebergärten.

Vorbei am Kuckucksteich, wo noch einige Gärten aus der **Welt der Kulturen** erhalten sind, gelangt man zu den lange bestehenden Laubengärten, die wie selbstverständlich in die Gartenausstellung einbezogen wurden. Wer sehen möchte, wie ihre Besitzer ihre Minigärten pflegen und hegen, kann zwischen den Parzellen entlangflanieren oder nimmt den Weg über den neu angelegten **Rosenboulevard**.

Nordwandhalle
Klettern an Innen- und Außenwänden.
Am Inselpark 20
21109 Hamburg
Tel. (040) 209 33 86 21
www.nordwandhalle.de
Mo–Fr 10–23,
Sa/So/Fei 10–22 Uhr
Tageskarte Klettern ab 10 €, Bouldern ab 8 €

Tour 69 — City & Hafen

Hochseilgarten Hanserock
Am Inselpark
21109 Hamburg
Preise und aktuelle Öffnungszeiten:
Tel. (05 21) 32 99 20 20
www.hanserock.de

Noch durchschneidet die Wilhelmsburger Reichsstraße den Park, doch werden die Pläne Wirklichkeit, soll die Schnellstraße in den nächsten Jahren verlegt werden. Eine Brücke führt zur Westseite des Parks, wo die Besucher vom alten Baumbestand rund um einen kleinen See und dem idyllisch gelegenen Kükenbrack empfangen werden. Dahinter eröffnet sich der Blick auf das ehemalige Wasserwerk.

Rechter Hand führt der Weg in die **Wasserwelten**. Während der Gartenschau wurden hier mit unterschiedlichen Gärten Wassermangel und -überfluss zum Thema gemacht. Erhalten geblieben ist unter anderem das Wasserkino, ein aus vielen Mosaiken zusammengestelltes Abbild der Unterwasserwelt, sowie der Gesirgarten. Inmitten einer Steinlandschaft schießt aus der Tiefe der Erde ruckartig immer wieder eine zwölf Meter hohe Fontäne heraus – zur Freude besonders der jungen Parkgäste.

In der nordwestlich gelegenen **Welt der Religionen** waren während der Blumenschau Christentum, Buddhismus, Hinduismus, Islam und Judentum repräsentiert. Auch diese Gärten wurden seit Ende der Ausstellung stark reduziert, blieben aber in ihrer Grundform erhalten und sollen als interkultureller Treffpunkt dienen. Ein gemeinsamer Brunnen ist das Zeichen für Respekt und Toleranz. Er symbolisiert die Bedeutung des Wassers als Quell des Lebens für alle Religionen. Integriert ist die alte Kapelle inmitten des ehemaligen Friedhofs, die als Veranstaltungsort genutzt wird. Übrigens: Der neue Inselpark und die IBA-Bauten lassen sich nicht nur bei einem Spaziergang, sondern auch paddelnd vom Wasser aus entdecken. Die drei Kilometer lange Kanu-Strecke beginnt am Barkassenanleger beim Bürgerhaus und führt mit fünf Ein- und Ausstiegsmöglichkeiten durch das Parkgelände.

Die Behörde für Stadtentwicklung liegt unmittelbar am Inselpark

Tour 70 | Wilhelmsburg / IBA

Stadt im 21. Jahrhundert

- ▶ Radtour (25 km) nach Moorwerder & durch Wilhelmsburg
- ★ Durch die Naturidylle an der Bunthäuser Spitze, vorbei an den Highlights der IBA & rein in die Neue Wilhelmsburger Mitte

Start
Veddel (BallinStadt)
S3 S31 alle 10–20 Min.

Karte ▶ Seite 205

Infozentrum Energieberg Georgswerder
Fiskalische Str. 2
21109 Hamburg
Tel. (040) 25 76-1080
1. Apr.–31. Okt.
Di–So 10–18 Uhr
Öffentliche Führungen:
Fr 15.30, Sa/So 13.30 und 15.30 Uhr

Die Fassade des „Algenhauses" BIQ dient der Energieerzeugung

Die größte bewohnte Flussinsel Europas bietet viel: multikulturelles Flair und dörfliche Strukturen, lauschige Plätze und einen der letzten Tideauenwälder. Als Teil der Internationalen Bauausstellung (IBA) präsentiert sich Wilhelmsburg zudem mit nachhaltigen Projekten zur Energieversorgung und einem zukunftsfähigen Wohnungsbau.

Nach sieben Jahren des Forschens, Entwickelns und Bauens war es 2013 so weit: Über 60 bleibende bauliche, soziale und kulturelle Modellprojekte wurden auf 35 Hektar auf den Elbinseln Wilhelmsburg und Veddel sowie im Harburger Binnenhafen präsentiert. Die 60 entstandenen Projekte sind drei Leitthemen zugeordnet: „Kosmopolis" zeigt, welche Potenziale sich aus dem Zusammenleben von Menschen unterschiedlicher Herkunft und Kulturen ergeben können, besonders im Hinblick auf eine Verbesserung der Bildungssituation. Bei den „Metrozonen" handelt es sich um neue Räume für die Stadt. Zentrale, aber vernachlässigte Orte werden neu belebt. Das Thema „Stadt im Klimawandel" widmet sich regenerativen Energien auf den Elbinseln.

Wie dies aussehen kann, zeigt das erste IBA-Projekt auf unserer Route, der **Energieberg Georgswerder**. Der fast 40 Meter hohe Deponiehügel wurde zum Energielieferanten durch Windkraft und Sonnenenergie. Jahrzehntelang war das Gelände für die Öffentlichkeit nicht zugänglich. Hausmüll und giftige Industrieabfälle wurden hier bis 1979 ge-

Wilhelmsburg / IBA — Tour 70

lagert. Mittels eines aufwendigen Verfahrens wurde die Deponie abgedichtet, so dass keine giftigen Stoffe mehr austreten können. Das Informationszentrum zeigt den Wandel von der giftigen Umweltlast zum Standort für regenerative Energieerzeugung. Ein Horizontrundweg bietet fantastische Ausblicke auf die Stadt und bis zu den Harburger Bergen.

Über den Hövelweg erreichen wir die Dove-Elbe und radeln zur **Windmühle Johanna** in Kirchdorf. Die Mühle ist die fünfte ihrer Art, die seit 1582 an dieser Stelle errichtet wurde. Ende der 1990er-Jahre wurde sie aufwendig restauriert und erstrahlt seitdem im neuen Glanz. Gleich neben der Mühle entstand als IBA-Projekt ein Backhaus, in dem inzwischen das „Wilhelmsburger Mühlenbrot" gebacken wird.

Die Windmühle Johanna in Kirchdorf

Interessante Einblicke in die Geschichte Wilhelmsburg vermittelt das **Museum Elbinsel**: Als die Marschinsel noch vorrangig aus fruchtbarem Weideland bestand, war sie einer der Milchlieferanten für die Hansestadt. Untergebracht ist das Museum in einem ehemaligen Amtshaus, das auf den Grundmauern des „Adeligen Sitzes Stillhorn" errichtet wurde, einem Schloss der Groten. Dieses Gebiet der Elbinsel gehörte ursprünglich zur Insel Stillhorn. Erst Ende des 17. Jahrhunderts wurde es zusammen mit den Inseln Georgswerder und Reiherstieg-Rothehaus zum heutigen Wilhelmsburg zusammengedeicht. Nicht weit entfernt, in der Nähe der Kreuzkirche, befindet sich das älteste Haus der Flussinsel: das Küsterhaus von 1660.

Vom dörflichen Kern radeln wir weiter zum ländlichen Teil: Hinter dem Moorwerder Deich ist das **Naturschutzgebiet Heuckenlock** mit seinem urwaldartigen Baumbestand versteckt. Weitgehend unberührt, erblühen in dem Gebiet im Frühjahr reiche Bestände der geschützten Sumpfdotterblume und auch seltene Tiere wie Grau-

Windmühle Johanna
Café und Besichtigungen jeden 1. So im Monat
Schönenfelder Str. 99a
21109 Hamburg
Tel. (040) 7 54 35 34
www.windmuehle-johanna.de

Museum Elbinsel Wilhelmsburg e. V.
Kirchdorfer Str. 163
21109 Hamburg
Tel. (040) 31 18 29 28
www.museum-elbinsel-wilhelmsburg.de
1. Apr.–31. Okt.
So 14–17 Uhr

Tour 70 — City & Hafen

Der kleinste Leuchtturm Hamburgs steht an der Bunthäuser Spitze

reiher, Weißstorch und Seeadler fühlen sich hier zu Hause. Über das besondere Ökosystem des Süßwasserwatts informiert das **Elbe-Tideauenzentrum**. Von dort führt ein Wanderweg zur **Bunthäuser Spitze** mit ihrem malerischen Leuchtturm, exakt dorthin, wo sich der Fluss in Süder- und Norderelbe trennt.

Nach dem Ausflug in die Naturidylle trägt uns der Drahtesel zurück ins urbane Wilhelmsburg: Über den Siedenfelder Weg führt die Route in Richtung **Neue Wilhelmsburger Mitte**, das größte Städtebauprojekt der IBA. In unmittelbarer Nähe zum **Wilhelmsburger Inselpark** (▶ Seite 202) wächst ein innovatives Stadtquartier. 15 Wohnungsbauprojekte, bestehend aus vier unterschiedlichen Typen, sind entstanden: Smart Price Houses (kostengünstiger Wohnungsbau), Smart Material Houses (Bauen mit neuartigen Materialien), Water Houses (Bauen auf dem Wasser) und Hybrid Houses (ein Miteinander von Wohnen und Arbeiten). Die auffälligste Fassade hat das „Algenhaus" **BIQ**. Eine Bioreaktorfront aus den pflanzenähnlichen Lebewesen, die Photosynthese betreiben, dient der Energieerzeugung. Durch das Wachstum der Algen ist die Fassade ständig in Bewegung und verändert ihre Farbe.

Von der Dratelnstraße aus biegen wir auf den Loop ein – ein neu erbauter, rund 6,5 Kilometer langer, barrierefreier Weg für Radfahrer, Spaziergänger und Skater durch den Stadtteil. Unsere nächste Station ist der **Energiebunker** in der Neuhöfer Straße. Der ehemalige Flakbunker wurde 1943 mit vier Flaktürmen errichtet. Tausenden Menschen diente er als Schutz vor Luftangriffen. 1947 zerstörte die britische Armee das Gebäude innen völlig. Es war nicht zugänglich, bis es seit 2011 im Zuge der IBA saniert und als Mahnmal erhalten wird. Eine Ausstellung dokumentiert die

via Tipp Elbe-Tideauenzentrum Bunthaus
Wissenswertes zum Ökosystem Süßwasserwatt und Naturidylle an der Spitze zwischen Norder- und Süderelbe.
Moorwerder Hauptdeich 33
21109 Hamburg
Tel. (040) 28 49 37 35
www.goep.hamburg/
umweltbildung/elbe-
tideauenzentrum.php
1. Nov.–31. März So 11–17,
1. Apr.–31. Okt. Sa/So/Fei
11–18 Uhr

Wilhelmsburg / IBA — Tour 70

Geschichte des Bunkers. Im Café in einem der Flaktürme kann man in 30 Metern Höhe nicht nur leckeren Kuchen, sondern auch eine tolle Aussicht genießen. Der Name Energiebunker wurde gewählt, da das Gebäude mit einem Mix sauberer Energie eine benachbarte Wohnsiedlung versorgt: Eine Photovoltaikanlage auf dem Dach erzeugt Strom, an der Südseite wandelt eine Solarthermieanlage Sonnenstrahlen in Wärme um und im Innern produzieren ein Biogas-Blockheizkraftwerk sowie ein Holzhackschnitzel-Kessel Energie und Wärme.

Durch das von Gründerzeitbauten geprägte **Reiherstiegviertel** geht es zur Ernst-August-Schleuse. Nun hat man drei Möglichkeiten, die Elbinsel wieder zu verlassen: Entweder man radelt über den neu geschaffenen Radweg zum Alten Elbtunnel oder steigt am Anleger bequem in die Fähre. Variante drei besteht in der Route entlang des **Spreehafens**. Nach dem Abbau des Zollzauns sind neue Zugänge zum Deich entstanden, der sich zu einem beliebten Freizeitbereich für Jogger, Radler, Skater und Spaziergänger entwickelt hat. Vorbei an Hausbooten führt der etwa zwei Kilometer lange Weg direkt zum S-Bahnhof Veddel.

Energiebunker
Neuhöfer Str. 7
21107 Hamburg
www.vju-hamburg.de
Führungen Sa/So 14, 15 und 16 Uhr im Foyer des Café vju, 3 €

Café vju im Energiebunker
Kleine Speisen und Kuchen, dazu grandiose Aussicht.
Neuhöfer Str. 7
21107 Hamburg
www.vju-hamburg.de
Tel. (01 57) 58 55 37 06
Fr 12–18,
Sa/So/Fei 10–18 Uhr

Idyllischer Rad- und Wanderweg zur Bunthäuser Spitze

Tour 71 | Harburg

Kontraste an der Süderelbe

> ▸ **Spaziergang oder Radtour (10 bzw. 13 km): Außenmühlenteich – Harburger Innenstadt – Binnenhafen – Schlossinsel**
> ★ **Parks, Museen & neues Leben am Hafenrand**

Start
Harburg Rathaus
S3 **S31** alle 10–20 Min.

Gratis Audiotouren unter hvv.de/audiotouren herunterladen

▸ Hörabschnitt Nr. 1–3 siehe HVV-Netzplan Klappe hinten im Umschlag und
▸ Hörabschnitt Nr. 3–15 siehe Karte Seite 211

Archäologisches Museum Hamburg (Haupthaus)
Museumsplatz 2
21073 Hamburg
Tel. (040) 4 28 71-3609
www.amh.de
Di–So von 10–17 Uhr
6 €, ermäßigt 4 €,
bis 17 Jahre frei

Die Ursprünge Harburgs reichen weit zurück. Schon um das Jahr 1000 soll auf einer Insel in der sumpfigen Elbeniederung die Horeburg gestanden haben. Harburg entwickelte sich zu einer Hafen- und Handelsstadt. Heute ist der südlichste Stadtteil Hamburgs von lebendigen Gegensätzen geprägt.

Unsere Tour beginnt am S-Bahnhof Harburg Rathaus, den wir sogleich in Richtung Lüneburger Straße – der Fußgängerzone und Einkaufsmeile – verlassen. Vorbei an kulinarischer Vielfalt biegen wir nach nur wenigen Metern rechts ab und entdecken das **Harburger Rathaus**, erbaut 1889 im Renaissance-Stil.

Ein paar Schritte weiter – am Rathaus- und am Museumsplatz – befinden sich die beiden Häuser des **Archäologischen Museums Hamburg** und des **Helms-Museums**. Das Archäologische Museum Hamburg verfügt über eine der größten und wichtigsten archäologischen Sammlungen Norddeutschlands. Die Archäologische Dauerausstellung ist in dem Bau am Harburger Rathausplatz 5 untergebracht. In dem gegenüberliegenden Hauptgebäude, das als eines der größten Museumsneubauten im Nachkriegsdeutschland gilt, werden Sonderausstellungen gezeigt.

Gleich links neben dem Haupteingang des Archäologischen Museums biegen wir in die **Rathauspassage** ein. So gelangen wir direkt zum **Alten Friedhof**. Dieser wurde bereits 1828 eingeweiht und zeigt kunstvolle alte Grabstätten, Wandgrabanlagen und Skulpturen. Seit 1984 steht er unter Denkmalschutz und nimmt immer mehr den Charakter eines Parks an.

Wir durchqueren den Alten Friedhof und gelangen über eine Fußgängerbrücke – die über

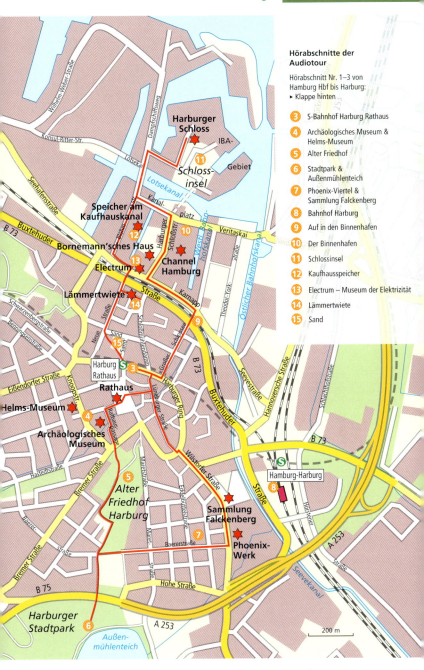

Tour 71 — City & Hafen

Restaurant Leuchtturm
Ausgewählte Speisen, hauseigene Konditorei und lauschige Terrasse am Außenmühlenteich.
Außenmühlendamm 2
21077 Hamburg
Tel. (040) 70 29 97 77
www.leuchtturm-harburg.de
Tgl. ab 12 Uhr

MidSommerland
Schwimmen und Saunen direkt am Außenmühlenteich, mit Therme und Schwedenflair.
Gotthelfweg 2
21077 Hamburg
Tel. (040) 18 88 90
www.baederland.de
Mo–So 10–23 Uhr
Bad ab 9,60 €, Kinder ab 4,90 €, Sauna ab 20 €, Kinder ab 11,50 €

Sammlung Falckenberg
Wilstorfer Str. 71, Tor 2
21073 Hamburg
Tel. (040) 32 50 67 62
www.sammlung-falckenberg.de
Jeden 1. So im Monat, sonst nur mit Führung
10 €, erm. 6 €, Kinder unter 18 Jahren frei, Führung 15 €

die vielbefahrene B 75 führt – in den **Harburger Stadtpark**. Als Ausläufer der Harburger Berge ist das rund 90 Hektar große Gelände durch einen Wechsel von schmalen Tälern und Hügeln geprägt. Mittendrin befindet sich der **Außenmühlenteich**. Ihn einmal zu umrunden, dauert nicht allzu lange (die Strecke beträgt knapp drei Kilometer) und ist besonders reizvoll.

Nach der Umrundung geht es ein Stück des schon bekannten Weges zurück bis zum Ausgang des Alten Friedhofs und dort rechts in die Baererstraße. Sie führt direkt hinein ins **Phoenix-Viertel**. Das Phoenix-Viertel verdankt seinen Namen den hier ansässigen Phoenix-Werken, in denen seit 1856 Gummi für jeden Bedarf hergestellt wird. Das Phoenix-Werk selbst erreichen wir am Ende der Baererstraße. Hier biegen wir links ab in die Wilstorfer Straße und erreichen bei der Nummer 71 die **Sammlung Falckenberg**. Der Kunstsammler Harald Falckenberg kaufte 2007 eine der ehemaligen Fabrikhallen der Phoenix-Werke und ließ sie zu einem großzügigen Ausstellungsgebäude umbauen. Schwerpunkt der Sammlung bilden rund 2 000 Arbeiten aus dem Bereich zeitgenössischer Gegenwartskunst.

Jetzt geht es quer durch die Harburger Innenstadt weiter Richtung Binnenhafen. Zunächst die Wilstorfer Straße entlang und geradeaus durch die Lüneburger Straße. An deren Ende geht es dann kurz rechts auf den Harburger Ring und gleich am Karstadt-Kaufhaus wieder links in die Straße Großer Schippsee. Weiter geradeaus führt eine Fußgängerbrücke über die B 73 und den Bahndamm in den **Harburger Binnenhafen**. In diesem Teil Harburgs erwartet uns eine Welt der Gegensätze, bestehend aus alten Hafen- und Speicherbauten, moderner Architektur und alteingesessenen Gewerbebetrieben.

Am Ende der Fußgängerbrücke gehen wir links den Karnapp entlang und biegen dann rechts in die Harburger Schloßstraße. Hier begegnet uns zunächst altes Fachwerk. Das älteste der Gebäude, das **Bornemann'sche Haus** (Nr. 13), wurde in seinem Kern um 1565 errichtet. Auf der gegenüberliegenden Straßenseite zeigt sich deutlich das neue Bild des Binnenhafens mit dem **Channel**

Harburg — Tour 71

Hamburg, einem Hightech-Standort. Nachdem die Hafenbauten entlang des westlichen Bahnhofskanals ihre traditionelle Nutzung verloren hatten, entstand hier ab den 1990er-Jahren ein neues Quartier. Einen eindrucksvollen Blick auf die architektonisch gelungene Umwandlung alter Speicher in attraktive Büroräume vermittelt ein Abstecher zum Westlichen Bahnhofskanal.

Weiter die Harburger Schloßstraße entlang, stoßen wir auf den Kanalplatz. Hier soll eine neue Fußgänger-Drehbrücke entstehen, die dann direkt zur Schlossinsel führen soll. Da diese aber noch in der Planung steckt, gehen wir nach links bis zur Blohmstraße und folgen dieser nach rechts über den Lotsekanal zur **Harburger Schlossinsel**.

Im Rahmen der **Internationalen Bauaustellung (IBA)** wurde ein neues Gesicht für die Schlossinsel geplant. Dazu gehören 370 neue Wohneinheiten, ein sternförmiger Park und die Neugestaltung der Lotsekaipromenade. Zwischen den neuen Wohnbauten kann man den noch erhaltenen Teil des **Harburger Schlosses** entdecken, das allerdings recht schlicht daher kommt. Die einstige Burg wurde im 16. Jahrhundert in ein Schloss umgewandelt. Später entstand daraus eine Festungsanlage, die schließlich in den Hafen integriert wurde. Nach der Industrialisierung war die Schlossinsel nur noch Arbeitsstandort. Durch die neuen Bauprojekte entwickelt sie sich nun zum begehrten Wohnort.

Zwischen Blohmstraße und Kaufhauskanal passieren wir den **Kaufhausspeicher**, ein Fachwerkspeicher der zum Konzertsaal und als Veranstaltungslocation umgebaut wurde, und – wer mag – macht noch einen Besuch im **Museum der Elektrizität**. Das befindet sich am Ende der Blohmstraße links in Richtung der Bahnlinie direkt an der Fußgängerunterführung. Vom alten Schwarzweißfernseher bis zu kuriosen Haushaltsgeräten lässt sich bestaunen, was die Elektroindustrie in den letzten 130 Jahren hervorgebracht hat.

Bevor es jetzt durch die Neue Straße und quer über den zentralen Marktplatz am **Sand** zurück zum S-Bahnhof geht, machen wir noch einen kurzen Abstecher – hinter der Unterführung gleich links – in die zauberhafte Fachwerkgasse **Lämmertwiete**, Harburgs bunter Gastromeile.

---

electrum – Museum der Elektrizität
Harburger Schloßstr. 1
21079 Hamburg
Tel. (040) 32 50 73 53
www.electrum-hamburg.de
So 10–17 Uhr,
Führungen So 14 Uhr

Hightech-Standort in alter Hafen- und Industriekulisse: Channel Hamburg

Register

A

Abbenfleth 144
Agathenburg 140
Ahrensburg 40
Ahrensburg Ost 42
Allermöhe 65
Alstertal 28
Alsterwanderweg 28
Altengamme 62
Alter Botanischer Garten 190
Altes Land 130, 132, 134, 138
Altonaer Balkon 153
Amelinghausen 114
Antonipark 192
Arboretum Ellerhoop-Thiensen 17
Artlenburg 92
Aumühle 70, 74
Auswandererwelt BallinStadt 200

B

Bad Bramstedt 20
Bad Oldesloe 44
Bad Segeberg 48
Bardowick 116
Barmstedt 18
Bergedorf 62, 66
Beste 44
Biobauernhof Eggers 63
Blankenese 155, 160, 162, 164, 166
Bleckede 119
Boberger Niederung 58
Boberger See 58
Bokel 23
Bramfelder See 30
Brunsberg 120
Buchholz 108, 120, 122
Bus 48 164
Büsenbachtal 121
Butterberg 22
Buxtehude 132, 142

C

Cranz 131, 132, 134
Curslack 62

D

Dahlenburg 118
Dauenhof 23
Deinste 141
Dove-Elbe 65
Drochtersen 145
Duvenstedter Brook 32

E

Elbe-Lübeck-Kanal 86, 96
Elberadweg 92, 118, 148
Elbe-Seitenkanal 96
Elbfähre Wischhafen-Glückstadt 144, 146, 148
Elbinsel Kaltehofe 60
Elbphilharmonie 199
Elbuferweg 152, 160

F

Fähre Kronsnest 180
Fährmannssand 172, 176
Falkensteiner Ufer 166
Finkenwerder 128, 130, 132, 134, 155
Fischbeker Heide 108
Forst Hagen 39
Francop 133
Freiburg 148
Freilichtmuseum am Kiekeberg 106
Friedhof Ohlsdorf 26
Friedrichsruh 72, 75
Fünfhausen 65

G

Garten der Schmetterlinge 72
Glinde 54
Glückstadt 146, 148, 180
Grabau 46
Großensee 56
Großer Segeberger See 51
Großhansdorf 43, 57
Grünendeich 135
Gudow 78
Gudower See 79

H

HafenCity 194
Handeloh 122, 124
Harburg 210
Harburger Schlossinsel 213
Haseldorfer Marsch 176
Henstedt-Ulzburg 47
Hetlinger Schanze 177
Himmelmoor 16
Hogendiekbrücke 135
Höllenschlucht 121
Hollern-Twielenfleth 137
HolstenTherme Kaltenkirchen 19
Hoopte 65

I

Internationale Bauausstellung (IBA) 206
Internationale Gartenschau (IGS) 202
Itzstedter See 47

J

Jenischpark 155, 158
Jesteburg 122
Jork 134

K

Kalkberg 48
Karl-May-Festspiele 48
Kehdinger Land 144
Kiekeberg 104
Kleckerwald 122
Klingberg 46
Kloster Lüne 113
Klövensteen 170
Krautsand 145
Krebssee 79
Krückau 178, 180
Kunststätte Bossard 122
KZ-Gedenkstätte Neuengamme 63

L

Lauenburg 87, 88, 92, 96, 119
Lauenburger Schloss 88
Loki-Schmidt-Garten 155, 156
Lokschuppen Aumühle 71
Lopausee 115
Lottsee 79

Register

Lüneburg **96**, **110**, **114**, **116**
Lütjensee **56**
Lüttauer See **78**

M

Moisburg **142**
Mölln **76**, **78**, **84**, **86**
Möllner Seen **78**
Mönchteich **56**
Mühlenteich **70**
Museumshafen Övelgönne **152**

N

Naturbad Stadtparksee **188**
Natureum Niederelbe **148**
Naturpark Neugrabener Heide **104**
Naturschutzgebiet Asseler Sand **144**
Naturschutzgebiet Die Reit **65**
Naturschutzgebiet Haseldorfer Binnenelbe mit Elbvorland **176**
Naturschutzgebiet Wittenberger Heide **169**
Naturschutzpark Lüneburger Heide **124**
Neuenfelde **130**
Neuengamme **62**
Neugraben **108**
Neuwiedenthal **104**
NSG Ahrensburger Tunneltal **37**
NSG Höltigbaum **36**
NSG Stellmoorer Tunneltal **37**

O

Ochsenwerder **65**
Ohlsdorf **26**
Ohlsdorfer Friedhof **31**
Ohlstedt **29**
Oldendorf **114**
Osterbek **30**
Övelgönne **128**, **154**

P

Park Fiction **192**
Pinnau **178**, **180**
Pinneberg **184**
Pinnsee **85**
Planten un Blomen **190**
Prüßsee **86**

Q

Quickborn **16**

R

Radrundkurs Nordheide **122**
Rahlstedt **36**
Rainville-Terrasse **154**
Rantzauer See **18**
Ratzeburg **80**, **84**
Ratzeburger See **83**
Reinbek **68**
Riepenburger Mühle **64**
Rissen **170**
Rothenburgsort **60**
Rüschpark **129**

S

Sachsenwald **68**, **70**, **72**, **74**
Sachsenwaldbad Tonteich **69**
Salztherme Lüneburg **112**
Sandtorpark **196**
Sarnekower See **79**
Scharnebeck **97**
Schiffshebewerk Scharnebeck **96**
Schloss Agathenburg **141**
Schloss Ahrensburg **40**
Schloss Bergedorf **67**
Schlossinsel Rantzau **18**
Schloss Reinbek **68**
Schmalsee **78**
Schwarzsee **79**
Seebek **30**
Soderstorf **114**
Speicherstadt **195**
Staatsforst Rantzau **22**
Staatsforst Segeberg **24**
Staatsforst Trittau **42**
Stade **134**, **138**, **140**, **144**
Stadtpark Winterhude **188**
Steinkirchen **135**
Stormarnsche Schweiz **54**
Stuvenwald **108**
Süllberg **162**

T

Teufelsbrück **152**, **155**
Thelstorf **123**
Tierpark Hagenbeck **14**
Tornesch **184**
Totengrund **126**
Trave **44**

U

Uetersen **184**
Undeloh **124**

V

Veddel **200**, **206**
Vierländer Freilichtmuseum Rieckhaus **62**
Vier- und Marschlande **62**

W

Wahlstedt **25**
Wedel **172**, **176**, **180**
Wellingsbüttel **28**
Wildpark Eekholt **24**
Wildpark Schwarze Berge **104**, **105**
Wilhelmsburg **202**, **206**
Wilhelmsburger Inselpark **202**
Willkomm Höft **172**
Wilsede **124**
Winsen (Luhe) **65**, **92**, **94**
Wintermoor **124**, **127**
Wischhafen **146**, **148**
Wohldorfer Wald **32**
Wörme **121**

Z

Zollenspieker Fährhaus **64**

Impressum

Liebe Leserinnen und Leser,

alle Angaben in diesem Ausflugsführer sind gewissenhaft geprüft. Trotz gründlicher Recherche unserer Autorinnen und Autoren können sich manchmal Fehler einschleichen. Wir bitten um Verständnis, dass der Verlag dafür keine Haftung übernehmen kann. Über Hinweise, Berichtigungen und Ergänzungsvorschläge freuen wir uns jederzeit.

via reise verlag
Lehderstraße 16–19
13086 Berlin
post@viareise.de
www.viareise.de

© via reise verlag Klaus Scheddel

8. komplett überarbeitete und erweiterte
Auflage, Berlin 2017
Alle Rechte vorbehalten
ISBN 978-3-945983-30-0

Text & Recherche
Reiner Elwers alle Texte, außer:
Dagmar Krappe: Seiten 32–35, 60–61, 120–121, 156–157, 194–209
Sabine Schrader: Seiten 188–189, 192–193, 202–213
Judith Höppner: Seiten 30–31, 98–101 und anteilig Seiten 62–65, 166–169

Recherche & Aktualisierung 2017
Judith Höppner

Redaktion
Janina Johannsen

Herstellung & Gestaltung
Annelie Krupicka

Kartografie
Carlos Borrell Berlin, geoSYS/Ute Dolezal, Tanja Onken & Annelie Krupicka
(via reise verlag)

Druck
Ruksaldruck, Berlin

MIX
Papier aus verantwortungsvollen Quellen
FSC® C104247

Umschlagfoto vorn
Pforte im Alten Land (Walter Rademacher)

Umschlagfoto hinten
Blick auf die Elbe in Blankenese (Fotolia)

Foto Seite 1
Leuchtturm am Elbstrand Wittenbergen (Fotolia)

Fotos Innenteil
Asbeck, Diana 135; Baumann, Axel 5 (oben), 195; Bergedorfer Museumslandschaft 67; Bismarck-Stiftung 73, 75; Dirk Kirchmann 208; Elbradweg Nord 92; Elwers, Reiner 42; Fotodesign Jürgen Klemme 91; Fotolia 52–53, 69, 77, 81, 82, 89, 90, 93, 99, 100, 101, 112, 113, 127, 129, 133, 139, 150–151, 155, 170, 186–187, 193, 199, 204; Freilichtmuseum am Kiekeberg 106 (4), 142; GDM GmbH 181, 182 (5); HADAK Seetouristik und Fahrdienst AG 62 (4), 65; Hamburger Friedhöfe –AöR – 27; Höppner, Judith 31, 64, 109, 146, 168; Ilion 84; internationale gartenschau hamburg 2013 gmbh/Andreas Bock 203; Krappe, Dagmar 4 (oben), 116, 120; Kunststätte Bossard 123; Kurverwaltung Mölln 79 (4); Leuband 19; Lüneburg Marketing GmbH 4 (unten); Lüneburger Heide Tourismus 126; Maurer, Gudrun 175, 201; NABU/Jonathan Otto 35; Nightflyer 23; NordNord-West 206; orAlchemist-hp 184; pixelio.de/Birgit Winter 102–103; pixelio.de/fotomira 39; S-Bahn Hamburg GmbH 66, 173, 174 (5); Scheddel, Klaus 159; Schrader, Sabine 5 (unten), 12–13, 41, 177, 207, 209, 213; Stadt Glinde/Tanja Woitaschek 57; Stadtmarketing Bad Oldesloe 45; Staro1 167; sujalajus 49; Tierpark Hagenbeck 15; Tourismusbüro Bad Bramstadt 21; Tourist-Info Kehdingen 145; Verein Jordsand/Helmut Mitelstaedt 38; Wildpark Eekholt 24; Wildpark Schwarze Berge 105; Wolf, Michael 157 (5); www.elb-presse-de 191; www.mediaserver.hamburg.de/M. Brinckmann 165.